Jutta Rump/Thomas Sattelberger/
Heinz Fischer (Hrsg.)

Employability Management

Grundlagen, Konzepte, Perspektiven

GEFÖRDERT VOM

Bibliografische Information Der Deutschen Nationalbibliothek
Die Deutsche Nationalbibliothek verzeichnet diese Publikation in der
Deutschen Nationalbibliografie; detaillierte bibliografische Daten sind im Internet über
<http://dnb.d-nb.de> abrufbar.

1. Auflage 2005

Alle Rechte vorbehalten
© Betriebswirtschaftlicher Verlag Dr. Th. Gabler I GWV Fachverlage GmbH, Wiesbaden 2005

Lektorat: Ulrike M. Vetter

Der Gabler Verlag ist ein Unternehmen von Springer Science+Business Media.
www.gabler.de

Das Werk einschließlich aller seiner Teile ist urheberrechtlich geschützt. Jede Verwertung außerhalb der engen Grenzen des Urheberrechtsgesetzes ist ohne Zustimmung des Verlags unzulässig und strafbar. Das gilt insbesondere für Vervielfältigungen, Übersetzungen, Mikroverfilmungen und die Einspeicherung und Verarbeitung in elektronischen Systemen.

Die Wiedergabe von Gebrauchsnamen, Handelsnamen, Warenbezeichnungen usw. in diesem Werk berechtigt auch ohne besondere Kennzeichnung nicht zu der Annahme, dass solche Namen im Sinne der Warenzeichen- und Markenschutz-Gesetzgebung als frei zu betrachten wären und daher von jedermann benutzt werden dürften.

Umschlaggestaltung: Nina Faber de.sign, Wiesbaden
Gedruckt auf säurefreiem und chlorfrei gebleichtem Papier.
Printed in Germany

ISBN 3-8349-0118-0

Jutta Rump/Thomas Sattelberger/Heinz Fischer (Hrsg.)

Employability Management

Vorwort

Employability oder zu Deutsch Beschäftigungsfähigkeit – eine Forderung und Herausforderung, der sich vor dem Hintergrund einer sich immer rasanter wandelnden Arbeitswelt jeder Einzelne, aber auch die Gesellschafts- und Unternehmenspolitik zunehmend gegenüber sieht.

Die Herausgeber haben sich mit diesem Buch der Aufgabe gestellt, Employability in all ihrer Komplexität darzulegen und einige der wichtigsten ihrer unzähligen Facetten einer detaillierten Betrachtung zu unterziehen. Besonderer Wert wurde dabei auf eine ganzheitliche Sicht gelegt, die die Akteure in Bezug auf Employability – insbesondere das Individuum und die Unternehmen – in angemessener Weise berücksichtigt und ein praxisnahes Verständnis für ein immer stärker an Bedeutung gewinnendes Thema herstellt.

Im ersten Teil des Buches geben die Autorinnen Rump/Eilers im Kapitel „Managing Employability" einen Einblick in Employability. Dabei werfen sie in einem ersten Schritt zunächst einen Blick auf Hintergründe und Rahmenbedingungen. Dies ist unerlässlich, um die Relevanz des Themas aufzuzeigen und gleichzeitig eine Basis zu schaffen für weiterführende Ansätze im Bereich Employability. Dazu gehört eine Betrachtung des Nutzens, den Individuum und Unternehmen durch Forderung und Förderung von Employability erzeugen können, ebenso wie eine klare Auseinandersetzung mit auftretenden Befürchtungen und Ängsten. „Managing Employability" verlässt in einem weiterführenden Schritt die allgemeine Ebene des Themas Employability. Die Autorinnen zeigen auf, wie im Unternehmen die Forderung und Förderung der Beschäftigungsfähigkeit Gestalt annehmen kann, welche Handlungsfelder es zu berücksichtigen gilt (z. B. Unternehmenskultur, Führung, Organisation, Personalentwicklung, Karrieremodelle, Anreizsysteme) und welche Grundsätze bei der Gestaltung von Employability Management gelten müssen.

Im zweiten Teil des Buches beschäftigt sich eine Reihe von Autoren mit Fragestellungen, die sich für eine nähere Auseinandersetzung mit dem Thema Employability als relevant erwiesen haben.

So schreibt Sattelberger in seinem gleichnamigen Beitrag über die „Irrungen und Wirrungen der Ich AG". Er veranschaulicht den neuen moralischen Kontext zwischen Arbeitnehmer und Arbeitgeber und stellt Employability in den Kontext von Restrukturierungs- und Downsizing-Wellen.

Fischer betont in seinem Beitrag „Wenn nicht ich, wer dann?" insbesondere die Verantwortung des Einzelnen für Erhalt und Förderung seiner Beschäftigungsfähigkeit. Er beleuchtet die Veränderung bezüglich beruflicher Biografien und greift dabei vor allem den Umstand auf, dass Employability nicht von heute auf morgen erlernbar ist. Dies findet seinen Niederschlag zum einen in der Integration des Employability-Gedankens in den Bologna-Prozess.

Zum anderen jedoch auch auf unternehmenspolitischer Ebene – im Rahmen der Initiativgruppe „Wege zur Selbst-GmbH", in der hochrangige Personalverantwortliche eben diesen Gedanken immer wieder aufgreifen und an ihrer betrieblichen Realität spiegeln.

Auch die Beiträge von Groh/Rump und Rump/Eilers machen deutlich, dass Employability ein Thema für alle Lebensphasen und Altersgruppen ist. So diskutiert der Beitrag „Employability und Schulen" Lern- und Lehrformen und -methoden in Schulen vor dem Hintergrund der Förderung von Beschäftigungsfähigkeit. Dabei wird zugrunde gelegt, dass ein Teil der Kompetenzen von Employability sozialisationsrelevant ist. Die Schule ihrerseits gilt als eine wesentliche Sozialisationsstation. Der Beitrag „Employability im Zuge des demografischen Wandels" betont die Altersunabhängigkeit von Beschäftigungsfähigkeit. Entscheidend sind hierbei Berufsbiografien, Motivation sowie Sozialisation. Dass Employability in der betrieblichen Praxis dennoch als altersabhängig wahrgenommen wird, hängt von einer Reihe von Faktoren ab, die einer kritischen Würdigung unterzogen werden.

Brümmer/Szogas gehen in ihrem Beitrag noch einmal näher darauf ein, dass Beschäftigungsfähigkeit nicht nur in der Verantwortung der Unternehmen und der Gesellschaft liegt, sondern auch beim Einzelnen; einerseits um den Erwartungen und Gegebenheiten seines aktuellen Arbeitgebers gerecht zu werden, andererseits um jederzeit auf dem Arbeitsmarkt auch für andere Arbeitgeber bzw. Berufsfelder attraktiv zu sein. Eine Sensibilisierung und Motivation beim Einzelnen zu schaffen, ist Ziel der Kampagne „In eigener Sache" der Initiative für Beschäftigung. Der Beitrag beschreibt diese Kampagne. Zudem stellen die Autoren eine Verbindung zur betrieblichen und außerbetrieblichen Arbeitswelt her.

Qualitätsstandards für ein professionelles Personalmanagement zeigt Eilers in dem Beitrag „Professionalisierung und Profilierung von Personalmanagement" auf. Neben einer kritischen Würdigung des Standards ist in diesem Beitrag ein Interview mit Thomas Sattelberger integriert. Darüber hinaus findet der Leser einen Auszug des HR Checks – ein neues Instrument zur Evaluierung des Personalmanagements, welches von der Initiative „Wege zur Selbst GmbH" entwickelt worden ist und auf dem Modell von Dave Ulrich aufbaut.

Fuchs stellt Karriere in den Vordergrund seines Beitrags „Karriere zu Employability". Was ist das Verständnis von Karriere? Welche Karrieremodelle fördern Employability? Welche Karrieremodelle sind eher hinderlich? Wie sieht die Realität in Unternehmen aus? Bei der Beantwortung dieser Fragen wird auch ein Bezug zum Unternehmenserfolg hergestellt.

Das Buch schließt mit dem Beitrag „Das Menschenbild im Wandel der Zeit – ein dogmenhistorischer Abriss des Homo Oeconomicus" von Guckelsberger. Die Forderung und Förderung von Employability haben etwas mit Menschenbildern zu tun. Der Blick in die Geschichte zeigt den kontinuierlichen Wechsel von Menschenbildern sowie die Interdependenzen zu wirtschaftlichen und gesellschaftlichen Entwicklungen. Der Wechsel der Perspektive in die Dogmengeschichte soll verdeutlichen, dass auch Employability in einen größeren Kontext gesetzt werden muss, der nicht nur das Hier und Jetzt, die letzten zehn Jahre und die nächsten fünf Jahre im Fokus hat.

Der Dank der Herausgeber gilt insbesondere den Autoren, die sich dem Thema Employability auf unterschiedliche Weise, doch letztendlich stets unter dem Blickwinkel der Relevanz für Individuum, Unternehmen und Gesellschaft genähert haben. Des Weiteren gebührt Dank denjenigen, die im Hintergrund maßgeblich zur Entstehung dieses Buches beigetragen haben, indem sie unermüdlich recherchierten, formatierten und Korrektur lasen. Zu nennen sind hier insbesondere die Mitarbeiterinnen des Institutes für Beschäftigung und Employability der Fachhochschule Ludwigshafen.

Ludwigshafen, im Januar 2006

Jutta Rump   Thomas Sattelberger   Heinz Fischer

Inhaltsverzeichnis

Vorwort 5

Teil I
Grundlagen

Managing Employability 13
Jutta Rump/Silke Eilers

Teil II
Ausgewählte Themen im Rahmen von Employability

Die Irrungen und Wirrungen der Ich AG 77
Thomas Sattelberger

Wenn nicht ich, wer dann? Employability ist unerlässlich in veränderten Arbeitswelten 85
Heinz Fischer

Employability und Schulen: Mit kleinen Schritten zum großen Ziel 93
Sibylle Groh/Jutta Rump

Employability im Zuge des demografischen Wandels 129
Jutta Rump/Silke Eilers

Employability: Selbstverantwortung fordern – Schlüsselkompetenzen fördern 149
Ralf Brümmer/Christine Szogas

Qualitätsstandards für professionelles Personalmanagement 165
Silke Eilers

Karriere zur Employability – wie man im 21. Jahrhundert Karriere macht 179
Jürgen Fuchs

Das Menschenbild in der Ökonomie – ein dogmengeschichtlicher Abriss 187
Ulli Guckelsberger

Die Autoren 219

Teil I

Grundlagen

Managing Employability

Jutta Rump/Silke Eilers

1. Ausgangslage
2. Employability als Erfolgsfaktor
    2.1 Begriffliche Grundlagen
    2.2 Die Anforderungen an Employability
3. Chancen und Nutzen von Employability
    3.1 Der Nutzen aus der Perspektive von Unternehmen
    3.2 Der Mehrwert aus der Perspektive des Einzelnen
4. Ängste und Befürchtungen im Zusammenhang mit Employability
    4.1 Befürchtungen auf Seiten von Unternehmen und Führungskräften
    4.2 Ängste auf Seiten der Mitarbeiter
5. Das Konzept des Employability Management
    5.1 Der Bezugsrahmen
    5.2 Grundsätze
    5.3 Die erfolgskritischen Handlungsfelder von Employability Management
        5.3.1 Handlungsfeld „Unternehmenskultur"
        5.3.2 Handlungsfeld „Führung"
        5.3.3 Handlungsfeld „Organisation"
        5.3.4 Handlungsfeld „Personalentwicklung"
        5.3.5 Handlungsfeld „Karrieremodelle"
        5.3.6 Handlungsfeld „Vergütung"
        5.3.7 Handlungsfeld „Gesundheitsförderung"
        5.3.8 Handlungsfeld „Controlling"
6. Fazit

Literatur

1. Ausgangslage

Die Arbeitswelt befindet sich im Umbruch. Technologische, ökonomische, gesellschaftliche und demografische Entwicklungen nehmen gleichermaßen Einfluss und führen zu weitreichenden Veränderungen.

Die **technologischen Entwicklungen**, die eine hohe Relevanz für die Arbeitswelt haben, betreffen vor allem die Informations- und Kommunikationstechniken. Sie durchdringen alle Lebens- und Arbeitsbereiche. Es kommt zu einer Beschleunigung von Prozessen und zu einer Verkürzung von Abläufen und Strukturen. Der damit verbundene rasche Wandel relativiert den Wert vieler erworbener Standardqualifikationen und erfordert den häufigen Wechsel von Tätigkeiten und Berufen sowie kontinuierliches Lernen. Die Fähigkeiten, die für die Arbeitswelt notwendig sind, erfahren eine Erweiterung und Anreicherung.[1]

Ökonomisch betrachtet wird die Arbeitswelt vor allem durch zwei Trends beeinflusst, die nicht unabhängig voneinander wirken:

- Globalisierung
- Entwicklung zur Wissensgesellschaft

Globalisierung hat viele Gesichter. Die uneingeschränkte Mobilität von Märkten, Produzenten und Konsumenten ist eines davon. Sie bedeutet, dass jedes Produkt für jedermann jederzeit an jedem Platz der Welt verfügbar ist. Die Produkte besitzen zwar nach wie vor eine nicht geringe regionalspezifische Ausprägung, werden aber transnational hergestellt, vertrieben und eingesetzt. Der Globalisierung folgt dann die „Geografie der Arbeit", die mit einer hohen Flexibilität und Mobilität einhergeht. Anpassungsfähigkeit an immer neue komplexe Arbeits- und Lernfelder, wo auch immer sich der Einzelne[2] befindet, gehört ebenso dazu.[3]

Die Entwicklung zur Wissensgesellschaft zeigt sich u. a. im Bedeutungszuwachs von Wissen sowie in seiner Vermehrung bei gleichzeitiger Kurzlebigkeit. Nachdem Gutenberg die Druckerpresse erfunden hatte, dauerte es mehr als 300 Jahre, bis sich das Volumen der Informationsmedien weltweit verdoppelte. Heute erfolgt eine Verdoppelung nahezu alle fünf Jahre. In den nächsten zehn Jahren wird sich das Wissen in der Hälfte der Zeit verdoppeln. Gleichzeitig sinkt die Halbwertszeit des Wissens rapide. Wissen ist in immer kürzerer Zeit überholt – dies gilt umso mehr, je spezieller dieses Wissen ist. Mit der Vermehrung und Kurzlebigkeit gehen eine weitgehende Fragmentierung und Spezialisierung des Wissens einher. Während vor 100 Jahren ein Universalgelehrter noch einen Gesamtüberblick über den Stand aller Forschungsgebiete haben konnte, gestaltet es sich heute bereits schwierig, einzelne Wissenschaftsgebiete und deren neueste Entwicklungen zu überblicken. Die fortschreitende Globalisierung der Wirtschaft und Wissenschaft führt darüber hinaus zu einer Globalisierung des Wissens. Raum- und Zeitdifferenzen spielen eine immer geringere Rolle. Die Zentren der

---

[1] Vgl.: Ernst, H./Hauser, R./Katzenstein, B./Micic, P., S. 11, 39.
[2] Aus Gründen der Lesefreundlichkeit wird im Folgenden auf die weibliche Form verzichtet.
[3] Vgl.: Ernst, H./Hauser, R./Katzenstein, B./Micic, P., S. 32, 43 f.

Wissensgenerierung und des Fortschritts verteilen sich mittlerweile über die ganze Welt.[4] Um in diesem Umfeld zu bestehen und dauerhaft wettbewerbsfähig zu bleiben, müssen Unternehmen mehr und mehr Produkte und Dienstleistungen anbieten, die sich durch Neuartigkeit und Hochwertigkeit von der Konkurrenz abheben. Dies gilt vor allem für Unternehmen aus Ländern mit hohem Lohnniveau. Neben den gestiegenen Anforderungen an Produkte und Dienstleistungen wird die Zeitspanne zwischen Erfindung und kommerzieller Anwendung immer geringer. Da sich der Lebenszyklus von Produkten und Dienstleistungen verkürzt, müssen Investitionen in Forschung und Entwicklung, Produktion sowie Marketing schneller amortisiert werden. Ein solcher kontinuierlicher und beschleunigter Wertschöpfungsprozess erfordert ein hohes Maß an Wissen. Produkte und Dienstleistungen, die auf einem Maximum an relevantem Wissen aufbauen, gehen in der Regel mit der Markt-Strategie me-first statt me-too einher. Während bis Mitte der 90er Jahre 50 % der Produktivitätszuwächse aus dem Einsatz von Wissen resultierten, sind es heute bereits 80 %. Für die nächsten zehn Jahre wird mit einem Anteil von 90 % gerechnet. In einem solchen Kontext steigt einerseits die Bedeutung von Spezialkenntnissen. Andererseits spielt die Fähigkeit, Aufgaben ganzheitlich zu lösen, eine immer größere Rolle. Darüber hinaus erfordert die Verringerung der Halbwertszeit des Wissens eine permanente Qualifizierung.[5]

Neben Technologie und Ökonomie unterliegen die **gesellschaftlichen Werte** einem Veränderungsprozess – mit Konsequenzen für die Arbeitswelt. In Unternehmen arbeiten derzeit vier Generationen: die Nachkriegsgeneration (bis 1955 geboren), die Baby-Boomer-Generation (zwischen 1955 und 1965 geboren), die Generation X (zwischen 1965 und 1975 geboren) sowie die Generation Y (auch Generation dot.com genannt, ab 1975 geboren). Während die Nachkriegsgeneration und die Baby-Boomer-Generation ähnliche Werte haben, weicht die Generation X schon in Teilen davon ab und die Generation Y zeigt deutliche Unterschiede. Die Einstellung vieler Mitarbeiter der Nachkriegsgeneration und der Baby-Boomer-Generation weist eine hohe Leistungsorientierung, einen hohen Berufsbezug sowie die Suche nach Beständigkeit auf. Diese Eindeutigkeit der Werteorientierung ist bei einer Vielzahl von Beschäftigten der jüngeren Generationen nicht zu beobachten. Sie bewegen sich eher in Spannungsfeldern. Dazu gehören:

- das Spannungsfeld Lebensgenuss – Leistungsorientierung,
- das Spannungsfeld Familie – Beruf,
- das Spannungsfeld Individualisierung – Orientierung an gemeinsamen Zielen,
- das Spannungsfeld Flexibilität – Suche nach Beständigkeit.

Viele jüngere Mitarbeiter versuchen Lebensgenuss und Leistungsorientierung miteinander zu vereinbaren. Zum einen suchen sie vermehrt nach neigungsgerechten, herausfordernden Aufgaben und Entwicklungschancen. Spaß an der Arbeit spielt eine immer größere Rolle, ebenso wie die Mitwirkung an Gestaltungs- und Entscheidungsprozessen. Zum anderen streben sie nach hoher Leistung, wenn die Aufgabenstellung sie motiviert und mit dem persönlichen

---

[4] Vgl.: Bürgel, H.-D./Zeller, A., S. 55; Pfiffner, M./Stadelmann, P., S. 57 ff.; Probst, G./Raub, S./Romhardt, K., S. 21 f.
[5] Vgl.: Wagner, A./Gensior, S., S. 64 f.; Ernst, H./Hauser, R./Katzenstein, B./Micic, P., S.54 f.

Wertesystem sowie den individuellen Entwicklungsplänen kompatibel ist.[6] Ein weiteres Ziel der jüngeren Generation ist, eine Balance zwischen Arbeit und Familie bzw. Privatleben zu finden. Dieses Ziel wird in der Regel geschlechterunabhängig angestrebt. Der Starting Point und die Wege zur Zielerreichung sind jedoch unterschiedlich. Viele Frauen zeigen eine zunehmende Berufsorientierung aufgrund eines veränderten Rollenverständnisses, eines steigenden Qualifikationsniveaus und hoher Lebenshaltungskosten. Bei Männern ist hingegen eine wachsende Familienorientierung zu beobachten.[7] Darüber hinaus weisen viele Jüngere im Vergleich mit der älteren Generation eine höhere individualistische Orientierung auf. Sie vertreten nicht selten die Philosophie, dass die eigene Person „der Anfang der geraden Linie zum Erfolg" ist. Die Berücksichtigung des eigenen Vorteils und die Maximierung des persönlichen Nutzens sind vielfach jedoch mit hoher Leistungsorientierung verbunden. Parallel dazu gewinnt die Orientierung an gemeinsamen Zielen an Bedeutung. Diese scheinbar auf den ersten Blick gegenteilige Entwicklung lässt sich auf die Einsicht in die Notwendigkeit von Kooperation und Teamarbeit zurückführen. Die komplexer werdenden Aufgabenstellungen können allein nicht mehr bewältigt werden. Die Orientierung an gemeinsamen Zielen fördert in einem solchen Kontext die Leistungsorientierung und damit auch die Optimierung des eigenen Nutzens.[8] Nicht zuletzt bewegen sich viele jüngere Beschäftigte in einem Spannungsfeld von Flexibilität und Beständigkeit. Auf der einen Seite zeigen sie ein hohes Maß an Flexibilität und Mobilität auf der Suche nach herausfordernden und neigungsgerechten Tätigkeiten. Auf der anderen Seite wird nach Beständigkeit gesucht. Dahinter steht der Wunsch nach einer kalkulierbaren Größe in einer sich durch zunehmende Veränderungsgeschwindigkeit auszeichnenden Geschäftswelt.[9]

Der Wandel der Werte ist eine Reaktion auf veränderte Rahmenbedingungen. Die Situation der sozialen Sicherungssysteme, die abnehmende Arbeitsplatzsicherheit und die Schnelllebigkeit der Märkte tragen dazu bei, dass die Fokussierung auf die eigene Person und die **Definition von Wissen und Kompetenz als Vermögenswerte**, die es zu pflegen und zu entwickeln gilt, mehr und mehr in den Vordergrund rücken.

Nicht zuletzt beeinflusst die **demografische Entwicklung** die Arbeitswelt. Die Bevölkerung in Europa schrumpft und vergreist. In Deutschland beispielsweise wird unter Zugrundelegung eines mittleren Szenarios die Bevölkerung um 1,2 Mio. bis 2030 abnehmen, das Durchschnittsalter wird von heute 39 Jahre auf 48 Jahre steigen. Der demografische Wandel bewirkt, dass auf dem Arbeitsmarkt die Nachwuchskräfte knapper werden (insbesondere diejenigen, die über das relevante Wissen und die relevanten Kompetenzen verfügen). Darüber hinaus werden die Belegschaften immer älter. Während im Jahre 1996 die 25- bis 35-Jährigen die personalstärkste Altersgruppe der sozialversicherungspflichtigen Beschäftigten bildeten, waren es im Jahre 2002 schon die 35- bis 44 Jährigen. Im Jahre 2030 werden es die 45- bis 50-Jährigen sein.[10] Des Weiteren führen die Erhöhung des Renteneintrittsalters sowie die Entwicklung der sozialen Sicherungssysteme zu einer Verlängerung der Erwerbsphase. Lebenslanges Lernen wird immer wichtiger, vor allem in einem Kontext von Veränderung, Anpassung, Flexibilität und Mobilität. Dabei ist jedoch zu berücksichtigen, dass nicht nur der

---

6 Vgl.: Opaschowski, H., S. 43; Wunderer, R./Dick, P., S. 29.
7 Vgl.: Gemeinnützige Hertie-Stiftung, S. 12 ff.; Wunderer, R./Dick, P, S. 33ff.; Bosch G. et al. S. 12.
8 Vgl.: Wunderer, R./Dick, P., S. 30; Scholz, C., S. 1; Armutat, S. et al.
9 Vgl.: Wunderer, R./Dick, P., S. 34 f.
10 Vgl.: Barth, H.-J. (2004), S. 27-28.

Spannungsbogen des Lernens bis ins hohe Alter aufrechterhalten wird, sondern auch die unterschiedlichen Lernmuster der Lebensphasen Beachtung finden.

Die technologischen, ökonomischen, gesellschaftlichen und demografischen Entwicklungen tragen dazu bei, dass Unternehmen und deren Beschäftigte mit einer stark ansteigenden Veränderungsgeschwindigkeit und Unsicherheit sowie zunehmender Komplexität konfrontiert werden.

Für den **Einzelnen** ist dies mit der Notwendigkeit verbunden, den eigenen Arbeits- und Lebensrhythmus immer wieder neu zu definieren und den eigenen Qualifikationsstand permanent mit den Anforderungen vergleichen und anpassen zu müssen. Darüber hinaus bewirkt die Instabilität der Arbeitsplätze und Arbeitsbereiche, dass immer mehr Menschen im Laufe ihres Berufslebens unterschiedliche Tätigkeiten ausüben müssen. Daraus resultiert, dass dem Erhalt der Qualifikation bzw. der Anpassung des Kompetenzstandes mehr Gewicht eingeräumt werden sollte als dem Streben nach Arbeitsplatzsicherheit. Verantwortung für sich selbst und die berufliche Entwicklung wird zur Schlüsselqualifikation und Kernkompetenz.[11]

Für **Unternehmen** bedeuten die Entwicklungen einen kontinuierlichen Wandlungsprozess sowie einen steigenden Wettbewerb um die Wissens- und Kompetenzträger. Zudem ist davon auszugehen, dass kollektive Lösungen nicht länger sinnvoll sind. Was sich für einen produzierenden Betrieb als richtig erweist, muss nicht als Vorbild für ein Dienstleistungsunternehmen oder für einen anderen produzierenden Betrieb dienen. Der Umgang mit Vielfalt und Komplexität bedingt, immer mehr zu differenzieren. Zunehmende Komplexität und die damit verbundene Differenzierung erfordern permanente Innovationskraft, die in unmittelbarem Zusammenhang zu Wissen und Kompetenz der Mitarbeiter steht. Darüber hinaus erweist sich die alt-bewährte Strategie, auf Veränderungen mit der Optimierung von Strukturen und Prozessen zu reagieren, als nicht unproblematisch. Das Ausschöpfen von Potenzialen erfordert mehr und mehr einen hohen Einsatz und Aufwand.

Obgleich dieser Beitrag seinen Schwerpunkt auf die Beziehungen zwischen Arbeitnehmer und Arbeitgeber legt, sollen die Konsequenzen, die eine steigende Veränderungsgeschwindigkeit sowie eine zunehmende Komplexität für die **Tariflandschaft**, den Bereich der sozialen Absicherung sowie für die berufliche und akademische Ausbildung implizieren, nicht unerwähnt bleiben. Die Forderung nach einer Differenzierung, Flexibilisierung und Anpassungsbereitschaft steht in eindeutigem Widerspruch zur gegenwärtigen Tariflandschaft, die nach wie vor auf dem Modell des „Normalarbeitsverhältnisses"[12] basiert. Kollektive Lösungen werden der wachsenden Komplexität und Veränderungsgeschwindigkeit jedoch ebenso wenig gerecht wie Gruppierungssysteme, die primär auf den ursprünglich erlernten Beruf abzielen, und Entlohnungsmodelle, die „nicht-standardisierte" Arbeitsmodelle benachteiligen. Eine entsprechende Anpassung wird hier unumgänglich sein. Auch das traditionelle System der sozialen Sicherung geht von dem Modell des „Normalarbeitsverhältnisses" als vorherrschendem Standard auf dem Arbeitsmarkt aus. In einer Arbeitswelt, in der künftig ein Wech-

---

11 Vgl.: Ernst, H./Hauser, R./Katzenstein, B./Micic, P., S. 33, 36.
12 Unter dem „Normalarbeitsverhältnis" wird im Folgenden ein unbefristetes Vollzeitarbeitsverhältnis verstanden, das an einem konkreten Arbeitsort ausgeübt wird und an ein festgelegtes Entgelt gebunden ist. Darüber hinaus geht das „Normalarbeitsverhältnis" von einer langfristigen Verweildauer des Arbeitnehmers in einem Unternehmen aus.

sel zwischen unterschiedlichsten Erwerbsphasen (befristete Projekttätigkeiten, verminderte Arbeitszeiten, Nicht-Erwerbstätigkeit aufgrund von Weiterbildung oder Arbeitslosigkeit etc.) zum Alltag nicht weniger Arbeitnehmer gehören wird, bedarf es auch für diese Beschäftigungsphasen entsprechender Lösungen.

Abbildung 1 gibt einen Überblick über diese Ausgangssituation.

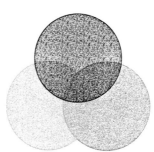

Abbildung 1: Ausgangssituation für Arbeitgeber, Arbeitnehmer und Staat auf sich verändernden Märkten

2. Employability als Erfolgsfaktor

2.1 Begriffliche Grundlagen

Wörtlich ins Deutsche übersetzt, bedeutet der Begriff „Employability" so viel wie „Beschäftigungsfähigkeit", d. h., er umfasst Merkmale, die den Einzelnen tauglich oder nicht tauglich für eine Beschäftigung sein lassen. Auch „Arbeitsmarktfähigkeit" und „Arbeitsmarktfitness" werden häufig als Synonym verwendet, so dass diesen Schlagworten besonderes Augenmerk geschenkt werden soll. Sie sind jedoch alle derart vielschichtig und kontinuierlichen Wandlungsprozessen unterworfen, dass sie sich nicht in ein theoretisches Konstrukt pressen lassen, sondern bezogen auf einen jeweils individuellen Kontext betrachtet werden müssen. Daher bleiben auch die in der Literatur gängigen Definitionen auf einem sehr allgemein gültigen Niveau:

> *„Beschäftigungsfähigkeit beschreibt die Fähigkeit einer Person, auf der Grundlage ihrer fachlichen und Handlungskompetenzen, Wertschöpfungs- und Leistungsfähigkeit ihre Arbeitskraft anbieten zu können und damit in das Erwerbsleben einzutreten, ihre Arbeitsstelle zu halten oder, wenn nötig, sich eine neue Erwerbsbeschäftigung zu suchen."*[13]

Der Begriff ist keineswegs neu – so wurden im Verlauf des 20. Jahrhunderts verschiedenste Definitionen der „Beschäftigungsfähigkeit" entwickelt, die sich zunächst ausschließlich auf körperliche und sozioökonomische Merkmale des Einzelnen konzentrierten, um ihn als beschäftigungsfähig oder nicht beschäftigungsfähig einzustufen. In einer nächsten Stufe wurde der Bezug zum Arbeitsmarkt als entscheidendes Kriterium erkannt, wobei in erster Linie Arbeitslose in den Mittelpunkt der Betrachtung gestellt wurden. Erst seit den 90er Jahren wurde diese Fokussierung aufgegeben und die Sicherung der Beschäftigungsfähigkeit jedes Einzelnen als bedeutendes Ziel definiert.[14]

Heute werden mit Beschäftigungsfähigkeit in erster Linie zwei große Themenbereiche abgedeckt: zum einen die Auswahlprozesse für Arbeitssuchende am Arbeitsmarkt, zum anderen die unternehmensinternen Prozesse zur Nutzung von Humanressourcen. Verknüpft man diese beiden Ansätze, so geht es auch darum, Fähigkeiten zu ermitteln, die der Einzelne „im Unternehmen erworben oder entwickelt hat und die es ihm ermöglichen, den Erfordernissen des Unternehmens weiterhin gerecht zu werden oder sich um eine Stelle außerhalb des Unternehmens zu bewerben, in dem er tätig ist."[15] Nicht nur für einen Beruf und einen Arbeitgeber, sondern für unterschiedliche Arbeitsumfelder, Tätigkeitsbereiche und Organisationsformen soll der Arbeitnehmer „fit" sein.

Bausteine der Beschäftigungsfähigkeit sind Faktoren, die den Menschen dazu befähigen, eine bestehende Beschäftigung zu behalten oder aber eine neue Beschäftigung zu finden. Dabei können diese Fähigkeiten sowohl innerhalb oder außerhalb der aktuellen beruflichen Tätig-

---

[13] Blancke, S./Roth, C./Schmid, J., S. 9.
[14] Vgl.: Weinert, P. (Hrsg.)/Baukens, M./Bollérot, P./Pineschi-Gapenne, M./Walwei, U., S. 23 ff.
[15] Weinert, P. (Hrsg.)/Baukens, M./Bollérot, P./Pineschi-Gapenne, M./Walwei, U., S. 82.

keit erworben worden sein.[16] Dazu gehören Erfahrung und Fähigkeiten ebenso wie die Bereitschaft zur Teilnahme an entsprechenden Maßnahmen, die die Beschäftigungsfähigkeit fördern. Von entscheidender Bedeutung ist auch das Maß an Eigenverantwortung und globalem Denken, das der jeweilige Arbeitgeber seinen Mitarbeitern ermöglicht.[17] Nicht zu vergessen sind hier auch Kenntnisse, die z. B. bei freiwilligem sozialem Engagement oder durch selbstständige Tätigkeit in Rahmen der Elternzeit erworben wurden.

Eine Förderung der Beschäftigungsfähigkeit kann sowohl proaktiv, d. h. während einer aktiven Beschäftigung in einem Unternehmen, als auch reaktiv, zur Unterstützung in Zeiten der Arbeitslosigkeit, erfolgen. Die Literatur konzentriert sich primär auf den Bereich der Arbeitslosen und entsprechende Maßnahmen zur Entwicklung von deren Arbeitsmarktfitness. Insbesondere in einem so vielschichtigen und dem gesellschaftlichen und wirtschaftlichen Wandel unterworfenen Feld wie der Beschäftigungsfähigkeit ist jedoch ein proaktiver Ansatz vorzuziehen, da reaktive Maßnahmen häufig zu spät kommen und eingefahrene Denk- und Handlungsstrukturen nicht mehr aufbrechen können. Unter der Belastung einer eingetretenen Arbeitslosigkeit wird es häufig umso schwerer, einen Menschen davon zu überzeugen, dass er sich beruflich neu orientieren muss, wenn dieser zuvor niemals an diese Denkweise herangeführt wurde und über Jahrzehnte dieselbe Tätigkeit im selben Unternehmen ausgeführt hat. Die Förderung eines kontinuierlichen Bewusstseins für die Notwendigkeit zu Flexibilität und Offenheit für Neues in Zeiten der aktiven Berufstätigkeit hingegen legt die Basis dafür, auch in schwirigen und unerwarteten Situationen adäquat handeln zu können.

Auch in der Europäischen Union wird der Begriff der Beschäftigungsfähigkeit seit den 90er Jahren immer häufiger aufgegriffen, seit 1998 stellt er die erste beschäftigungspolitische Leitlinie dar.[18] Hierzu ist allerdings anzumerken, dass sich die Begrifflichkeit in erster Linie auf spezifische Problemgruppen des Arbeitsmarktes, wie z. B. Langzeitarbeitslose, bezieht. Sie verfolgt also eher eine kurative denn eine präventive Strategie und steht somit in einem anderen Kontext als die fortwährende Sicherung der Beschäftigungsfähigkeit aller Arbeitnehmer, um die es in diesem Beitrag gehen soll.

Der Streifzug durch die Definitionen macht deutlich, dass mit Employability und Beschäftigungsfähigkeit grundsätzlich drei Anknüpfungspunkte verbunden sind:

- Employability aus individueller Sicht.
- Employability auf betrieblicher Ebene.
- Employability im gesellschaftlichen Kontext, aus bildungspolitischer sowie arbeitsmarktpolitischer Perspektive.

---

16 Vgl.: Weinert, P. (Hrsg.)/Baukens, M./Bollérot, P./Pineschi-Gapenne, M./Walwei, U., S. 82.
17 Vgl.: Weinert, P. (Hrsg.)/Baukens, M./Bollérot, P./Pineschi-Gapenne, M./Walwei, U., S. 112.
18 Vgl.: Weinert, P. (Hrsg.)/Baukens, M./Bollérot, P./Pineschi-Gapenne, M./Walwei, U., S. 81.

2.2 Die Anforderungen an Employability

Auf der Basis der Literaturanalyse und neuerer empirischer Erkenntnisse wird Employability letztendlich wie folgt definiert:

> Employability ist die Fähigkeit, fachliche, soziale und methodische Kompetenzen unter sich wandelnden Rahmenbedingungen zielgerichtet und eigenverantwortlich anzupassen und einzusetzen, um eine Beschäftigung zu erlangen oder zu erhalten.

Damit wird deutlich, dass Employability auch Einstellungen und Mentalitäten tangiert.

Die Begriffe der sozialen und methodischen Kompetenzen, die häufig unter „überfachliche Kompetenzen bzw. Schlüsselqualifikationen" zusammengefasst werden, sind erst einmal unspezifisch und wenig differenziert. Für ein Agieren und Entwickeln ist jedoch eine Konkretisierung unbedingt erforderlich. Es gibt einige Auflistungen, welche die beschäftigungsrelevanten überfachlichen Kompetenzen sind. Neuere empirische Untersuchungen haben folgendes Anforderungsprofil in Bezug auf Employability identifiziert:

Eine Person, die employable bzw. beschäftigungsfähig ist,

• ist fachlich kompetent,	*Fachkompetenz*
• ist aktiv und ergreift Initiative, erkennt und nutzt Chancen,	*Initiative*
• übernimmt Verantwortung für sich selbst, ihre Entwicklung und setzt sich Ziele,	*Eigenverantwortung*
• erkennt die Konsequenzen ihres Handelns,	*Unternehmerisches Denken und Handeln*
• ist fleißig und engagiert sich,	*Engagement*
• lernt kontinuierlich dazu und bleibt am Ball,	*Lernbereitschaft*
• ist fähig und bereit zur Zusammenarbeit,	*Teamfähigkeit*
• ist in der Lage, das, was sie meint und will, auszudrücken und zur Geltung zu bringen,	*Kommunikationsfähigkeit*
• versetzt sich in andere hinein und hört zu,	*Empathie, Einfühlungsvermögen*
• behält in ungewohnten bzw. belastenden Situationen einen klaren Kopf,	*Belastbarkeit*

• geht konstruktiv mit schwierigen Situationen und Misserfolg um,	*Konfliktfähigkeit, Frustrationstoleranz*
• ist offen für Neues, ist neugierig,	*Offenheit, Veränderungsbereitschaft*
• weiß, was sie kann und denkt regelmäßig über sich und ihre Beschäftigungsfähigkeit nach.	*Reflexionsfähigkeit*

Die Auflistung der überfachlichen Kompetenzen führt direkt zu der Frage „Wer verfügt über ein solches Profil?". Schnell drängt sich der Gedanke auf „und kann diese Person auch über Wasser gehen?", „ist das der Ritter in der goldenen Rüstung auf dem Schimmel?" Um ein umsetzbares, realistisches Bild von Beschäftigungsfähigkeit zu bekommen, ist daher ein anderer Blickwinkel vonnöten. Selbstverständlich wäre es vermessen zu glauben, ein Mensch könne all die oben genannten Kompetenzen in optimaler Ausprägung besitzen oder entwickeln. Hier zeigt sich die grundlegende Philosophie des Beschäftigungsfähigkeits-Gedankens: „Den ersten Schritt zu tun und in Bewegung zu bleiben" – das regelmäßige Auseinandersetzen mit der eigenen Qualifikation und der kontinuierliche Ausbau aller relevanten Kompetenzen stellen einen persönlichen Entwicklungsprozess dar, der zu langfristiger Beschäftigungsfähigkeit führt.

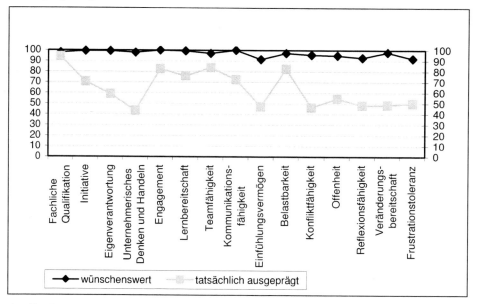

Quelle: Rump, J./Eilers, S. (2)

Abbildung 2: *Aspekte von Employability – Notwendigkeit und tatsächliche Ausprägung (gemessen an der Anzahl der Befragten, in Prozent)*

Nicht selten ruft das Anforderungsprofil der Beschäftigungsfähigkeit auch Verwunderung hervor, da das Vorhandensein der überfachlichen Kompetenzen als selbstverständlich angesehen wird. Empirische Untersuchungen zeichnen jedoch ein gegenteiliges Bild. Es ist durchaus nicht selbstverständlich, dass Beschäftigte diese Schlüsselqualifikationen mitbringen. Zwar werden die employability-bezogenen Qualifikationen für notwendig und wünschenswert erachtet. Die tatsächliche Ausprägung hingegen zeigt erhebliche Defizite. So ist ein deutlicher Unterschied zwischen dem Wunsch und der tatsächlichen Ausprägung der beschäftigungsfähigkeitsrelevanten Kompetenzen sichtbar.[19] Lediglich die fachliche Kompetenz bildet eine Ausnahme. Abbildung 2 gibt einen Überblick.

Mögliche Erklärungen für die offenbar mangelnde Ausprägung könnten unter anderem in der vorherrschenden Sozialisation, dem Bildungssystem, der Dominanz von Fachwissen in der Lern- und Lehrarchitektur sowie in den Konsequenzen des Sozialversicherungssystems auf die Einstellungen und Werte in der Gesellschaft und beim Einzelnen („Vollkasko-Mentalität") zu finden sein.

3. Chancen und Nutzen von Employability

Die ökonomischen, technologischen, rechtlichen und (gesellschafts-)politischen Entwicklungen machen Employability für Unternehmen und für den Einzelnen unumgänglich. Im Folgenden wird der Versuch unternommen, einerseits eine Reihe von Nutzenaspekten, die Unternehmen haben, und andererseits den Mehrwert des Einzelnen zu identifizieren.

3.1 Der Nutzen aus der Perspektive von Unternehmen

Bei der Thematisierung von Employability in Unternehmen lässt sich nicht selten eine eher skeptische Grundhaltung beobachten. Die Förderung der individuellen Beschäftigungsfähigkeit wird primär als Mehrwert für den Einzelnen angesehen, das Erkennen eines Zusammenhangs zur Wettbewerbsfähigkeit des Unternehmens fällt nicht selten schwer. Werden betriebliche Entscheider und Personalverantwortliche jedoch direkt auf den Nutzen angesprochen und werden die unterschiedlichen Nutzenaspekte mit ihnen diskutiert, bejahen sie diese. Die hohen Zustimmungswerte, die eine empirische Untersuchung erhoben hat, bestätigen dies (siehe Abbildung 3).

---

[19] Vgl.: Rump, J./Eilers, S. (1), S. 49.

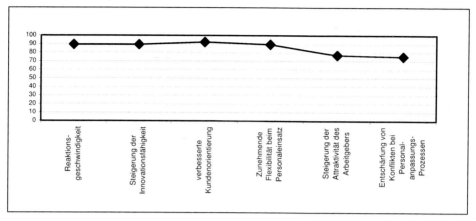

Quelle: Rump, J./Eilers, S. (2)

Abbildung 3: *Welcher Nutzen ergibt sich für das Unternehmen? (gemessen an der Anzahl der Befragten, die zustimmen, in Prozent)*

Als relevante Nutzensaspekte aus der Perspektive von Unternehmen lassen sich

- schnelle Reaktionsgeschwindigkeit,
- steigende Innovationsfähigkeit,
- verbesserte Kundenorientierung,
- zunehmende Flexibilität beim Personaleinsatz,
- Steigerung der Attraktivität als Arbeitgeber sowie
- Entschärfung von Konflikten bei Personalanpassungs-Prozessen erschließen.

– Schnellere Reaktionsgeschwindigkeit und Steigerung der Innovationsfähigkeit

Unternehmen bewegen sich mehr und mehr in einem Umfeld, das durch eine explosionsartige Vermehrung und gleichzeitig sinkende Halbwertzeit von Wissen und damit verbunden durch eine steigende Veränderungsgeschwindigkeit sowie zunehmende Komplexität gekennzeichnet ist. Sie sind mehr und mehr gezwungen, Produkte und Dienstleistungen anzubieten, die neuartig und hochwertig sind, um sich von der Konkurrenz abheben zu können. Dies gilt vor allem für Unternehmen, die in Ländern mit hohem Lohnniveau beheimatet sind. Zum anderen verringert sich in einem solchen Kontext die Zeitspanne zwischen Erfindung und kommerzieller Anwendung. Der Lebenszyklus von Produkten und Dienstleistungen wird verkürzt – mit der Konsequenz einer schnelleren Amortisation von Investitionen in Forschung und Entwicklung, Produktion und Marketing. Darüber hinaus ist zu beobachten, dass die Prozesse der Leistungserstellung zunehmend flexibler und kundenorientierter werden. Kreative und wissensintensive Tätigkeiten nehmen in dem Maße zu, in dem der physische Leistungsanteil abnimmt. Dabei unterliegt der Leistungserstellungsprozess ständigen Veränderungen, die sich mit steigender Geschwindigkeit vollziehen.

Unter diesen Bedingungen stellt die Innovationsfähigkeit eines Unternehmens einen wesentlichen Wettbewerbsfaktor dar. Innovationsfähigkeit hängt entscheidend von dem Wissens- und Kompetenzstand der Mitarbeiter ab. Dabei spielen weniger der gesamte Wissens- und Kompetenzstand eine Rolle, sondern vielmehr das erfolgskritische Wissen und die erfolgskritischen Kompetenzen. Erfolgskritisch sind Wissen und Kompetenzen dann, wenn sie einzigartig sind und/oder maßgeblich die Leistung beeinflussen.[20] Im Rahmen einer ständig steigenden Veränderungsgeschwindigkeit variieren häufig die Anforderungen an erfolgskritisches Wissen und erfolgskritische Kompetenzen. Um den hohen Ansprüchen an den Wissens- und Kompetenzstand sowie ihrer sinkenden „Lebenszeit" gerecht zu werden, bedarf es Mitarbeitern, die nicht reaktiv, sondern proaktiv ihr Wissen und ihre Kompetenzen hinsichtlich Aktualität und Relevanz überprüfen und gegebenenfalls ändern. Verantwortung für die berufliche Entwicklung, Flexibilität, Fähigkeit, die Bedeutung des eigenen Handelns für das Unternehmen zu erkennen, sowie Lernbereitschaft gehören zu den entscheidenden Kernkompetenzen von Employability.

– Verbesserte Kundenorientierung

Verfügen Mitarbeiter über das dargestellte erfolgskritische Wissen und die Kernkompetenzen von Employability, so treten sie im Kundenkontakt professioneller und kompetenter auf. Als unternehmerisch denkende Menschen, die sich ihrer eigenen Kompetenzen und Fähigkeiten bewusst sind, wissen sie um den Wert der angebotenen Leistung und um die Bedeutung ihrer Tätigkeit für ihr Unternehmen. Sie repräsentieren den Arbeitgeber, der ihre Employability und Weiterentwicklung fördert und fordert, stolz und selbstbewusst und tragen damit das positive Image aus ihrem Inneren nach außen. Es ist erwiesen, dass Mitarbeiterzufriedenheit positiv mit Kundenzufriedenheit korreliert! Auch im Leistungserstellungsprozess drückt sich Mitarbeiterzufriedenheit in einer Steigerung der Produktivität und Verbesserung der Qualität aus.

– Zunehmende Flexibilität beim Personaleinsatz

Employability spielt nicht nur im Zusammenhang mit steigender Wissensintensität eine wichtige Rolle, sondern ermöglicht es Unternehmen auch, Mitarbeiter flexibler einzusetzen. Bei beschäftigungsfähigen Arbeitnehmern ist mit einer vergleichsweise niedrigen Einarbeitungszeit zu rechnen. Widerstände gegen Veränderungen der Arbeitsinhalte, des Arbeitsablaufs, der Arbeitsbedingungen und des Arbeitsortes sind eher gering ausgeprägt – ganz im Gegenteil: Mitarbeiter, die beschäftigungsfähig sind, fordern solche arbeitsbezogenen Veränderungen ein, um beschäftigungsfähig zu bleiben. Arbeitsbezogene Veränderungen werden mehr als Chance und weniger als Risiko empfunden.

Darüber hinaus lässt sich durch einen gezielteren Personaleinsatz ein nicht unerhebliches Kosteneinsparpotenzial erzielen. So können beispielsweise Produktionsspitzen in bestimmten Unternehmensbereichen durch eine temporäre Umsetzung von Arbeitskräften aus weniger ausgelasteten Bereichen abgefangen werden, wenn die Mitarbeiter entsprechend flexibel einsetzbar sind.

---

[20] Unter Einzigartigkeit werden die Verfügbarkeit am Markt sowie die Möglichkeit, Wettbewerbsvorteile zu erzielen, verstanden. Als Leistungsbeeinflussung gilt der Einfluss auf Qualität, Kosten und Zeit.

– Steigerung der Attraktivität des Arbeitgebers

Es ist davon auszugehen, dass Unternehmen, die Employability als Wettbewerbsfaktor betrachten, diese nicht nur fordern, sondern auch fördern. Die Förderung von Employability lässt sich dann als Faktor zur Steigerung der Attraktivität als Arbeitgeber einsetzen. Je stärker die Notwendigkeit, an der eigenen Beschäftigungsfähigkeit zu arbeiten, zu einem Grundprinzip im Leben qualifizierter Arbeitnehmer wird, umso mehr wird die Unterstützung eben dieses Grundprinzips auch am Arbeitsmarkt ein Wettbewerbsvorteil im Werben um die gewünschten High Potentials sein. Darüber hinaus wird die Förderung von Employability die Entscheidung eines Mitarbeiters, seine Arbeitskraft, sein Wissen und seine Kompetenzen diesem und nicht einem anderen Unternehmen zur Verfügung zu stellen, positiv beeinflussen.

– Entschärfung von Konflikten bei Personalanpassungs-Prozessen

Nicht zuletzt kann Employability zu einer Entschärfung im Downsizing-Prozess beitragen. Durch die erhöhte Flexibilität im Rahmen des Personaleinsatzes besteht eher die Chance, Mitarbeiter in andere Unternehmensbereiche und Arbeitsfelder zu versetzen, wenn dort Vakanzen bestehen. Ist die Möglichkeit der internen Personalanpassung nicht gegeben bzw. ausgeschöpft und sind die Effekte der weichen quantitativen Freisetzungsmaßnahmen eingeschränkt, bleibt nicht selten lediglich der Weg, sich von Mitarbeitern zu trennen. Mitarbeiter mit einer hohen Ausprägung an Beschäftigungsfähigkeit haben eine vergleichsweise hohe Vermittlungschance auf dem Arbeitsmarkt. Unterstützt ein Unternehmen die Entwicklung von Beschäftigungsfähigkeit, wird sich dies auf das Image – selbst im Zuge eines Personalabbauprozesses – positiv auswirken. Daneben beeinflusst die Förderung von Employability und das damit verbundene Maß von Vermittelbarkeit auf dem Arbeitsmarkt die Motivation und das Commitment der im Unternehmen zurückgebliebenen Mitarbeiter. Je größer die Chancen sind, auf dem Arbeitsmarkt einen neuen Job zu finden, und je stärker die Vermittelbarkeit der Betroffenen in neue Arbeitsverhältnisse gefördert wird, desto positiver ist die Grundeinstellung der Zurückgebliebenen zu ihrem Arbeitgeber und desto höher ist deren Arbeitsmoral und -effizienz. Die Ausprägung von „Survivor Sickness"[21] und die damit einhergehenden negativen Konsequenzen halten sich in Grenzen.

Employability bietet einen hohen Nutzen für Unternehmen. Dieser Nutzen ist jedoch an eine zentrale Voraussetzung geknüpft: Unternehmen können nur dann Nutzen aus der Beschäftigungsfähigkeit ihrer Mitarbeiter ziehen, wenn sie Employability fordern und fördern sowie Bedingungen gestalten, die deren Entfaltung ermöglichen.

---

[21] Der Begriff der „Survivor Sickness" wurde von David M. Noer, Autor von „Healing the wounds: Overcoming the Trauma of Layoffs and Revitalizin Downsized Organisations" (San Francisco 1993) geprägt. Danach verhalten sich Mitarbeiter, die nach Downsizing-Prozessen im Unternehmen zurückbleiben, nach bestimmten Mustern. Gefühle der Wut dem Arbeitgeber gegenüber und Angst um den eigenen Arbeitsplatz, aber auch von Schuld und Trauer, schlagen sich häufig in einer stark verringerten Einsatzbereitschaft und Motivation nieder. In der Folge kann die Produktivität nachhaltigen Schaden nehmen.

3.2 Der Mehrwert aus der Perspektive des Einzelnen

Zwar gehört es auch zu den Aufgaben von Unternehmen, Employability zu fördern, einen Großteil der Verantwortung für den Erhalt und die Entwicklung der Beschäftigungsfähigkeit trägt jedoch der Einzelne selbst – einerseits um den Erwartungen und Gegebenheiten seines aktuellen Arbeitgebers gerecht zu werden, andererseits um jederzeit auf dem Arbeitsmarkt auch für andere Arbeitgeber bzw. Berufsfelder attraktiv zu sein. Welche Chancen und welcher Nutzen lassen sich für den Einzelnen konkretisieren?

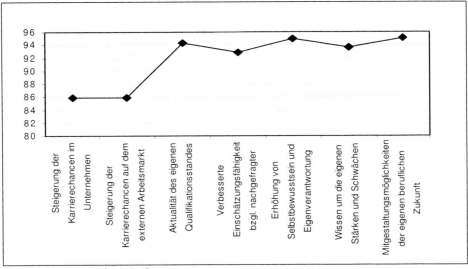

Quelle: Rump, J./Eilers, S. (2)

Abbildung 4: *Nutzen von Employability für den Einzelnen (gemessen an der Anzahl der Befragten, die zustimmen in Prozent)*

Empirische Untersuchungen identifizieren

- die Steigerung der Karrierechancen auf dem internen und externen Arbeitsmarkt,
- die kontinuierliche Auseinandersetzung und Anpassung von Kompetenzen und Qualifikationen,
- die Erhöhung von Selbstbewusstsein und Eigenverantwortung,
- die Verbesserung der Mitgestaltungsmöglichkeiten der beruflichen Zukunft als Nutzenaspekte.

Diese Nutzenaspekte weisen bei einer repräsentativen, großzahligen Befragung sehr hohe Zustimmungswerte auf.[22]

---

[22] Vgl.: Rump, J./Eilers, S. (2).

– *Steigerung der Karrierechancen auf dem internen und externen Arbeitsmarkt*

Beschäftigungsfähigkeit wird zu einem zentralen Vermögenswert des Einzelnen und dient letztendlich zur Absicherung in einer sich schnell wandelnden Arbeitswelt, in der Qualifikation und erfolgskritisches Wissen mehr denn je darüber entscheiden, ob der Einzelne zu den Gewinnern oder Verlierern im Erwerbsprozess gehört.

Die von Innovation und Veränderung geprägte Arbeitswelt fordert das Aufgeben traditioneller „Sicherungsanker" ebenso wie die kontinuierliche Auseinandersetzung mit der eigenen Beschäftigungsfähigkeit und den eigenverantwortlich zu gestaltenden Karrierepfaden. Arbeitnehmern, die sich diesen Herausforderungen stellen, eröffnen sich zahlreiche neue Perspektiven und Chancen im Bezug auf die Entwicklung der eigenen Persönlichkeit und Beschäftigungsfähigkeit. Mitarbeiter, die sich als „Unternehmer in eigener Sache" betrachten, sehen vor allen Dingen ihre Beschäftigungsfähigkeit als wesentlichen Wettbewerbsfaktor intern im Unternehmen und auf dem externen Arbeitsmarkt. Denn Arbeitnehmer, die an ihrer Beschäftigungsfähigkeit arbeiten, treten den Anforderungen des Arbeitsmarktes mit einem hohen Maß an Anpassungsfähigkeit, Flexibilität und Mobilität gegenüber und sind dadurch in der Lage, sich in immer komplexer werdenden Arbeitsumgebungen zurechtzufinden.

– *Kontinuierliche Auseinandersetzung und Anpassung von Kompetenzen und Qualifikationen*

Die Erfordernis einer kontinuierlichen Auseinandersetzung mit der eigenen Beschäftigungsfähigkeit führt bei jedem Einzelnen zu einer zeitnahen und realistischen Einschätzung des eigenen Kompetenzrahmens und zur Einsicht in gegebenen Handlungsbedarf. Dazu gehört auch eine verbesserte Einschätzungsfähigkeit bezüglich aktuell und künftig nachgefragter Kompetenzen und Fähigkeiten auf dem internen, aber auch auf dem externen Arbeitsmarkt. So ermöglicht der Blick „über den Tellerrand" des eigenen Unternehmens hinaus Arbeitnehmern einen Einblick in die Beschäftigungssituation in anderen Berufszweigen und Branchen.

Unterstützt ein Arbeitgeber seine Beschäftigten aktiv in Erhalt und Förderung der Employability, werden dem Einzelnen dadurch häufig Möglichkeiten der eigenen Entwicklung aufgezeigt, die ihm zuvor nicht bewusst waren. Neben der kritischen Selbstreflexion leisten Sensibilisierungsmaßnahmen und professionelle Potenzialeinschätzungen eine wertvolle Hilfestellung bei der Vergegenwärtigung des eigenen Profils. Dazu gehört auch, die eigenen Stärken und Schwächen besser einschätzen zu lernen und dadurch identifizierte Entwicklungsfelder gezielt anzugehen.

– *Erhöhung von Selbstbewusstsein und Eigenverantwortung*

Das Vertrauen in die eigenen Fähigkeiten und Kompetenzen als „Sicherungsanker" im Arbeitsleben lässt Arbeitnehmer die persönliche Entwicklung als „Unternehmer in eigener Sache" beeinflussen und „vermarkten". Das Aufgeben der „passiven Ergebenheit" in Bezug auf Veränderungen im eigenen Unternehmen und auf dem Arbeitsmarkt ermöglicht es, Initiative zu ergreifen und die eigene Entwicklung in die gewünschte Richtung zu lenken.

– *Verbesserung der Mitgestaltungsmöglichkeiten der beruflichen Zukunft*

Beschäftigungsfähige Arbeitnehmer sehen sich nicht länger in einem Abhängigkeitsverhältnis, sondern vielmehr in einer „Win-Win-Situation", in der beide Seiten von Erhalt und Steigerung der Beschäftigungsfähigkeit profitieren. Das Aufwiegen von Treue und Loyalität auf

Seiten des Mitarbeiters gegen die Zusage einer lebenslangen Beschäftigung auf Seiten des Unternehmens in Form eines „sozialen Vertrages" ist nicht mehr möglich. In einem „psychologischen Vertrag" bindet der Arbeitgeber im Hinblick auf seine eigenen Ziele die passenden Mitarbeiter für einen definierten Zeitraum an sich, während der Arbeitnehmer nur mit demjenigen Unternehmen einen Vertrag eingeht, das seine Kompetenzen aktuell nachfragt und vor allem wertschätzt. Dieser „psychologische Vertrag" führt zu einer beiderseitigen Ökonomisierung des Loyalitätsbegriffs und damit letztendlich zu einer Partnerschaftsbeziehung zum Arbeitgeber, die auf „gleicher Augenhöhe" erfolgt.[23]

4. Ängste und Befürchtungen im Zusammenhang mit Employability

Employability geht nicht nur mit positiven Assoziationen und mit Nutzenwahrnehmungen einher. Mit ihr sind auch Befürchtungen und Ängste verbunden – sowohl auf Unternehmensseite als auch auf Seiten der Mitarbeiter.

4.1 Befürchtungen auf Seiten von Unternehmen und Führungskräften

Die Umsetzung des Employability-Gedankens geht mit vielfältigen Änderungen einher. Vielfach bleiben derart umfassende Veränderungen nicht ohne Widerstand. Zu den Befürchtungen auf Seiten von Unternehmen und Führungskräften zählen

- Machtverlust,
- Zunahme von Komplexität in Führung, Karrieremustern, Organisation und Vergütungsstrukturen,
- „Nach-außen-Qualifizieren" der Mitarbeiter,
- Zunahme von Kosten sowie
- Kulturveränderungen.

---

23 Vgl.: Blancke, S./Roth, C./Schmid, J., S. 11-12; Sattelberger, T., S. 64-66.

– *Machtverlust der Führungskräfte*

Insbesondere für die Führungskräfte im Unternehmen stellt die Förderung von Eigenverantwortung und Selbstbewusstsein bei ihren Mitarbeitern einen Machtverlust dar. Zudem sehen sich Führungskräfte durch diese Situation mit einer erhöhten Komplexität und neuen Erwartungen an ihre Rolle konfrontiert. Nicht wenige Vorgesetzte fühlen hier einen enormen Druck, den Anforderungen gerecht zu werden. Sie reagieren mit Zurückhaltung. Einen Weg, der Zurückhaltung von Führungskräften zu begegnen, stellt das bewusste Heranführen an die Grundsätze und die Philosophie vom Employability und das Aufzeigen des Nutzens für das Unternehmen und den Mitarbeiter dar. Darüber hinaus können Ressentiments dadurch reduziert werden, dass Führungskräften bewusst wird, dass sie nicht nur etwas verlieren, sondern auch selbst Nutznießer sind und an ihrer eigenen Beschäftigungsfähigkeit arbeiten können.

– *Zunahme der Komplexität in Führung, Karrieremustern, Organisation und Vergütungsstruktur*

Zahlreiche Arbeitgeber sehen sich der Herausforderung nicht gewachsen, Mitarbeiter, die sich als „Unternehmer in eigener Sache" sehen und kontinuierlich an ihrer Beschäftigungsfähigkeit arbeiten möchten, an das Unternehmen zu binden. Sie fürchten, einem unablässigen Druck ausgesetzt zu sein, den beschäftigungsfähigen Mitarbeitern Entwicklungsperspektiven aufzuzeigen. Ein solcher Druck ist sicherlich vorhanden. Der Angst um diese Drucksituation kann jedoch entgegengehalten werden, dass beschäftigungsfähige Mitarbeiter einen Nutzen für das Unternehmen stiften, der ungleich höher ist als die Aufwendungen. Gerade darin, die eigenen Prozesse kontinuierlich überdenken zu müssen und sich dem Arbeitnehmer als attraktiver Arbeitgeber zu präsentieren, liegt eine nicht zu unterschätzende Chance für das Unternehmen. Denn die Positionierung auf dem internen Markt spiegelt sich unweigerlich auch auf dem externen Markt wider und wirkt positiv auf das Unternehmensimage. Zudem wäre ohne beschäftigungsfähige Arbeitnehmer der Druck, der sich aus den Märkten und der Wettbewerbslage generiert, weitaus höher.

– *„Nach-außen-Entwickeln" der Mitarbeiter*

Eine Reihe von Unternehmen äußern die Befürchtung, ihre Mitarbeiter „nach draußen" zu qualifizieren, also in deren Beschäftigungsfähigkeit zu investieren, ohne selbst von dieser erhöhten Qualifikation zu profitieren, da die Arbeitnehmer sich dem externen Arbeitsmarkt zuwenden. Diese Argumentationskette lässt eine wesentliche Frage außer Acht. Warum wenden sich die Mitarbeiter, die beschäftigungsfähig sind, anderen Arbeitgebern zu? In einem Unternehmen, das Employability nicht nur fordert, sondern auch unterstützt und fördert, wird sich mit sehr hoher Wahrscheinlichkeit eine solche Befürchtung nicht bewahrheiten. Untersuchungen belegen, dass die Fluktuationsrate in Unternehmen, die in die Beschäftigungsfähigkeit ihrer Mitarbeiter investieren, geringer ist als in solchen, die sich diesen Konzepten noch verschließen.[24] Ziel der Arbeitgeber muss es also sein, „to make their workforce 'able to go, but want to stay' ".[25] In diesem Zusammenhang sei auch erwähnt, dass es Unternehmen gibt, die bewusst die Möglichkeit einer „Abwanderung" ihrer Beschäftigten in Kauf nehmen. Sie können so für bestimmte Zeiträume über optimal qualifizierte Arbeitnehmer verfügen und gleichzeitig flexibler auf Kapazitätsschwankungen reagieren. Des Weiteren kann eine „Ab-

---

24 Vgl.: Englert, S., S. 2.
25 Tamkin, P./Hillage, J., S. 54.

wanderung" gezielt gesteuert werden, um ehemalige beschäftigungsfähige Mitarbeiter bei Kunden zu positionieren und eigene, unternehmensübergreifende Netzwerke zu knüpfen.

– *Zunahme der Kosten*

Ein weiterer häufig genannter Hinderungsgrund für die Umsetzung von Employability-Konzepten ist die arbeitgeberseitige Befürchtung, sich damit immense Kosten aufzubürden. Aufgrund dieser Befürchtung findet insbesondere in konjunkturellen und strukturellen Krisenzeiten eine intensivere Auseinandersetzung mit der Thematik erst gar nicht statt. Hier sei nun die Frage erlaubt, ob ein Unternehmen auf die Förderung von Employability verzichten kann. Ist es nicht eher so, dass es den technischen Neuerungen, inhaltlichen Veränderungen und/oder erforderlich gewordenen Umstrukturierungen nicht mehr gewachsen sein wird, wenn das Unternehmen nicht bereit ist, die Beschäftigungsfähigkeit seiner Mitarbeiter zu erhalten und zu fördern? Darüber hinaus ist dem Kostenargument entgegenzuhalten, dass die Integration des Grundgedankens von Employability weniger einen Kostenfaktor darstellt als vielmehr die Bereitschaft zu kulturellen und organisatorischen Veränderungen erforderlich macht.

– *Kulturveränderungen*

Da in Unternehmen häufig die Erfahrung gemacht wurde, dass Veränderungen zur Unternehmensstrategie, -kultur, -politik oder -organisation mit Widerständen verbunden sind, scheuen viele diese Konfrontation oder versuchen ihr mit den alten Instrumenten der Macht und Hierarchie zu begegnen. Macht und Hierarchie jedoch sind nicht kompatibel mit Employability. Die Widerstände, die mit Veränderungen einhergehen, werden in vielen Unternehmen als hoch eingestuft. Dieses hohe Ausmaß an Widerständen lässt darauf schließen, dass die Ausprägung an Beschäftigungsfähigkeit eher niedrig ist bzw. erst ein kleinerer Teil der Arbeitnehmer sich mit seiner Beschäftigungsfähigkeit auseinander setzt bzw. auseinander setzen kann und als „employable" gilt bzw. sich als „employable" fühlt.

Eine offene Diskussion um Ängste und Befürchtungen aus der Perspektive der Unternehmen und Führungskräfte ist wichtig. Nur wenn diese Ängste und Befürchtungen im Unternehmen thematisiert und diskutiert werden, besteht die Möglichkeit, ein tragfähiges Employability-Konzept zu entwickeln und umzusetzen.

4.2 Ängste auf Seiten der Mitarbeiter

Der Wandel in der Arbeitswelt führt bei vielen Arbeitnehmern zu Gefühlen der Verunsicherung und Hilflosigkeit. Diejenigen Beschäftigten, die sich nicht vorausschauend mit ihrer individuellen Zukunft auf dem Arbeitsmarkt auseinander setzen, und passiv abwarten, bis ein Impuls von außen an sie herangetragen wird, laufen Gefahr, an den Rand der Arbeitsgesellschaft gedrückt zu werden. Aus der Perspektive der Mitarbeiter lassen sich eine Reihe von konkreten Ängsten und Befürchtungen beobachten:

- Angst vor Unsicherheit und Arbeitsplatzverlust.

- Angst vor Überforderung und dem „Burn-out-Syndrom".
- Vermutung eines versteckten Arbeitsplatzabbaus.

– Angst vor Unsicherheit und Arbeitsplatzverlust

Viele Menschen können sich nur schwer von dem über Jahrzehnte gewachsenen Modell der Absicherung durch qualifizierte Erstausbildung und gezielte Berufs- und Arbeitsplatzwahl lösen. Die Forderung nach dem Loslassen der durch Erziehung und Ausbildungswege, durch eine bestimmte Tätigkeit und/oder durch einen bestimmten Arbeitgeber definierten Sicherheit löst dann ein Gefühl der Hilflosigkeit aus. Diese Lücke zwischen dem Wegfall der traditionellen „Sicherungsanker" und dem Annehmen des neuen „Sicherungsankers" Beschäftigungsfähigkeit resultiert unter anderem daraus, dass die Wahrnehmung von „Sicherungsankern" und das Sicherheitsempfinden durch Sozialisation geprägt sind. Einstellungen und Mentalitäten lassen sich somit nicht von heute auf morgen ändern, sondern bedürfen einer Entwicklungszeit bzw. einschneidender Ereignisse, die den Prozess beschleunigen. Gleichzeitig wird die Fokussierung auf die eigene Beschäftigungsfähigkeit vielfach noch nicht als „Sicherungsanker" wahrgenommen.

– Angst vor Überforderung und dem „Burn-out-Syndrom"

Wie bereits dargestellt, geht Beschäftigungsfähigkeit mit einem kontinuierlichen Lernprozess einher. Darüber hinaus wird ein immer höheres Maß an Flexibilität und (mentale) Mobilität eingefordert. Es ist zu beobachten, dass für einige Mitarbeiter dieser Prozess einer stetig steigenden Drucksituation gleichkommt. Nicht jeder ist der Herausforderung gewachsen und kann konstruktiv damit umgehen. „Was passiert, wenn ich nicht mehr kann?", ist eine häufig gestellte Frage – eine ernst zu nehmende Frage, für deren Beantwortung der Arbeitgeber, aber auch die Sozialpartner Sorgfalt aufwenden sollten.

– Vermutung eines versteckten Arbeitsplatzabbaus

Sehr häufig wird von Seiten der Arbeitnehmer auch die Befürchtung geäußert, dass Employability lediglich mit Downsizing einhergeht. Sie gehen davon aus, dass die Differenzierung in beschäftigungsfähig und nicht-beschäftigungsfähig in der Regel eine Selektion erwünschter und unerwünschter Arbeitnehmer impliziert. Dies bezieht sich nicht nur auf die Angst vor Stellenabbau, sondern auch auf die Einschränkung persönlicher Freiräume, die Zuweisung bestimmter Arbeitsplätze und die Verweigerung weiterer Qualifizierungsmaßnahmen.

All diesen Ängsten gilt es Rechnung zu tragen und ihnen durch ein gelebtes und authentisches Employability-Konzept entgegenzutreten. Darüber hinaus ist es für die Steigerung von Akzeptanz förderlich, wenn der Nutzen von Beschäftigungsfähigkeit für den Einzelnen sichtbar und spürbar wird.

5. Das Konzept des Employability Management

Um das Menschenbild eines beschäftigungsfähigen Arbeitnehmers mit Leben zu füllen und die Beschäftigten dazu zu bewegen, dieses Menschenbild als das ihre anzuerkennen und es als Grundlage für ihr Denken und Handeln zu nehmen, werden derzeit einzelne Maßnahmen entwickelt und umgesetzt. Zur Förderung von Employability der Arbeitnehmer reichen diese Einzelaktivitäten jedoch nicht aus. Darüber hinaus genügt es nicht, dass die Maßnahmen ein gemeinsames Ziel haben. Vielmehr ist es notwendig, dass alle relevanten Unternehmensfelder einbezogen werden, die Aktivitäten zur Steigerung der Beschäftigungsfähigkeit aufeinander abgestimmt und miteinander verknüpft sind sowie Wechselwirkungen berücksichtigt werden. Die Sozialisation und Entwicklung von Employability machen ein Unternehmenskonzept unerlässlich.

5.1 Der Bezugsrahmen

Ein Unternehmenskonzept zu entwickeln setzt voraus, dass die relevanten Determinanten und Wechselwirkungen erkannt und analysiert werden. Um Determinanten und Wechselwirkungen im Zusammenhang mit Employability zu identifizieren, wird auf das Interdependenzmodell des Vereins „Wege zur Selbst GmbH" zurückgegriffen.

Es wird deutlich, dass Employability nur dann erfolgreich ausgebildet und erhalten werden kann, wenn sowohl das Individuum als auch der Arbeitgeber agieren. Aus dem Interdependenzmodell lässt sich ableiten, dass der Einzelne durch Networking, durch stetige Veränderungsbereitschaft im zeitlichen, thematischen und örtliche Sinn, durch kontinuierliches Hinterfragen sowie durch aktives Qualifizieren an seiner Employability arbeiten sollte. Der Arbeitgeber sollte durch die Definition und Kommunikation der benötigten Unternehmens-Kernkompetenzen, durch Darstellung des Unternehmenszwecks und der Ziele, durch Professionalisierung des Personalmanagements (Personalentwicklung, Anreizsysteme etc), durch Gesundheitsförderung, durch Organisation und Führung sowie durch Unternehmenskultur zur Förderung der Beschäftigungsfähigkeit beitragen.

Das Modell verdeutlicht zudem, dass zwar die Determinanten und deren Ausgestaltung die Ausbildung und Erhaltung von Employability ermöglichen. Die Zielgerichtetheit hängt jedoch stark von den Wechselwirkungen ab. Um ein zielorientiertes, ganzheitliches und integratives Unternehmenskonzept entwickeln zu können, bedarf es also immer einer Interdependenzanalyse.

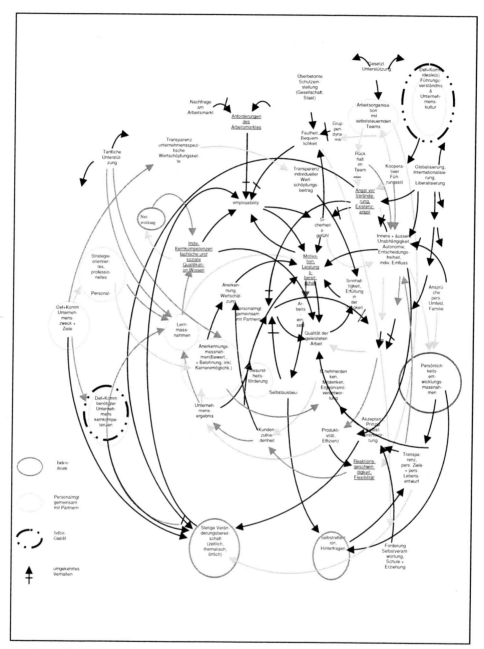

Quelle: Selbst GmbH

Abbildung 5: *Determinanten und Wechselwirkungen von Employability*

Neben dem Interdependenzmodell wird das St. Galler Management-Konzept als Bezugsbasis für das Unternehmenskonzept gewählt.[26] Die Förderung von Employability im Unternehmen spiegelt sich dann auf mehreren Ebenen wider:

Normative Ebene:	Damit die Idee der Beschäftigungsfähigkeit im Unternehmen von allen Akteuren gelebt wird, muss sie zu einer unternehmensweiten Vision werden, die in der Unternehmenspolitik, in den Unternehmenszielen sowie in der Unternehmenskultur fest verankert ist. Diese Einbeziehung auf der Werte-Ebene eines Unternehmens ist besonders wichtig, da die Unternehmenspolitik und die Unternehmensziele die Leitlinie für die betrieblichen Entscheidungen sind, und die Unternehmenskultur den normativen Rahmen für das Handeln im Unternehmen setzt.
Strategische Ebene:	Die normativen Vorgaben der Unternehmenspolitik, der Unternehmensziele sowie der Unternehmenskultur müssen in einem zweiten Schritt durch strategische Unternehmenselemente konkretisiert werden. Zu den strategischen Unternehmenselementen gehören u.a. die Organisation, Personalentwicklung, Karrieremodelle, Anreizsysteme, Vergütungssysteme, Gesundheitsförderung und Controlling. Des Weiteren haben Führungsmuster und die Rolle des Vorgesetzten eine zentrale Bedeutung.
Operative Ebene:	Die normative und strategische Ebene beschäftigen sich mit der Gestaltung des Rahmens, in dem sich operatives Handeln vollzieht. Auf der operativen Ebene kommen Maßnahmen und Instrumente zum Einsatz, mit denen man konkret vor Ort agieren und lenkend eingreifen kann. Arbeitsinhalte, Arbeitsprozesse und Arbeitsbedingungen stellen u.a. solche operativen Handlungsfelder dar. Auf der operativen Ebene wird darüber hinaus auf das Verhalten sowie die Denk- und Handlungsmuster der Mitarbeiter fokussiert.

Auf Basis des St. Galler Management-Ansatzes und der Interdependenzanalyse entsteht ein Rahmen für das Unternehmenskonzept des Employability Management. Abbildung 6 gibt einen Überblick über Employability Management mit den Ebenen und Handlungsfeldern.

---

[26] Vgl.: Bleicher, K., S. 71ff.

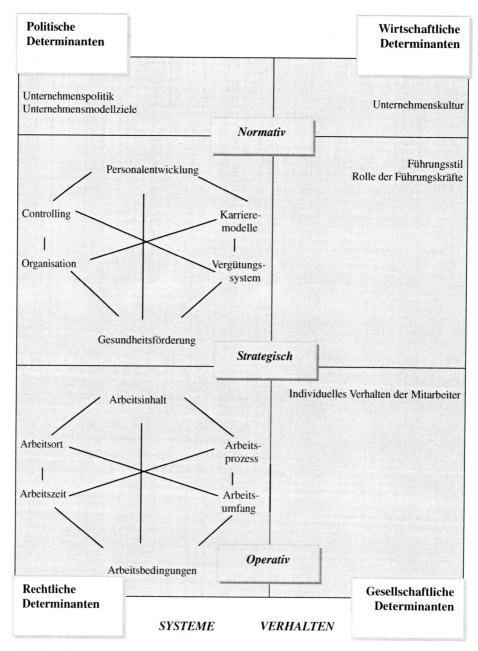

Abbildung 6: Das Unternehmenskonzept des „Employability Management"

5.2 Grundsätze

Ein Management-Konzept bedarf nicht nur eines Bezugsrahmens mit Handlungsfeldern, sondern auch Grundsätzen, die Orientierungspunkte für das Handeln definieren. Diese Grundsätze bilden die Anbindung zur Unternehmenspolitik. Employability Management basiert auf fünf Grundsätzen. Diese sind

- das Prinzip der Ganzheitlichkeit,
- das Prinzip der Integration,
- das Postulat der Wirtschaftlichkeit,
- der ethische Kodex sowie
- das Postulat des richtigen Zeitpunkts.

– Das Prinzip der Ganzheitlichkeit

Ganzheitlichkeit bedeutet, dass alle relevanten Ebenen, Bereiche und Handlungsfelder berücksichtigt werden. Eine ganzheitliche Unternehmenskonzeption sorgt für eine normative Sozialintegration ebenso wie für eine adäquate Ausgestaltung von strategischen Elementen und operativen Handlungsfeldern. Die ganzheitliche Sicht von Unternehmen fügt somit Werte, Strategien und Handlungen zusammen.

– Das Prinzip der Integration

Die integrative Komponente trägt der Erfahrung Rechnung, dass die Kombination von unterschiedlichen Ebenen, Bereichen und Handlungsfeldern zur Förderung von Employability beiträgt. Interdependenzen werden zudem gebührend berücksichtigt.

– Das Postulat der Wirtschaftlichkeit

Das Postulat der Wirtschaftlichkeit bedeutet zum einen, dass Employability Management auch unter Kosten-Nutzen-Aspekten gestaltet wird. Zum anderen wird damit zum Ausdruck gebracht, dass Employability eine hohe wirtschaftliche Relevanz hat. Unternehmerisch denkende Mitarbeiter sind sich ihrer eigenen Fähigkeiten und Kompetenzen bewusst. Sie wissen um den Wert ihrer Leistung und die Bedeutung ihrer Tätigkeit für das eigene Unternehmen. Im Kundenkontakt treten sie dadurch kompetenter auf und repräsentieren stolz und selbstbewusst den Arbeitgeber, der ihre Beschäftigungsfähigkeit fördert. So tragen sie zu einem immensen Imagegewinn bei und erhöhen mit ihrer professionellen Leistung die Kundenzufriedenheit. Produktivitätszuwächse durch einen hohen Kompetenzstand, erhöhte Mitarbeiterzufriedenheit und Effizienzsteigerung durch flexibleren Personaleinsatz sind weitere wirtschaftlich relevante Auswirkungen von Employability.

– Der ethische Kodex

„Wenn die Arbeitgeber weder die Vollzeitbeschäftigung noch die Sicherheit des Arbeitsplatzes mehr garantieren können, die früher den normalen Sozialvertrag darstellten, können sie dann nicht zumindest die Zusage geben, dass sie ihren Beschäftigten unter allen Umständen die bestmöglichen Mittel zusichern, beschäftigungsfähig zu bleiben, ihre Fähigkeiten sowohl intern als auch im Falle einer unvermeidlich gewordenen Trennung zu erhalten, um ihre Chancen auf einen Arbeitsplatz in einem anderen Unternehmen zu bewahren?"[27]

Um dies zu erreichen, müssen Arbeitgeber ihren Beschäftigten Unterstützung bei Erhalt und Entwicklung ihrer Beschäftigungsfähigkeit gewähren, sie darüber hinaus für die Thematik sensibilisieren und ihnen entsprechende Wege aufzeigen. Dazu gehören z. B.[28]

- die Bereitstellung von Informationen über externe Ansprechpartner für Qualifizierung,
- das Aufzeigen von Angeboten im Bereich Aus- und Weiterbildung,
- die Förderung des Bewusstseins der Arbeitnehmer durch Auswertungsinstrumente der extern oder im Unternehmen erworbenen Fähigkeiten und Erfahrungen,
- die Vermittlung von Fähigkeiten des „Self-Management" oder „Self-Marketing",
- die Unterstützung bei der Entwicklung eines Verständnisses für das organisatorische und wirtschaftliche Umfeld, in dem die Beschäftigten derzeit tätig sind (inklusive des externen Arbeitsmarkts).

Es ist unbestritten, dass es einem Arbeitnehmer leichter fällt, einen Weg zur Verbesserung seiner Beschäftigungsfähigkeit einzuschlagen, wenn sein Unternehmen ihm eine Orientierungs- und Unterstützungshilfe bezüglich des Status quo und der Entwicklung seiner eigenen Fähigkeiten bietet.

– Das Postulat des richtigen Zeitpunktes

Unerlässlich für den Erfolg von Maßnahmen, die die Beschäftigungsfähigkeit fördern, ist die Wahl des richtigen Zeitpunktes. Nicht nur rückwirkend, also als Teil eines Sozialplanes, sondern vorausschauend und zukunftsorientiert müssen diese Aspekte ganzheitlich und langfristig in das Unternehmenskonzept Eingang finden.[29]

Bereits bei der Einstellung neuer Arbeitnehmer sollte der Employability-Gedanke eine entscheidende Rolle spielen. Hier die potenziellen Mitarbeiter ausschließlich nach Merkmalen wie Zeugnisnoten als tauglich oder nicht tauglich für eine bestimmte Stelle einzustufen, ist eine zu kurzfristige Denkweise. Der vorausschauende Arbeitgeber erkennt essenzielle Eigenschaften in einem Bewerber, dessen Beschäftigungsfähigkeit er mittelfristig durch begleitende Maßnahmen ausbauen zu können glaubt. Auch in globaler Sicht sollten Unternehmen Employability fördern, indem sie eine höhere Akzeptanz bezüglich unkonventioneller Erwerbsbiografien, die durchaus auch Zeiten der Arbeitslosigkeit beinhalten können, entwickeln, um so zeitgemäß mit der Arbeitsmarktsituation umzugehen.

---

27 Weinert, P. (Hrsg.)/Baukens, M./Bollérot, P./Pineschi-Gapenne, M./Walwei, U., S. 89.
28 Vgl.: Blancke, S./Roth, C./Schmid, J., S. 9/Weinert, P. (Hrsg.)/Baukens, M./Bollérot, P./Pineschi-Gapenne, M./Walwei, U., S. 84.
29 Vgl.: Weinert, P. (Hrsg.)/Baukens, M./Bollérot, P./Pineschi-Gapenne, M./Walwei, U., S. 107.

Ein weiterer markanter Zeitpunkt ist das Ende der Probezeit, das die Möglichkeit bietet, die erwartete Entwicklung der Beschäftigungsfähigkeit des neuen Mitarbeiters mit der tatsächlich eingetretenen abzugleichen und gegebenenfalls entsprechende Maßnahmen zu ergreifen.

Während der arbeitsvertraglichen Beschäftigung im Unternehmen sollten alle im nächsten Abschnitt aufgezeigten Handlungsfelder regelmäßig Anwendung finden. Jedes Unternehmen kann individuell weitere Meilensteine im Berufsleben seiner Mitarbeiter wählen, um das Gespräch über Selbst- und Fremdbild bezüglich der Beschäftigungsfähigkeit zu suchen und rechtzeitig entsprechende Anpassungsmaßnahmen einzuleiten.

Auch wenn es die letzte Aktivität ist, die ein Arbeitgeber seinen Mitarbeitern mit auf den Weg geben kann, sollte er im Falle unvermeidbarer Entlassungen die Beschäftigungsfähigkeit noch einmal fördern, um die Positionierung auf dem Arbeitsmarkt zu erleichtern. Maßnahmen wie Anregungen zur beruflichen Neuorientierung, Hilfestellung bei drohendem Arbeitsplatzverlust, individuelle Karriereberatung und Existenzgründungsförderung wirken unterstützend. Nicht nur den betroffenen Arbeitnehmern kommen diese Maßnahmen zugute. Darüber hinaus tragen sie auch in nicht zu unterschätzendem Maße zur Aufrechterhaltung der Moral der verbleibenden Mitarbeiter bei. Damit lässt sich die so genannte „Survivor Sickness" reduzieren.[30]

5.3 Die erfolgskritischen Handlungsfelder von Employability Management

Durch die Verankerung von Employability auf normativer Ebene in der Unternehmenskultur und in der Unternehmenspolitik sowie auf strategischer Ebene im Rahmen der Organisation, der Führung, der Personalentwicklung, der Karrieregestaltung, der Vergütung, des Controllings und der Gesundheitsförderung findet eine Versachlichung bzw. Institutionalisierung statt. Es besteht dann kaum noch die Gefahr des „Einschlafens". Diese Gefahr besteht eher dort, wo das Engagement nur an Personen und Einzelaktivitäten hängt. Verlassen diese Personen das Unternehmen und ist keine Nachfolge gefunden, die ebenfalls in diesem Sinne agiert, werden in der Regel die Aktivitäten reduziert oder sogar eingestellt.

Damit wird deutlich, dass Employability Management bestimmte Handlungsfelder beinhalten muss. Diese erfolgskritischen Handlungsfelder sind:

---

30 Vgl.: Fischer, H., S. 160-169.

Abbildung 7: Die erfolgskritischen Handlungsfelder des Employability Management

Weitere Handlungsfelder, wie sie im Unternehmenskonzept des Employability Management manifestiert sind (siehe Kapitel 5.1), befördern Employability und unterstützen die Effektivität und Effizienz erheblich, bilden jedoch nicht das Fundament zur betrieblichen Förderung der Beschäftigungsfähigkeit. Mit anderen Worten: Im Rahmen von Employability Management gilt die mathematische Regel der notwendigen Bedingungen und der hinreichenden Bedingung.

5.3.1 Handlungsfeld „Unternehmenskultur"

Die Unternehmenskultur – als die Gesamtheit aller in einem Unternehmen gemeinsam gelebten Normen, Werte und Orientierungen – beeinflusst maßgeblich das Denken und Handeln von Beschäftigten. Das Interesse und die Bereitschaft, beschäftigungsfähig zu sein, haben erst einmal wenig mit Werkzeugen zu tun. Selbst innovative Instrumente bewegen keinen Beschäftigten dazu, sich mit seiner Beschäftigungsfähigkeit auseinander zu setzen, wenn er nicht dazu bereit ist. Die Unternehmenskultur ist in vielen Unternehmen durch die Vermeidung von Unsicherheiten und Risiken sowie durch die Rotation von Verantwortung geprägt. Nicht selten wird in diesem Zusammenhang auch von „Vollkasko-Mentalitäten" gesprochen.

Diese Werte stehen der Bereitschaft, sich als „Unternehmer in eigener Sache" zu verstehen, der für sein Vermögen Wissen und Kompetenz verantwortlich ist, entgegen.

Eine Unternehmenskultur, die Beschäftigungsfähigkeit fördert und fordert, zeigt sich vor allem in folgenden Punkten:

- Förderung der Übernahme von Verantwortung
- Offenheit und Vertrauen
- Fehlertoleranz
- Leistungsorientierung
- Unterstützung von wertorientiertem und reflektiertem Handeln
- Wertschätzung der Mitarbeiter und ihrer Beiträge
- Unterstützung von Mobilität und Unabhängigkeit
- Förderung des Networking innerhalb des Unternehmens
- Positive Haltung zum Lernen

Die Entwicklung der Unternehmenskultur in Richtung einer Employability-Kultur ist ein Prozess, der sich nicht von heute auf morgen vollzieht und mit vielen Unwägbarkeiten verbunden ist. Werte, Normen und Orientierungen müssen sich ändern; es bedarf einer Anpassung der Denk- und Handlungsmuster. Da eine Verhaltensänderung des Einzelnen nicht angeordnet werden kann, ist lediglich eine Beeinflussung über Rahmenbedingungen möglich.

Bevor die Unternehmenskultur in Richtung einer Employability-Kultur entwickelt wird und Rahmenbedingungen verändert werden, ist eine Status-quo-Bestimmung erforderlich. Ein mögliches Instrument zur Visualisierung der bestehenden Unternehmenskultur stellt das Kultur-Audit dar. Mit Hilfe des Kultur-Audits lässt sich feststellen, wie stark die Variablen ausgeprägt sind. Die Ist-Analyse erfolgt auf zwei sich ergänzenden Wegen. Zum einen lassen sich über eine direkte Analyse der Variablen Eindrücke über die unternehmenskulturelle Situation gewinnen. Zum anderen wird eine indirekte Analyse der Variablen über die Sammlung und Auswertung von Aktionsmustern, Ritualen und spontanem Erfolgshandeln durchgeführt. Die Unternehmenskultur wird insbesondere in Geschichten sichtbar, die man sich erzählt. Anekdoten, Erzählungen über Erfolge und Misserfolge, Interpretationen und Deutungen von Ereignissen verdeutlichen, welche geheimen und offenen Spielregeln eine Rolle spielen.[31]

Die Ist-Analyse der Unternehmenskultur ist ein Aspekt. Einen weiteren Aspekt stellt die Soll-Situation dar. Um den Änderungsbedarf zu erfassen und der Entwicklung der Unternehmenskultur eine Richtung zu geben, ist es hilfreich, nicht nur einen Überblick über die Ist-Situation zu haben, sondern auch den Soll-Zustand der Kulturvariablen zu ermitteln.

Nach einer komparativen Betrachtung des Ist- und Soll-Zustandes stellt sich dann die Frage nach Ansätzen, eventuelle Lücken zu schließen. Als effektive Methode zur Gestaltung einer Employability-Kultur gelten Partizipationsmodelle.

---

31 Vgl.: Armutat, S. et al., S. 44 f.

- Eine Employability fördernde Kultur kann durch Autonomie am Arbeitsplatz und Partizipation in der Entscheidungsfindung gefördert werden. Die Mitarbeiter handeln in einem solchen Kontext zunehmend eigenverantwortlich. Sie sind bestrebt, kreativ zu sein und ihre Ideen in die Geschäftsprozesse einzubringen.

- Darüber hinaus kann eine umfassende Beteiligung der Beschäftigten bei der Entwicklung von Employability-Konzepten und -Instrumentarien kulturbeeinflussend sein. Diese Art der Partizipation erhöht die Einsicht in die Notwendigkeit von Beschäftigungsfähigkeit für den Einzelnen und für das Unternehmen und steigert die Sensibilität und Akzeptanz sowie die Motivation.

Zur Schaffung einer Employability-Kultur sind Partizipationsmodelle hilfreich und sinnvoll, aber nicht zwingend erforderlich. Unabdingbar ist jedoch, dass Employability Teil der Unternehmenspolitik ist und damit zu einem Thema wird, das in der Geschäftsführung fest verankert ist. Wichtig sind die strategische Anknüpfung, die Stimmigkeit des Handelns und die Stimmigkeit der Strukturen und Prozesse. Dazu gehört auch die Aufdeckung von Widersprüchen.

Eine weitere Notwendigkeit ist eine offene und durchgängige Informationspolitik. So früh wie möglich und wo immer es vertretbar ist, sollte Wissen mit Arbeitnehmer-Vertretern und Mitarbeitern geteilt werden. Nur so kann es gelingen, Menschen aus der Passivität zu holen, denn der Einzelne wird nur dann bereit sein, Verantwortung zu übernehmen, wenn er über die entsprechende Informationsbasis verfügt, um die Sinnhaftigkeit seines Handels erfassen zu können. Dabei kommt eine besondere Bedeutung dem Verhalten der Führungskräfte zu, die eine Vorbildfunktion einnehmen und gleichzeitig ihre Mitarbeiter im Prozess der Gestaltung von Beschäftigungsfähigkeit unterstützen.

5.3.2 Handlungsfeld „Führung"

Insbesondere die unmittelbaren Vorgesetzten sind gefordert, auf die Beschäftigungsfähigkeit ihrer Mitarbeiter zu achten und diese zu fördern. Dies liegt darin begründet, dass sie aufgrund des täglichen und praxisnahen Kontaktes zu ihren Mitarbeitern einen sehr viel besseren Überblick über deren Kenntnisse und Fähigkeiten sowie über Bedarfe an Wissens- und Kompetenzentwicklung haben als beispielsweise die Personalabteilung. Daraus leitet sich folgendes Anforderungsprofil der Führungskräfte ab:

- Gewährung von Freiräumen
- Förderung von Motivation
- Übertragung herausfordernder Aufgaben
- Vorbildfunktion
- „Loslassen-Können"
- Vermittlung von Glaubwürdigkeit
- Schaffen einer Wissenskultur

– Gewährung von Freiräumen

In einem immer flexibler werdenden Arbeitsumfeld lässt sich Erfolg oder Misserfolg der Mitarbeiter nicht länger über die Präsenz am Arbeitsplatz, ständige Kontrollierbarkeit und jahrelange Betriebszugehörigkeit bemessen. Vielmehr ist es die zielgerichtete Leistung, verbunden mit der Bereitschaft zur ständigen Weiterentwicklung, die honoriert oder im negativen Fall auch sanktioniert werden sollte. Für die Rolle der Führungskräfte bedeutet dies eine sehr viel höhere Komplexität und auch einen gewissen Machtverlust. Versucht eine Führungskraft hingegen, ihren Machtanspruch zu sichern, ist die Förderung von eigenverantwortlichem Denken und Handeln bei Mitarbeitern nur bedingt möglich. Ein zu enges Korsett an Bestimmungen und Regulationen be- bzw. verhindert dies. Stattdessen sollte der Vorgesetzte seinen Mitarbeitern bezüglich der Aufgabenbewältigung und -verteilung innerhalb eines idealerweise gemeinsam definierten Rahmens Freiheitsgrade und Handlungsspielräume gewähren. Dies impliziert auch, die Individualität jedes einzelnen Mitarbeiters zu akzeptieren und in die Gestaltung dieses Rahmens einzubeziehen.

Auf der anderen Seite birgt die Gewährung von Freiräumen die Gefahr, Mitarbeiter zu sehr „sich selbst zu überlassen" und ihnen damit das Gefühl von Stabilität und Sicherheit zu nehmen. Hier ist die Führungskraft gefordert, die richtige Balance zu finden, so dass der Mitarbeiter in dem Bewusstsein agiert, bei Problemen und Hindernissen im Notfall auf seine Führungskraft zugehen und sie um Unterstützung bitten zu können.

– Förderung der Motivation

Eine weitere wesentliche Anforderung, die Führungskräften im Employability-Ansatz zukommt, besteht darin, die Motivation ihrer Mitarbeiter zu fördern. Dies gilt für konkrete Arbeitsaufträge oder Projekte ebenso wie für den Fokus der weiteren beruflichen Orientierung des Mitarbeiters. Das Motivationsmoment wird dabei insbesondere dann zum entscheidenden Faktor, wenn der Mitarbeiter selbst nicht an seine Fähigkeiten oder Entwicklungsmöglichkeiten glaubt oder wenn im Zuge von Veränderungen Widerstände auftreten. In diesem Zusammenhang kann auch das Führen über Zielvereinbarung mit einer konsequenten Einbindung des Mitarbeiters in die Zielformulierung ein sinnvolles Instrument sein.

– Übertragung herausfordernder Aufgaben

Ein Weg, die Beschäftigungsfähigkeit der Mitarbeiter zu fördern, kann darin bestehen, ihnen neue Herausforderungen zu bieten, an denen sie sich messen und weiterentwickeln können. Dabei gilt es, den für den jeweiligen Mitarbeiter geeigneten Weg zu erkennen und zu verfolgen. So kann es bei einigen Mitarbeitern angebracht sein, sie gezielt an ihre Grenzen zu bringen und ihnen dadurch Potenziale aufzuzeigen, derer sie sich selbst noch nicht bewusst sind. Die Stärkung von Eigenverantwortung und Initiative durch die Übertragung anspruchsvollerer Aufgaben kann jedoch auch zu einer Überforderung des Einzelnen, verbunden mit der Gefahr des Ausbrennens und der Selbstausbeutung, führen. Dessen sollten sich Führungskräfte bewusst sein und ein Gespür dafür entwickeln, welchen Grad von Verantwortung und eigenständigem Handeln der Einzelne zu leisten im Stande ist.

– Vorbildfunktion

Gerade im Bereich Employability ist die Führungskraft als Vorbild der beste Motivator. Die Vorbildfunktion umfasst dabei das Vorleben von Eigenverantwortung und Initiative ebenso wie ein konsequentes „Sich-in-Frage-stellen". Zeigt die Führungskraft sich stets interessiert an Erhalt und Steigerung ihrer eigenen Beschäftigungsfähigkeit und spiegelt dies auch an ihren Mitarbeitern, werden diese der Thematik ebenfalls offener und vertrauensvoller begegnen.

- *„Loslassen-Können"*

Eine der größten Herausforderungen für Führungskräfte, jedoch auch eine der wesentlichsten Voraussetzungen für Employability im Unternehmen stellt die Fähigkeit dar, Mitarbeiter „um ihrer selbst willen" zu fördern. Eine Führungskraft, die Employability fordert und fördert, blockiert die berufliche Entwicklung ihrer Mitarbeiter nicht, indem sie sie „versteckt" – auch wenn dies bedeutet, dass der weitere Weg des Mitarbeiters außerhalb der eigenen Abteilung oder des eigenen Unternehmens verlaufen wird. Sie vermittelt ihnen vielmehr das Gefühl, dass ihr Engagement bezüglich des eigenen Fortkommens erwünscht ist und auf Förderung und Unterstützung stößt. Nur diejenigen Vorgesetzten, die Talente „um ihrer selbst willen" fördern und auch ziehen lassen, werden im Unternehmen zur „Führungskraft of choice" für High Potentials und steigern damit auch in der Außenwirkung die Attraktivität des Unternehmens als Arbeitgeber. „Loslassen" darf allerdings auch nicht bedeuten, den Mitarbeitern das Gefühl zu vermitteln, dass ihre Person und Leistung als gleichgültig betrachtet werden – vielmehr sollte sich das Verhältnis zwischen Führungskraft und Mitarbeiter als gleichberechtigte Partnerschaftsbeziehung gestalten.

- *Vermittlung von Glaubwürdigkeit*

Die Glaubwürdigkeit der Führungskraft gegenüber ihren Mitarbeitern äußert sich insbesondere in einer Solidarität, die sie mit ihrem Team verbindet. Nur in einer offenen und toleranten Führungskultur, in der Wünsche und Beiträge der Mitarbeiter beachtet werden und auch der Vorgesetzte sich der Kritik stellt und Konfliktfähigkeit beweist, kann Employability gedeihen. Dazu gehören eine hohe Verbalisierungs-, Visualisierungs- und Vernetzungskompetenz ebenso wie ein partnerschaftliches, kooperatives Miteinander. Dazu gehört auch, dass die Führungskraft damit umgehen kann, dass ihre Mitarbeiter gegebenenfalls in bestimmten Fachthemen über ein größeres Know-how verfügen als sie selbst. Ein weiterer bedeutsamer Aspekt in diesem Zusammenhang ist die Bereitschaft, zu gegebenen Versprechen zu stehen. Werden beispielsweise zugesagte Entwicklungsmaßnahmen „auf die lange Bank geschoben", so ist mit einer kontinuierlich nachlassenden Motivation der Mitarbeiter zu rechnen.

- *Schaffen einer Wissenskultur*

Einen weiteren wichtigen Aspekt stellt auch die Fähigkeit des Vorgesetzten dar, Wissen vermitteln und teilen zu können und auch eine Atmosphäre zu schaffen, in der das Teilen von Wissen erleichtert wird und neue Ideen akzeptiert werden. Darüber hinaus sollte die Führungskraft soweit wie möglich Geschäftsentwicklungen und Unternehmenspolitik transparent machen, um so die Unternehmenskultur zu transportieren.

In der Praxis scheitert ein solches Führungsverständnis nicht selten an machtpolitischen Zwängen und der Eigendefinition vieler Vorgesetzter. Daher ist es unerlässlich, insbesondere die Führungskräfte mit dem Gedankengut der Employability vertraut zu machen und sie entsprechend zu qualifizieren, um den Umgang mit der Beschäftigungsfähigkeit ihrer Mitarbeiter, aber nicht zuletzt auch mit ihrer eigenen Employability, zu verbessern und schrittweise zu verinnerlichen.

5.3.3 Handlungsfeld „Organisation"

Ein Unternehmen, das zielgerichtete und praxisorientierte Beschäftigungsfähigkeit anbietet, muss sich als „Lernende Organisation" mit durchlässigen und flexiblen Strukturen begreifen, die durch

- die Gleichwertigkeit von informeller und formaler Struktur,
- Entscheidungsbefugnisse, Verantwortlichkeiten und Handlungsspielräume,
- kurze und effiziente Informationskanäle und Entscheidungswege,
- so viele Schnittstellen wie unbedingt erforderlich und
- Flexibilisierung auf der operativen Ebene gekennzeichnet sein sollte.

– Gleichwertigkeit von informeller und formaler Struktur

Zur Förderung von Employability muss es Mitarbeitern und Führungskräften möglich sein, über die Grenzen des eigenen Fachgebietes und der Abteilung hinaus tätig zu werden, wenn es im Interesse des Kunden und des Unternehmens als notwendig angesehen wird. Dazu gehört auch die bewusste Förderung bereichsübergreifender Projektarbeiten und Kommunikationswege. Die informelle Struktur ist deshalb als ebenso wichtig einzustufen wie die formale.

Die Gleichwertigkeit von informeller und formaler Struktur ist offenbar noch immer ein Tabuthema für Unternehmen. Lange Zeit waren informelle Strukturen offiziell nicht gern gesehen, wenngleich das operative Tagesgeschäft fast ausschließlich darüber abgewickelt worden ist. Dass plötzlich die informellen Strukturen die gleiche Bedeutung erlangen wie die formalen Strukturen, wird angesichts der jahrelangen Erfahrungen mit Zurückhaltung betrachtet, wobei vielfach die Erkenntnis über die Sinnhaftigkeit vorhanden ist.

– Entscheidungsbefugnisse, Verantwortlichkeiten und Handlungsspielräume

Eine Employability unterstützende Organisationsstruktur ist darüber hinaus durch einen hohen Autonomiegrad und große Handlungsspielräume gekennzeichnet. Die Verantwortung für die Aufgabe und das Ergebnis wird auf den Mitarbeiter übertragen. Die Delegation von Entscheidungsbefugnis und Verantwortung bedingt eine Verflachung der Hierarchie. Ob die Verantwortung und Befugnisse von den Beschäftigten angenommen werden, hängt entscheidend vom Entwicklungsstand der Unternehmenskultur ab. In einer Atmosphäre, in der Mitarbeiter Angst haben, wegen Fehlern maßgeregelt zu werden, schöpfen sie den Handlungsspielraum nicht aus. Im Rahmen einer Kultur, in der Fehler als Chance zum Lernen und zur gesteuerten Verbesserung sowie als Ergebnis eines Kreativprozesses betrachtet werden, setzen sie hingegen ihr Wissen um und generieren neues Know-how. So entwickeln sich an Arbeitsplätzen, die durch ein hohes Maß an Entscheidungsbefugnis, Verantwortlichkeiten und Handlungsspielräume gekennzeichnet sind, Lernfelder, in denen der Einzelne Beschäftigungsfähigkeit erhalten und weiterentwickeln kann. Für die Gestaltung der Arbeitsinhalte ergibt sich, dass sie nicht nur einen hohen Autonomie-, sondern auch Autarkiegrad aufweisen.

– *Kurze und effiziente Informationskanäle und Entscheidungswege*

Als weiteres Kriterium einer im Sinne von Employability anzustrebenden Organisation gelten kurze, gut funktionierende Informations- und Entscheidungswege. Denn eigenverantwortliches und unternehmerisches Handeln ist nur dann möglich, wenn die relevanten Informationen verfügbar sind und Entscheidungsprozesse nicht unnötig verzögert werden. Kurze Informations- und Entscheidungswege lassen sich idealerweise in flachen Hierarchien mit überwiegend dezentralen Strukturen umsetzen. Kurze Wege um jeden Preis bergen jedoch die Gefahr, informellen Prozessen und dem sozialen Austausch innerhalb des Unternehmens den Raum zu nehmen, der für ein vertrauensvolles und offenes Miteinander unerlässlich ist. Hier gilt es, die richtige Balance zu finden und durch transparente und nachvollziehbare Prozesse, Abläufe und Aufgabenverteilungen Glaubwürdigkeit zu schaffen.

– *So viele Schnittstellen wie unbedingt erforderlich*

Kurze Informations- und Entscheidungswege stehen in unmittelbarem Zusammenhang mit der Anzahl der Schnittstellen. Eine durchlässige und flexible Organisation bedingt die Reduktion der Schnittstellen auf das Wesentliche. Die Notwendigkeit (nicht die Möglichkeit) von Zusammenarbeit und Kommunikation auf das organisatorisch wesentliche Maß ist darauf zurückzuführen, dass der Aufwand, aus jeder Schnittstelle eine Verbindungsstelle zu machen, ebenso groß ist wie die Gefahr, dass dies nicht gelingt oder den Status von Zufälligkeit erhält.

Die Forderung nach einer Reduktion der Schnittstellen auf ein wesentliches Maß widerspricht nicht dem Streben nach Zusammenarbeit und Austausch, das von einer Employability fördernden Organisationsstruktur unterstützt werden soll. Wenn es im Interesse der heutigen und zukünftigen Aufgaben der Kunden und des Unternehmens ist, besteht nicht nur die Möglichkeit, sondern sogar die Erfordernis, miteinander zu kommunizieren und zu kooperieren.[32]

– *Operative Dimension*

Neben der strategischen Dimension der Organisation spielt auch die operative Dimension der Arbeitsorganisation eine Rolle. Es ist davon auszugehen, dass die Erosion des „Normalarbeitsverhältnisses" Employability fördert. Dies geschieht nicht nur indirekt durch veränderte Führungsbeziehungen, sondern auch direkt durch die Flexibilisierung der Arbeitsbeziehungen, Arbeitszeiten, Arbeitsorte, Arbeitsprozesse und Arbeitsinhalte. Gerade flexible Arbeitszeit- und Arbeitsortgestaltung bieten zahlreiche Möglichkeiten, die kontinuierliche Weiterqualifizierung von Mitarbeitern zu realisieren und voranzutreiben. Denkbar wären hier Job-Sharing-Modelle, in denen zwei Arbeitnehmer sich einen Arbeitsplatz teilen, um sich in der dadurch ergebenden freien Zeit ihrer Fortbildung zu widmen, aber auch Jahresarbeitszeitkonten, die mehrmonatige Qualifizierungszeiträume ermöglichen. Darüber hinaus unterstützt die Flexibilisierung der Arbeitsinhalte und Arbeitsprozesse die Wissens- und Kompetenzentwicklung. Derartige Veränderungen erfordern und fördern Beschäftigungsfähigkeit. Zu verhindern gilt es jedoch eine Zerfaserung und Zersplitterung durch zu viel Flexibilität – auf Stimmigkeit und Koordinierbarkeit der einzelnen Abläufe und Arbeitsinhalte ist daher besonderes Augenmerk zu richten.

---

[32] Vgl.: Rump, J./Lau-Villinger, D., S. 32; Pfiffner, M./Stadelmann, P., S. 340.

Es wird deutlich, dass eine Organisationsstruktur, die Employability fördert, keine Primärorganisation, sondern eine Sekundärorganisation darstellt. Insbesondere in wissensintensiven Unternehmen lässt sich diese Art der Sekundärorganisation gut mit der Primärorganisationsform der netzwerkartigen Strukturen und/oder Projektorganisation kombinieren.

5.3.4 Handlungsfeld „Personalentwicklung"

Traditionelle Angebote bezüglich der Personalentwicklung richten sich meist auf eine einmalige Ausbildung und auf spezifische Weiterbildungen, die in Unternehmen in der Regel bedarfsorientiert angeboten werden. Bedarfsorientierung heißt in diesem Zusammenhang, dass die Weiterqualifizierung erst dann erfolgt, wenn ein Bedarf angemeldet oder ermittelt wird. Ein zweiter häufiger Weg ist die Neu- oder Zusatzqualifizierung von Arbeitslosen durch den Staat, die jedoch ebenfalls erst dann eingeleitet wird, wenn eine konkrete Notwendigkeit dafür vorliegt. Des Weiteren ist in Unternehmen häufig eine – wenn auch unbewusste – Tendenz festzustellen, Weiterqualifizierung insbesondere den Mitarbeitern zugute kommen zu lassen, die ohnehin bereits über eine höhere Qualifikation verfügen.

Personalentwicklung im Employability-Konzept verfolgt einen anderen, einen vorausschauenden Ansatz, in dem die Qualifikation des Einzelnen einer kontinuierlichen Überprüfung und Anpassung unterliegt, die sich nicht nur an konkreten Unternehmensbedürfnissen oder der Beschäftigungssituation ausrichtet, sondern auch an den aktuell und zukünftig auf dem Arbeitsmarkt nachgefragten Kompetenzen und Fähigkeiten. Dabei sind auch niedrig qualifizierte Arbeitskräfte in entsprechende Konzepte einzubinden, da ihnen am vehementesten der Ausschluss aus der Erwerbsgesellschaft droht, wenn ihre Kenntnisse und Fähigkeiten nicht mehr länger marktfähig sind.

Die Initiative geht dabei sowohl vom Arbeitgeber als auch vom Arbeitnehmer aus, der nicht die Rolle des passiven Konsumenten der Aus- und Weiterbildungsangebote annimmt, sondern aktiv mitgestaltet. Die Bemühungen beider Seiten sollten hier die Aktivitäten der jeweils anderen Seite stärken und vorantreiben. So können die Innovationsbestrebungen des Einzelnen durchaus einen Beitrag zum Einsatz neuer Strategien im Unternehmen initiieren, während der Arbeitgeber seine Mitarbeiter gemäß der langfristigen Unternehmensstrategie und Trends auf den relevanten Märkten entwickelt.

Die Employability-fördernde Personalentwicklung steht im Einklang mit den Prinzipien:

- Förderung „lebenslangen Lernens",
- Delegation der Personalentwicklungsverantwortung auf die Mitarbeiter und direkten Vorgesetzten (Selbstentwicklung als Folge des Subsidiaritätsprinzips),
- Zielgruppendifferenzierung,
- Fokussierung auf überfachliche Kompetenzen,
- Integration unternehmens- und arbeitsbereichsbezogener Lernfelder.

- *Förderung „lebenslangen Lernens"*

Lebenslanges Lernen impliziert das Aufrechterhalten des Lern-Spannungsbogens während der gesamten Berufstätigkeit und damit die Gestaltung eines kontinuierlichen Lernprozesses. Aufgabe der Personalentwicklung ist es in diesem Zusammenhang, eine Lernkultur im Unternehmen zu schaffen, die die Lernmotivation und -kompetenz der Mitarbeiter erhöht. Dazu gehört auch, die zeitlichen und räumlichen Bedürfnisse der Lernenden zu berücksichtigen. So lässt sich Lernen als natürlicher und immerwährender Prozess in unterschiedliche Lebensphasen integrieren. Darüber hinaus gilt es, informell erworbene Kompetenzen, beispielsweise durch ehrenamtliches Engagement oder durch Familienzeiten, ebenso als Teil der lebenslangen Lern- und Erfahrungsentwicklung anzuerkennen wie formell nachweisbare Qualifikationen.

- *Delegation der Personalentwicklungsverantwortung auf die Mitarbeiter und direkten Vorgesetzten (Selbstentwicklung als Folge des Subsidiaritätsprinzips)*

Das Subsidiaritätsprinzip geht davon aus, dass in erster Linie der Mitarbeiter als mündiges Subjekt mit eigenen Interessen und Zielvorstellungen für seine Entwicklung verantwortlich ist. Der Vorgesetzte leistet ihm dabei „Hilfe zur Selbsthilfe". Die Personalentwicklungs-Abteilung und andere professionelle Institutionen werden als dritte Instanz im Hintergrund aktiv.

- *Zielgruppendifferenzierung*

Personalentwicklung sollte nicht länger pauschal und undifferenziert sein. Stattdessen sollte sie die Qualifikationen, Stärken, Präferenzen und Interessen, Lebensläufe, Aufgabenbereiche und -inhalte etc. stärker berücksichtigen. Darüber hinaus gilt es darauf zu achten, Personalentwicklung nicht nur für ohnehin bereits gut ausgebildete Fach- und Führungskräfte voranzutreiben, sondern auch zielgruppenspezifische Angebote für geringer qualifizierte Mitarbeiter anzubieten.

- *Fokussierung auf überfachliche Kompetenzen*

Im Rahmen von Employability konzentriert sich die Personalentwicklung nicht nur auf die Vermittlung von fach- und branchenbezogenen Kenntnissen sowie von für einen spezifischen Tätigkeitsbereich und Arbeitsplatz erforderlichen technischen Fertigkeiten. Darüber hinaus stellt sie sich der Herausforderung, den Mitarbeitern eine breite Basis auch an „Soft Skills" nahe zu bringen, die gerade im Hinblick auf Employability von besonderer Bedeutung sind. Wie bereits verdeutlicht zählen zu diesen „Soft Skills":

- Initiative
- Eigenverantwortung
- Unternehmerisches Denken und Handeln
- Engagement/Fleiß/Selbstdisziplin
- Lernbereitschaft
- Teamfähigkeit
- Kommunikationsfähigkeit

- Empathie, Einfühlungsvermögen
- Belastbarkeit
- Konfliktfähigkeit, Frustrationstoleranz
- Offenheit, Veränderungsbereitschaft
- Reflexionsfähigkeit

– *Integration unternehmens- und arbeitsbereichsbezogener Lernfelder*

Qualifizierung im Employability-Ansatz erfolgt nicht mehr primär durch Seminare oder Outdoor-Veranstaltungen. Es geht vielmehr darum, dem Mitarbeiter im Rahmen seiner täglichen Arbeit und/oder in gezielten Lernfeldern mit zielgruppenspezifischem bzw. individuellem Bezug eine Möglichkeit zur Weiterentwicklung zu bieten. Solche Lernansätze sind beispielsweise:[33]

- Dialog,
- Veränderung der Arbeitsinhalte durch „Job Rotation", „Job Enlargement" oder „Job Enrichment",
- Team- und Projektarbeit,
- Coaching,
- Mentoring,
- Vermittlung von Best Practice und Best Process, z. B. in Form von Erfahrungsaustauschgruppen, Vorträgen oder Konferenzen,
- Großgruppeninterventionen, wie z. B. Open-Space-Meetings oder Zukunfts-konferenzen,
- Nachwuchsförderprogramme.

Allzu häufig fällt in wirtschaftlich schwierigen Zeiten die Personalentwicklung als einer der ersten Bereiche dem Rotstift zum Opfer – hierbei spielen Kosteneinsparprogramme ebenso eine Rolle wie Personalabbau, der die Zeit für persönliche Weiterentwicklung stark reduziert. Ebenso zeigt sich bei Arbeitgebern häufig eine mangelnde Einsicht in die Sinnhaftigkeit von Personalentwicklungsmaßnahmen für Mitarbeiter, die unter Umständen recht schnell das Unternehmen wieder verlassen. Hier lässt sich als Gegenargument anführen, dass diese Mitarbeiter für die Dauer ihrer Tätigkeit im Unternehmen dieses durch optimale Leistungserbringung voranbringen. Die oben aufgeführten Beispiele zeigen darüber hinaus deutlich, dass es sich bei Personalentwicklungsmaßnahmen, die durch praxisnahes Lernen zur Förderung der Beschäftigungsfähigkeit beitragen, durchaus nicht um kostspielige, extern eingekaufte Trainings handeln muss. Vielmehr tragen integrierte und individuelle bzw. zielgruppenspezifische Lernansätze erheblich zur Steigerung der Employability bei.

---

[33] Vgl.: Rump, J/Lau-Villinger, D., S. 45 ff.

Auch aufgrund der nicht ausschließlich unternehmensspezifischen Qualifizierung erscheint es zudem durchaus vertretbar, einen Teil der entstehenden Aufwendungen durch den Mitarbeiter tragen zu lassen. Diese Beteiligung kann sowohl in Form von Geld als auch in Form von Freizeit ausgestaltet werden. Es ist damit zu rechnen, dass viele Mitarbeiter dadurch ein Interesse an einer ziel- und zweckgerichteten Weiterbildung entwickeln. Darüber hinaus wird das Personalentwicklungsbudget entsprechend entlastet, so dass das Unternehmen auch in wirtschaftlich schwierigen Zeiten in der Lage ist, die Beschäftigungsfähigkeit seiner Mitarbeiter zu fördern.

Darüber hinaus sind Weiterbildungskooperationen mit anderen Unternehmen oder auch die Bildung von überbetrieblichen Netzwerken für Modelle der „Cross-Job-Rotation" denkbar. Neben der Reduktion von Kosten hat dieser Ansatz den Vorteil, dass der Mitarbeiter „über den Tellerrand des Unternehmens hinausschaut", sich in wenig vertrauter Umgebung und Arbeitskontexten bewegen muss sowie andere Abläufe und Strukturen kennen lernt. Dies fördert den Umgang mit ungewohnten Situationen, Anpassungsfähigkeit sowie Flexibilität.

Theoretisch-konzeptionell basiert eine Employability-fördernde Personalentwicklung u.a. auf den reflexiven Lernmodellen. Im täglichen Leben, sei es beruflich oder privat, wird das Individuum mit einer Vielzahl von Situationen konfrontiert, die eine Entscheidung entweder in Form einer konkreten Aktion oder aber einer inneren Einstellung erfordern. Jeder Einzelne reagiert dabei individuell auf die gleiche Situation. Seine Denk- und Handlungsmuster sind geleitet von seinen Überzeugungen, die auf einer Abfolge innerer Vorgänge basieren, die Chris Argyris in seiner „Leiter der Schlussfolgerungen" beschreibt.

Zu Beginn der Leiter der Schlussfolgerungen stehen beobachtbare Daten und Erfahrungen. In einem ersten Schritt werden einige davon ausgewählt, es findet eine Selektion in der Wahrnehmung statt. Diesen ausgewählten Daten werden Bedeutungen hinzugefügt, von denen ausgehend Annahmen und Hypothesen entwickelt werden. Die daraus gezogenen Schlussfolgerungen führen zu Überzeugungen, die in einer reflexiven Schleife wiederum die Auswahl der beobachtbaren Daten beeinflussen. Außer den wahrnehmbaren Daten am Fuß der Leiter und den Handlungen an der Spitze sind die vollzogenen Schritte für andere nicht sichtbar und auch häufig dem Schlussfolgernden selbst nicht bewusst.[34]

Nicht selten werden die entwickelten Annahmen, Schlussfolgerungen und Überzeugungen nicht in Frage gestellt. Viele glauben, dass ihre Überzeugungen der Wahrheit entsprechen und diese Wahrheit offensichtlich ist. Darüber hinaus sind sie sich der zunehmenden Abstraktion in ihrer Umweltwahrnehmung nicht bewusst und gehen so davon aus, dass ihre Überzeugungen auf objektiven Daten basieren, die für den Kontext, in dem sie sich bewegen, die relevanten Daten sind.[35]

Damit wird zwangsläufig die Bereitschaft, sich auf Veränderungen einzulassen und sich neuen Denk- und Handlungsmustern zu öffnen, gelähmt. Laut Agryris ist die Neigung zu derart eingeschränkten Wahrnehmungsprozessen zum einen auf die hohe Geschwindigkeit, mit der sich Schlussfolgerungen und Überzeugungen entwickeln, zurückzuführen. Zum anderen liegt sie auch darin begründet, dass alle Sprossen der Leiter sich ausschließlich im Kopf befinden und lediglich die direkt wahrnehmbaren Daten am Fuß der Leiter und der an der Spitze ste-

---

34 Vgl.: Senge, P. M., S. 280-281.
35 Vgl.: Senge, P. M., S. 279.

hende Handlungsentschluss für den Einzelnen sichtbar werden. Der dazwischenliegende Bereich wird somit nicht hinterfragt, er läuft unbewusst und auf einem sehr hohen Abstraktionsniveau ab. Daher sind Menschen meist nicht in der Lage zu beurteilen, worin der Ausgangspunkt für die tief in ihnen verankerten Überzeugungen liegt.[36]

Abbildung 8 gibt einen Überblick über die Leiter der Schlussfolgerungen:

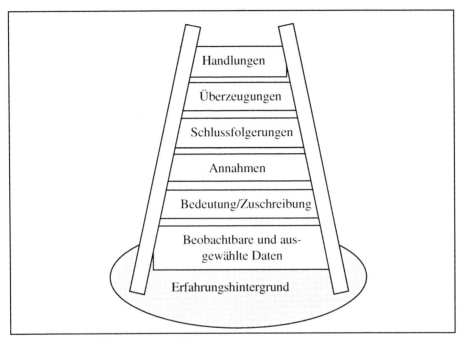

Quelle: Senge, P. M/Argyris, C. (1997)

Abbildung 8: Die Leiter der Schlussfolgerungen

Aus der Leiter der Schlussfolgerungen lassen sich mehrere Lernmodelle ableiten. Lernprozesse, bei denen Problemstellungen bearbeitet werden, ohne den Bezugsrahmen (Bedeutungen, Annahmen, Schlussfolgerungen und Überzeugungen) zu verändern, werden auch als „single-loop-learning" bezeichnet. Bestehende mentale Barrieren werden bestätigt, und es folgt lediglich eine Weiterentwicklung bereits vorhandener Wissensbestandteile. Das daraus resultierende Denk- und Handlungsmuster ist dann strikt defensiv. Wird hingegen der Bezugsrahmen mit seinen Bedeutungen, Annahmen, Schlussfolgerungen und Überzeugungen kontinuierlich überprüft und verändert, liegt „double-loop-learning" vor. Double-loop-learning ermöglicht eine Anpassung an relativ unbekannte, wenig vertraute Situationen. Mit dem Fokus auf Employability wird deutlich, dass es einer Art des Lernens bedarf, die auch

---

[36] Vgl.: Senge, P. M., S. 281.

den Bezugsrahmen mit seinen Bedeutungen, Annahmen, Schlussfolgerungen und Überzeugungen in Frage stellt. Double-loop-learning wird somit angestrebt.[37]

5.3.5 Handlungsfeld „Karrieremodelle"

Die Auffassungen darüber, was „Karriere" bedeutet, gehen häufig weit auseinander. Jedes Unternehmen, ja jedes Individuum definiert diesen Begriff für sich. Hat man Karriere gemacht, wenn man gewisse Statussymbole sein Eigen nennt? Oder erst dann, wenn man eine gewisse Führungsspanne abdeckt? Oder zeigt sich Karriere vielleicht bereits darin, länger als die Kollegen zu arbeiten und einen höheren Betrag auf dem Gehaltszettel vorzufinden? Eines scheint jedoch klar: Die vielfältigen Veränderungen der Arbeitswelt lassen auch den Karrierebegriff nicht unberührt. Er erfährt eine Neuausrichtung insbesondere in zwei Aspekten:

- Der Infragestellung rein vertikaler Karrierepfade.
- Dem Wegfall der Fokussierung auf einen Arbeitgeber und ein Berufsfeld.

– Die Infragestellung rein vertikaler Karrierepfade

Die Forderung nach flacheren Hierarchien, durchlässigen Organisationsstrukturen und flexiblen Modellen der Arbeitsgestaltung macht rein vertikale Karriereentwicklungen in Unternehmen immer schwerer realisierbar. Der klassische „Aufstieg" bleibt nur einer kleinen Gruppe vorbehalten, da Führungsebenen wegfallen und somit das Modell der Karriereleiter vielfach von einer Kompetenzfläche abgelöst wird.

Betrachtet man vertikale Karrieremodelle vor dem Hintergrund der Employability, so zeigt sich, dass sie der Förderung der Beschäftigungsfähigkeit nicht dienen, sondern diese eher behindern. Ein klassischer Karrierepfad, der von der Gruppenleitung über die Abteilungsverantwortung schließlich zur Bereichsleitung führt, lässt dem Einzelnen wenig Raum für den Blick „über den Tellerrand hinaus", sondern beschränkt ihn immer stärker auf sein spezifisches Tätigkeitsfeld. Darüber hinaus sind nicht selten weniger Führungsqualitäten als vielmehr fachliche Qualifikation und Erfahrung Maßstab für die Beförderung verantwortungsvoller Leitungsfunktionen.

Es liegt auf der Hand, dass Employability einer neuen Gestaltung der Karrieremodelle im Unternehmen bedarf. Dennoch gilt es zu bedenken, dass der vertikale Aufstieg eine lange Tradition hat und zudem vielfach der Inbegriff von Karriere ist: „Obwohl Titel, Statussymbole, Führungsebenen und -positionen sowie Stabstellen drastisch abnehmen, ist die alte Programmierung nach ‚Kästchen und Stufen' aber noch schwer löschbar in den Köpfen verankert. Mentaler Wandel auf breiter Front ist angesagt."[38] Horizontale Karrierepfade, die sich über die Mitarbeit in unterschiedlichsten Projekten oder aber das Einbringen von Expertenwissen in verschiedene Bereiche gestalten können, fördern die Beschäftigungsfähigkeit des Einzelnen in erheblicher Weise. Sie verlangen ihm eine gewisse Flexibilität ebenso ab wie die

---

37 Vgl.: Argyris, C./Schön, D., S. 35 f.; Antoni, C., S. 13.
38 Sattelberger, T., S. 90.

Fähigkeit, sich an unterschiedliche Sachverhalte und Teamstrukturen anzupassen. Damit qualifizieren sie ihn auch für den Fall, dass er seine Karriereentwicklung in einem anderen Unternehmen fortsetzen will oder muss – besser als ein rein vertikaler Aufstieg, der ihn stark auf sein Tätigkeitsfeld fokussieren lässt.

Doch wie lässt sich nun eine horizontale Karriere im Unternehmen derart gestalten, dass sie als Karriere empfunden und auch honoriert wird? Dazu ist eine neue Definition und konsequente Umsetzung von drei gleichberechtigten Karrierewegen erforderlich:

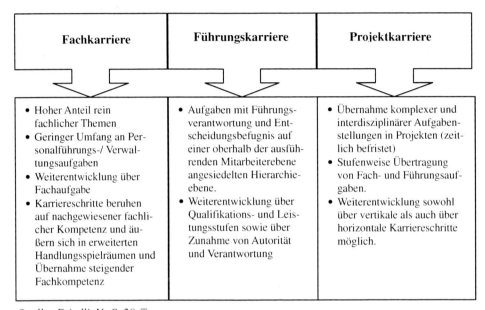

Quelle: Friedli, V., S. 29 ff

Abbildung 9: *Karrieremodelle*

In einem wissensorientierten und innovativen Umfeld ist das Know-how der Mitarbeiter das wichtigste Vermögen des Unternehmens. Ihre Karriere stellt somit im übertragenen Sinne die Vermögensentwicklung dar, die Führungskraft fungiert als Vermögensberater. In diesem Sinne müssen Karrieremodelle im Unternehmen so ausgestaltet sein, dass es jedem Mitarbeiter möglich ist, in seinem individuellen Kontext, d.h. gemäß seiner Veranlagung und Begabung, Karriere zu machen. Eine Person, deren persönliche Laufbahnplanung unweigerlich mit der Übernahme von Führungsverantwortung gekoppelt ist, wird selbst bei entsprechender Entlohnung mit einer Fachkarriere nicht zufrieden zu stellen und zu motivieren sein. Ebenso wenig trägt es zur Verbesserung der Führungskultur bei, Experten, die weder die soziale Kompetenz noch die Neigung zur Übernahme von Führungsverantwortung in sich tragen, in eine solche Rolle zu zwingen, nur weil sie den einzigen Weg zur Weiterentwicklung darstellt.

Kompetenzen zu erkennen und Mitarbeiter gemäß ihrer fachlichen, sozialen oder methodischen Talente zu fördern, muss Aufgabe zukunftsorientierter Personalentwicklung und -führung sein. Dabei sollte auch ein Wechsel zwischen den einzelnen Laufbahnpfaden, d. h.

eine radiale Entwicklung, durchaus zum Karrieremodell gehören, um so den Mitarbeitern immer wieder neue Perspektiven zu eröffnen.

Ebenso muss der beschriebenen tradierten Vorstellung Rechnung getragen werden. Karriere müsse für andere nach außen hin sichtbar sein. Wenn der eindimensionale hierarchische Aufstieg im Sinne von Employability nicht mehr gewünscht oder im Sinne der Unternehmensstruktur nicht mehr realisierbar ist, dann gilt es, den Status und die Anerkennung, die gewisse Positionen oder Leitungsfunktionen mit sich bringen, auf andere Weise zu gestalten. Herausfordernde Tätigkeiten und Lernfelder sind beispielsweise geeignet, auf anderer Ebene das Gefühl eines „Karrieresprunges" zu vermitteln, ihn stolz auf seinen Arbeitgeber und sein Aufgabengebiet zu machen. Die Bedeutung eines Mitarbeiters für das Unternehmen lässt sich auch über Statussymbole visualisieren. Das Recht, einen ausgewiesenen Parkplatz sein Eigen zu nennen oder aber ein größeres Büro zu beziehen, kann in zahlreichen Unternehmen ein nicht zu unterschätzendes Differenzierungsmerkmal darstellen. Gibt es keine betrieblichen Statussymbole, dann ist häufig zu beobachten, dass sich der Einzelne zu sehr darauf konzentriert, für sich selbst eine Form der Abgrenzung von anderen zu finden. Dies kann beispielsweise Gruppenzugehörigkeit sein. Ein ersatzloses Wegfallen von Hierarchieebenen, verbunden mit einem erschwerten vertikalen Aufstieg ohne Aufzeigen, Anerkennen und Wertschätzen horizontaler Karrierewege, führt dazu, dass diese im Menschen verankerten Bedürfnisse nach Sichtbarkeit der eigenen Karriereentwicklung nicht befriedigt werden. In vielen Fällen entwickelt sich daraus eine informelle Hierarchie im Unternehmen, in der die als unerlässlich empfundene Differenzierung gelebt wird.

Entscheidend bei der Einführung der oben genannten Karrieremodelle im Unternehmen ist also insbesondere

- ein eindeutiges Commitment der Unternehmensleitung zur Gleichwertigkeit aller Karrierepfade sowie die Integration in das Geschäftsmodell,
- eine gezielte Förderung von Mitarbeitern im Sinne ihrer Qualifikation für Fach-, Führungs- und Projektkarrieren,
- ein Vergütungs- und Anreizsystem sowie eine Unternehmenskultur, die erfolgreiche Projektumsetzung und fachliche Kompetenz ebenso honorieren wie eine definierte Führungsspanne.

– Der Wegfall der Fokussierung auf einen Arbeitgeber und ein Berufsfeld

In Abhängigkeit von einer Arbeitswelt, die durch Brüche in den Erwerbsbiografien und vielfältige Tätigkeitsbereiche im Laufe eines Berufslebens gekennzeichnet ist, werden Arbeitnehmer ihre Karriere in Zukunft globaler sehen (müssen). Dies bedeutet zum einen, dass sie sich nicht mehr auf ein eingeschränktes Berufsfeld konzentrieren können. Zum anderen wird es immer schwieriger werden, sich einen bestimmten Karrierepfad in einem bestimmten Unternehmen zum Ziel zu setzen. So hätte also in den vergangenen Jahren der Karriereplan eines Jung-Ingenieurs folgendermaßen lauten können: „Ich möchte innerhalb der nächsten fünf Jahre einen der drei Konstruktionsbereiche im Unternehmen als verantwortlicher Leiter übernehmen." Mit dieser Einstellung beschränkt er zum einen seine Beschäftigungsfähigkeit, da er eindimensional einen ganz bestimmten Weg verfolgt, zum anderen setzt er sich der Gefahr aus, bei dem Verlust seines Arbeitsplatzes auch jegliche Perspektiven zu verlieren. In Zukunft muss ein solcher Karriereplan vielmehr wie folgt aussehen: „Ich möchte innerhalb der nächsten fünf Jahre eine eigenverantwortliche Position innehaben, ein bestimmtes Einkommen erzielen, in einem entsprechenden Arbeitsfeld mit einem bestimmten Maß an Entscheidungsbefugnissen und Verantwortlichkeiten arbeiten und mich im Projektmanagement weiterentwickeln." – eine klare Zielrichtung, doch ohne Fixierung auf ein bestimmtes Unternehmen. Man spricht in diesem Zusammenhang auch von „Portfolio-Laufbahnen" und „Mosaik-Karrieren", die für den Einzelnen eine Möglichkeit darstellen, sich gemäß seiner individuellen Talente und Fähigkeiten zu entwickeln und auch unterschiedliche Formen von Status und Funktion zu erleben.[39]

In diesem Zusammenhang ist es Aufgabe des Unternehmens, dem Mitarbeiter das Gefühl zu vermitteln, dass für ihn bei entsprechender Eignung eine interne Karriere möglich ist, dass er aber auch über die Fähigkeiten verfügt, Karrierepfade in unterschiedlichen Branchen, bei unterschiedlichen Arbeitgebern und in unterschiedlichen Tätigkeitsfeldern einzuschlagen.

5.3.6 Handlungsfeld „Vergütung"

Viele gängige Vergütungssysteme orientieren sich primär an dem Modell des „Normalarbeitsverhältnisses" und entlohnen „oft nur eine spezifische Arbeitsaufgabe in einer hierarchischen Organisation mit einer starren Arbeitsteilung."[40] Zudem ist Entlohnung häufig an kurzfristige Perspektiven gekoppelt und berücksichtigt nicht den Aspekt der Bewältigung künftig zu erfüllender Aufgaben. Diese Art und Weise der Vergütungspolitik ist kaum kompatibel mit der Implementierung vom Employability und bedarf einer Anpassung. Eine solche Neuausrichtung stellt nicht nur eine Herausforderung für Unternehmen dar, sondern tangiert auch nicht unwesentlich die Tarifpartnerschaft.

Es gibt eine Reihe von Determinanten der Vergütungssysteme, die der Umsetzung von Employability-Ansätzen im Unternehmen gerecht werden. Diese sind:[41]

- Schaffung von Anreizen zum Erwerb von Zusatzqualifikationen.
- Aufwertung zukunftsorientierter Arbeitsplatzanforderungen, wie z. B. Zusammenarbeit, Verantwortung oder Entscheidungsfindung.
- Einführung von Zuschlägen auf das Grundentgelt in Abhängigkeit vom Unternehmensergebnis oder für kontinuierliche Verbesserungsprozesse.
- Aufwertung nicht-standardisierter Arbeitsverhältnisse, d. h. gleiche Entgeltpolitik und gleiche Prämienmodelle für Teilzeitbeschäftigte und befristet Beschäftigte.
- Sensibilisierung der Führungskräfte für leistungsgerechte Entlohnung ohne starre Orientierung an Tarifen.
- Stärkere Ausgestaltung der Vergütung in Form empfängerorientierter Förderungen (z. B. Seminarteilnahme) anstelle von Statussymbolen.

---

39 Vgl.: Sattelberger, T., S. 64.
40 Blancke, S./Roth, C./Schmid, J., S. 38.
41 Vgl.: Blancke, S./Roth, C./Schmid, J., S. 39.

Darüber hinaus sollten zur Bindung von Mitarbeitern an das Unternehmen immaterielle Anreize angeboten werden. Dazu gehört auch der gezielte Einsatz von Statussymbolen.

Sicherheit als Incentive muss in diesem Zusammenhang keineswegs lebenslange Arbeitsplatzgarantie bedeuten, sondern kann ebenso aus der Gewissheit entstehen, in dem gegenwärtigen Arbeitsumfeld optimale Bedingungen dafür vorzufinden, die eigene Beschäftigungsfähigkeit zu verbessern.

Die Diskussion um Employability macht deutlich, dass die Umsetzung des Employability-Gedankens im Unternehmen nicht mit erhöhten Personalkosten verbunden sein muss. Der Fokus liegt vielmehr darauf, dem Mitarbeiter ein Gefühl der Wertschätzung und des Respekts vor seiner Leistung zu vermitteln. Hier besteht eine Wechselwirkung insbesondere auch zum Führungs- und Karrieresystem sowie zur Organisation eines Unternehmens. Die oben aufgeführten Ansätze bedeuten lediglich einen organisatorischen, nicht jedoch einen finanziellen Mehraufwand, der sich zudem über die Motivation und Zufriedenheit der Mitarbeiter amortisiert.

5.3.7 Handlungsfeld „Gesundheitsförderung"

Grundsätzlich ist festzustellen, dass die Arbeitsplätze mit hoher physischer Beanspruchung aufgrund moderner Produktionsmethoden kontinuierlich abnehmen. Gleichzeitig steigt die psychische Beanspruchung am Arbeitplatz insbesondere aufgrund der steigenden Veränderungsgeschwindigkeit und der zunehmenden Komplexität.[42]

Der Erhalt und die erfolgreiche Entwicklung von Employability auf der einen Seite sowie Gesundheit und körperliches Wohlbefinden auf der anderen Seite stehen in engem Zusammenhang. Erst das Vorhandensein von beruflich verwertbarer Kompetenz und Gesundheit führt zu einer nachhaltigen Beschäftigungsfähigkeit. Verfügt ein Mitarbeiter zwar über exzellente berufsrelevante Kompetenzen, achtet jedoch nicht auf seine Gesundheit, ist er ebenso wenig beschäftigungsfähig wie derjenige, der gesundheitsbewusst handelt, dafür aber seinen beruflichen Anforderungen nicht gewachsen ist.[43]

Wohlbefinden ist ein förderlicher Faktor bei der Ausbildung von Employability. Demgegenüber ist auch zu konstatieren, dass das Ziel und der Prozess zum Erhalt und zur Entwicklung von Employability mit Belastungen einhergehen können. Ängste, Befürchtungen und Stress sind hier zu nennen. Die Ausführungen machen deutlich, dass Gesundheitsförderung ein erfolgskritisches Handlungsfeld im Rahmen von Employability Management darstellt. Grundsätzlich hat Gesundheitsförderung zwei Wirkrichtungen:[44]

- zum einen die auftretenden Belastungsmomente gesundheitsförderlich zu bewältigen (proaktive/präventive Gesundheitsförderung) und

- zum anderen eingetretenen Einschränkungen der Leistungsfähigkeit durch geeignete Maßnahmen Rechnung zu tragen (reaktive Gesundheitsförderung).

---

[42] Vgl.: Bertelsmann Stiftung/Bundesvereinigung der Deutschen Arbeitgeberverbände, S. 95 f.
[43] Vgl.: Kriegesmann, B., S. 24.
[44] Vgl.: Bertelsmann Stiftung/Bundesvereinigung der Deutschen Arbeitgeberverbände, S. 97.

Im Rahmen von Employability ist vor allem der Fokus auf die Gesundheitsprävention zu richten. Dazu können Fitnessangebote und Betriebssport, Programme zur Förderung gesundheitlicher Kompetenzen und Gesundheits-Checks gehören. Fitnessangebote und Betriebssport sprechen alle Beschäftigte an und zielen auf körperliche Fitness und ein steigendes Gesundheitsbewusstsein ab. Damit ist auch die Philosophie verbunden, dass ein gesunder Körper die Bewältigung von Stress und mentalen Belastungen unterstützt. In Programmen zur Förderung gesundheitlicher Kompetenzen werden Daten und Fakten, Hintergründe und Handlungsempfehlungen sowie Tipps vermittelt. Sie bieten eine gute Ergänzung zu Fitnessangeboten. Darüber hinaus bieten Gesundheits-Checks eine persönliche Bestandaufnahme. „Sie holen den Einzelnen dort ab, wo er sich befindet." Aktivitäten der Gesundheitsförderung können dann gezielt zum Einsatz kommen sowie bedarfs- und personenbezogen angepasst werden.[45]

Auch der Arbeitsplatz sowie die Arbeitsbedingungen bieten Möglichkeiten zur Gesundheitsförderung. Die traditionellen präventiven Maßnahmen der Gesundheitsförderung haben vor allem die Erhaltung der körperlichen Leistungsfähigkeit im Blick.[46] Im Zusammenhang mit Employability ist dies wünschenswert, aber nicht ausreichend. Zur Employability-relevanten Gesundheitsprävention gehört auch die Begrenzung von negativen Stress-Situationen. Damit wird die Gesundheitsprävention auch Aufgabe von Führung, ist im Kontext von Personaleinsatzplanung zu betrachten und steht in einer interdependenten Beziehung zur Personalentwicklung. Darüber hinaus kann die Gestaltung einer konstruktiven Arbeitsatmosphäre ein Handlungsfeld von Gesundheitsprävention sein. Daneben haben auch organisatorische Maßnahmen wie Belastungswechsel und Tätigkeitsmischungen Einfluss.[47]

Organisationale und technische Faktoren und Bedingungen entscheiden letztendlich darüber, inwieweit die individuelle Gesundheitskompetenz sich entfalten kann. Verfügt ein Mitarbeiter über Gesundheitskompetenzen, so kann er sie nur dann vollständig zur Entfaltung bringen, wenn die Faktoren und Bedingungen am Arbeitsplatz und in der Arbeitumgebung dies erlauben. Organisation und Technik betreffen jedoch nicht nur das Arbeitsfeld, sondern sind auch im Freizeitbereich anzutreffen. Organisationale Sachzwänge z.B. im familiären Umfeld und technisches Equipment im Hobbybereich beeinflussen die Umsetzung der individuellen Gesundheitskompetenz erheblich.[48]

Darüber hinaus tragen soziale Kontakte und die Einbindung in soziale Systeme zur Entwicklung und zur Umsetzung der individuellen Gesundheitskompetenz bei. Innerhalb von sozialen Systemen existieren explizite und implizite Regeln, deren Einhaltung belohnt und deren

---

[45] Vgl.: Prognos, S. 18 f./Kriegesmann, B.
[46] Die traditionelle präventive Gesundheitsförderung bietet drei unterschiedliche und komplementäre Ansätze an:
- Abbau von Belastungen am Arbeitsplatz und in der Arbeitsumgebung (zum Beispiel durch Ergonomie, Arbeitsschutz).
- Reduzierung/Bewältigung auftretender Belastungen (Wenn Beschäftigte in belastungsintensiven Arbeitsbereichen langfristig gesund bleiben wollen, bedarf es einer Umgestaltung der Arbeitsorganisation und des Aufgabenspektrums. Dazu gehören ein systematischer Belastungswechsel, Tätigkeitsmischung, erholungswirksame Pausengestaltung sowie Unterstützung durch Gesundheitsprogramme).
- Begrenzung der Verweildauer bei besonders belastungsintensiven Arbeitsplätzen und Arbeitsbereichen.

Vgl.: Bertelmann Stiftung/Bundesvereinigung der Deutschen Arbeitgeberverbände, S. 101 ff.
[47] Vgl.: Kriegesmann, B., S. 33.
[48] Vgl.: Kriegesmann, B., S. 30.

Missachtung bestraft werden. Häufig geschieht dies unterschwellig, dennoch haben solche Regelungen Einfluss auf die Denk- und Handlungsmuster.[49]

5.3.8 Handlungsfeld „Controlling"

Wenn Employability als Teil des immateriellen Vermögens betrachtet wird und die Absicht verfolgt wird, dem immateriellen Vermögen einen Wert zuzuweisen, dann muss Beschäftigungsfähigkeit, deren Entwicklung und Erhalt in die Logik des Managements von Ressourcen und in das Controlling integriert werden. Dieser Anspruch lässt sich jedoch derzeit nur begrenzt umsetzen. Die Evaluierung von Employability ist in der Praxis wenig verbreitet. Zum einen ist dies darauf zurückzuführen, dass viele Unternehmen nur über wenig Erfahrung mit dem Controlling nicht-monetärer Größen verfügen. Zum anderen lässt sich nur bedingt auf ein erprobtes Instrumentarium von Evaluierungs- und Messverfahren zurückgreifen. Dennoch scheinen mehr und mehr Entscheidungsverantwortliche von der Bedeutung und Notwendigkeit der Employability für den Erfolg überzeugt zu sein.

Es wird deutlich, dass die Evaluierung von Employability im Spannungsfeld von Notwendigkeit und Schwierigkeit steht. Gibt es geeignete Wege, um dieses Spannungsfeld abzuschwächen oder gar aufzuheben? Wenn wir zum Beispiel das Wissensmanagement und das Personalmanagement als Referenzbereiche heranziehen, zu denen viele Parallelitäten und Überschneidungen existieren, lassen sich eine Reihe von Ansätzen zur Evaluierung von Employability identifizieren. Abbildung 10 gibt einen Überblick.

– *Quantitativ-orientierte Ansätze*

Eindimensionale Ansätze beschäftigen sich ausschließlich mit der Kostenperspektive. Als die wohl einfachste Methode gilt die Zusammenfassung der bisherigen Kosten. Der Wert von Employability ist dann die Summe aller Investitionen, die für den Erwerb und die Entwicklung nötig waren. Diese Methode ist zwar einfach in der Handhabung, jedoch zu einseitig in der Berechnung und zu undifferenziert in der Interpretation. Eine andere eindimensionale Methode, Employability zu bewerten, stellt die Berechnung des Wiederbeschaffungswertes dar. Es werden die Kosten angesetzt, die heute notwendig wären, um eine identische Ausprägung von Beschäftigungsfähigkeit zu generieren. Grundlage ist somit die Summe der imaginären aktuellen Anschaffungs- und Entwicklungskosten. Wie bei dem Verfahren der Bewertung der bisherigen Kosten werden nur quantitative Größen betrachtet. Qualitative Faktoren werden vernachlässigt. Darüber hinaus ist Beschäftigungsfähigkeit einmalig, da sie an Individuen und deren mentale Modelle geknüpft ist. Die Entwicklung von identischer Beschäftigungsfähigkeit ist nicht möglich. Beiden Verfahren ist gemein, dass sie den Nutzenaspekt nicht berücksichtigen. Eine ausgewogene Bewertung bedarf jedoch einer Kosten-Nutzen-Betrachtung.[50]

Während die Berechnung der Kosten, die bei einer Entwicklung von Employability und der Rekrutierung von beschäftigungsfähigen Mitarbeitern anfallen, ein relativ leichtes Unterfangen darstellt, ist die Formulierung und Konkretisierung des betriebswirtschaftlichen Nutzens

---

[49] Vgl.: Kriegesmann, B., S. 31.

[50] Vgl.: Rump, J./Lau-Villinger, D. , S. 42 ff.

hingegen mit einigen Schwierigkeiten verbunden. Der Nutzen von Employability besteht in einem ersten Schritt vor allem in „soft facts", wie der Veränderung von Denk- und Handlungsmustern sowie der Steigerung des Kompetenzstandes. Erst in einem zweiten Schritt sind „hard facts" betroffen, was sich zum Beispiel in einer Erhöhung der Arbeitsproduktivität, der Verbesserung der Qualität und/oder der Senkung von Kosten widerspiegeln kann. Die Zurechenbarkeit der Beschäftigungsfähigkeit auf die ökonomischen Faktoren kann daher nur mittelbar über die „soft facts" erfolgen. Da die ökonomischen Faktoren auch durch andere Determinanten beeinflusst werden, ist eine eindeutige Zuordnung, welche Determinante welche ökonomische Größe wie und in welcher Höhe beeinflusst, angesichts der Komplexität der Verkettungen nur bedingt möglich. Lediglich bei Konstanz aller anderen Determinanten wäre die Wirkung eindeutig zu messen. Zur Evaluierung von Employability bedarf es also eines Instrumentariums, das sowohl die mentale Veränderung reflektiert als auch eine Interpretation hinsichtlich der ökonomischen Relevanz zulässt.

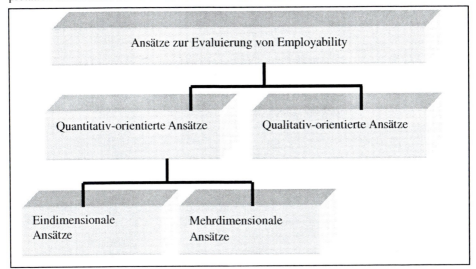

Abbildung 10: Ansätze zur Evaluierung von Employability

In diesem Zusammenhang werden häufig die **mehrdimensionalen Ansätze** der Indikatorenmodelle und der Balanced Scorecard genannt. Im Rahmen von Indikatorenmodellen werden gewählte Indikatoren, die eine hohe Situations-, Bedarfs- und Zielgruppenspezifik aufweisen, über einen längeren Zeitraum hinweg beobachtet und eingeschätzt. Aus dieser komparativ-statischen Analyse lässt sich nicht nur der Entwicklungsstand zu bestimmten Zeitpunkten abbilden, sondern auch der Handlungsbedarf ableiten. Im Folgenden wird eine Sammlung von möglichen Indikatoren vorgestellt, die das immaterielle Kapital mit seinen Dimensionen (Humankapital (Kompetenzen, Fertigkeiten und Motivation), Strukturkapital (Strukturen und Prozesse, die Mitarbeiter benötigen, um produktiv, innovativ und beschäftigungsfähig zu sein) und Beziehungskapital (Beziehung zu Stakeholdern) widerspiegeln. Abbildung 11 gibt einen Überblick.

Welche Indikatoren zum Einsatz kommen, hängt von der Situation, den Rahmenbedingungen und dem Bedarf ab. Nicht selten gilt jedoch der Leitsatz „Weniger ist mehr". Praktikabilität sollte somit ebenfalls ein Auswahlkriterium sein.

Humankapital	Strukturkapital	Beziehungskapital
Mitarbeiterstruktur • Anzahl der Mitarbeiter • Anzahl der weiblichen Mitarbeiter • Frauenanteil • Anzahl der männlichen Mitarbeiter • Anzahl der High Potentials • Anzahl der Fachkräfte • Fachkraftquote • Anzahl der gewerblichen Mitarbeiter • Gewerbliche Mitarbeiterquote • Anzahl der Angestellten • Angestelltenquote • Anzahl der An- und Ungelernten • An- und Ungelerntenquote • Anzahl der Führungskräfte • Führungskräftequote insgesamt • Führungskräftequote je Hierarchieebene • Anzahl der weiblichen Führungskräfte • Anteil der Frauen in Führungspositionen • Anzahl der Auszubildenden • Anteil der Auszubildenden/Auszubildendenquote • Übernahmequote der Auszubildenden • Anzahl der Neueinstellungen p. a. • Neueinstellungsquote p. a. • Anzahl der Studenten • Anzahl der Praktikanten • Anzahl der Ferienschüler • Anzahl der Teilzeitkräfte • Teilzeitquote • Anzahl der weiblichen Teilzeitkräfte • Quote der weiblichen Teilzeitkräfte	**Produkte** • Produktsegment/ Produktgruppe • Aufwand von F&E • Ideenzahl • Anzahl der realistischen Optimierungsvorschläge • Anzahl an Neuerungen • Anzahl der patentfähigen Innovationen • Anzahl an Patenten • Anzahl an Marken • Anzahl an offiziellen Zertifikaten • Gebrauchsmuster und Geschmacksmuster • Umsatzanteil der eigenen Produkte • Zeitraum der Produktentwicklung **Leistungserstellung** • Auftragsdurchlaufzeit • Materialverfügbarkeit bei Fertigungsbeginn • Materialkosten insgesamt • Materialkosten an Gesamtkosten • Einhaltung der Vorgabezeiten • Auslastungsgrad der eigenen Geräte • Effizienz des Geräteparks • Gerätekosten insgesamt • Anteil der Gerätekosten an den Gesamtkosten • Abschreibungen • Reparaturkostenquote • Durchschnittliches Gerätealter • Logistikdurchlaufkosten pro Stück • Anzahl der Projekte • Widerverwendungsrate • Kundenanteil an der Leistungserstellung	**Beziehung zu Kunden** • Anzahl der Kunden • Anzahl der Stammkunden • Umsatzanteil der Stammkunden • Anzahl der Neukunden • Verhältnis Umsatz Neukunde zu Stammkunde • Umsatz pro Einzelkunde zum Gesamtumsatz • Anzahl der Kundenabgänge • Kundenstruktur Anteil betrieblicher Kunden • Kundenstruktur Anteil öffentlicher Auftraggeber • Kundenstruktur Anteil Privat-Kunde • Kundenstruktur nach Alter • Anzahl der umsatzschwachen Kunden • Anteil der umsatzschwachen Kunden • Anzahl der Kooperationen • Anzahl der Kooperationspartner • Kundenanteil an der Leistungserstellung • Anfrage von Interessenten • Anzahl der gelisteten Interessenten • Anzahl der verlorenen Kunden • Kundenzufriedenheit • Reklamationsquote • Termintreue • Weiterempfehlungsquote • Zukünftige Kaufabsicht • Rückmeldung der Kunden • Kosten für Kundenbindung insgesamt • Anteil der Kosten für Kundenbindung an Gesamtkosten • Kosten für Kundenbindung pro Kunde • Cross-Selling-Ratio

Humankapital	Strukturkapital	Beziehungskapital
• Zugänge • Abgänge • Abgänge im Ruhestand **Altersverteilung** • Durchschnittsalter • Altersstruktur bzw. Altersverteilung • Alterverteilung bis 25 • Alterverteilung 26-35 • Altersverteilung 36-45 • Altersverteilung 45-65 • Durchschnittliche Betriebszugehörigkeit **Qualifizierung** • Weiterbildung in fachliche Kompetenz • Weiterbildung in überfachliche Kompetenz • Qualifizierungskosten insgesamt p. a. • Qualifizierungskosten pro Mitarbeiter p. a. • Qualifizierungskosten in % der Personalkosten • Qualifizierungstage insgesamt p. a. • Qualifizierungstage pro Mitarbeiter p. a. • Anzahl der regelmäßig stattfindenden Qualifizierungsmaßnahmen p. a. • Anzahl der Projekteinsätze Teilnahme an Qualifizierungsmaßnahmen • Anzahl abgeschlossener Qualifizierungsmaßnahmen • Bewertung von Qualifizierung • Anzahl der Lernpartnerschaften • Qualität der Lernpartnerschaften • Anzahl der Mitarbeiter, die als Trainer bzw. Wissensmultiplikatoren Wissen weitergeben • Aufwand bei der Suche nach Wissensquellen und Wissensträgern	• Reaktionsgeschwindigkeit in Bezug auf Kundenwünsche **Qualitätsmanagement** • Reklamationsquote • Reklamationswert • Fehlerquote • Ausschussquote • Termintreue • Anzahl der Kundenabgänge • Einhaltung der Normen (DIN EN ISO 9000, VDA, ATEX) • Anwendung des EFQM-Modells • Anzahl der Steuerungsprozesse • Ergebnis interner Qualitätskontrollen • Anzahl eingereichter Verbesserungsvorschläge • Anzahl der umgesetzten Verbesserungsvorschläge • Verhältnis der eingereichten zu den umgesetzten Verbesserungsvorschlägen **Führungsprozesse** • Erfüllungsgrad der Zielvereinbarung • Benotung des Management Reviews • Anteil der erfolgreich umgesetzten Maßnahmen • Anzahl der verfügbaren Best-Practice-Fälle • Anzahl der zukunftsgerichteten Mitarbeitergespräche • Aktualität des Orientierungsrahmens (Aufgabenbereiche, Standardprofile, zukünftige Entwicklungen etc.) **Organisationsstruktur** • Anzahl der Freiräume • Größe der Freiräume • Dichte der Regelungen • Zeitbedarf bei Entscheidungsfindung • Zugriff auf relevante	**Beziehung zu Lieferanten** • Anzahl der Lieferanten • Beurteilung der Lieferanten • Standort der Lieferanten • Anzahl der Kooperationen • Anzahl der Kooperationspartner • Lieferantenanteil an der Leistungserstellung **Integration von externem Wissen** • Anzahl von externen Kompetenzzentren • Qualität der externen Kompetenzzentren • Anzahl der Bewerbungen • Qualität der Bewerber • Aufwand des Personalmarketings **Soziales Engagement** • Höhe der Spenden • Höhe des Sponsorings • Art des sozialen Engagements **Öffentlichkeitsarbeit** • Kosten für Öffentlichkeitsarbeit insgesamt • Anteil der Kosten für Öffentlichkeitsarbeit an Gesamtkosten • Veröffentlichungen in Fachpresse und Wirtschaftspresse • Anzahl der Publikationen von Mitarbeitern • Qualität der Publikationen von Mitarbeitern • Präsenz in den regionalen Medien • Anzahl der öffentlichkeitswirksamen Veranstaltungen • Suchmaschineneinträge • Externe Firmenpräsentationen • Bekanntheitsgrad

Humankapital	Strukturkapital	Beziehungskapital
• Anlernzeit • Teilzeitquote in Verbindung mit Weiterbildung • Personaleinsatz/Aufstiegsmöglichkeiten • Übereinstimmung der Anforderungen der Stelle mit dem Profil des Mitarbeiters • Anzahl der Projekteinsätze pro Mitarbeiter • Anzahl der Führungskräfte aus den eigenen Reihen • Erfüllungsgrad der Zielvereinbarung • Anzahl der Mitarbeiter, die Verbesserungsvorschläge einreichen • Arbeitsproduktivität **Monetäre Aspekte** • Durchschnittliche variable Vergütung in % der Gesamtvergütung • Aufwand der betrieblichen Altersvorsorge in % der Personalkosten • Budget für wissensintensive Incentives • Summe der Prämien • Personalkosten insgesamt • Personalkosten an den Gesamtkosten/Personalkostenquote • Vergleich Personalkosten- zu Sachkostenquote **Motivation** • Fluktuationsrate • Krankheitstage insgesamt p. a. • Krankheitstage je Mitarbeiter p. a. • Fehlzeiten • Verweildauer am Arbeitsplatz • Rücklauf bei Mitarbeiterbefragung • Anteil der Mitarbeiter, die laut Mitarbeiterbefragung mit den Unternehmenszielen übereinstimmen	Informationen • Durchschnittliche Führungsspanne • Anzahl und Größe der Gruppen/Abteilungen **Arbeitsbedingungen** • Vorhandensein von flexiblen Arbeitszeitmodellen • Anzahl von kommunikationsfördernden Maßnahmen • Aufwand zur Errichtung/Erhaltung von Kommunikationsinseln/Kreativzonen • Verweildauer am Arbeitsplatz • Anzahl der Projektarbeiten • Anzahl von Job Rotation • Implementierungsgrad des Coachings • Kontinuierlicher Verlauf des Coaching-Prozesses; Anzahl der Gespräche p. a. • Moderation und Referententätigkeit der Mitarbeiter bei Teamsitzungen • Anzahl der Bildschirmarbeitsplätze **Information und Kommunikation** • Benutzerfreundlichkeit der IT-Infrastruktur • Verfügbarkeit von Informationen • Zugriffe • Abrufbarkeit • Ausfallzeiten • Suchzeiten • Anzahl der Internetzugänge • Anzahl der Intranetzugänge • Anzahl der Extranetzugänge • Anzahl der aktiven Internetnutzer • Anzahl der aktiven Intranetnutzer • Anzahl der aktiven Extranetnutzer	

Humankapital	Strukturkapital	Beziehungskapital
• Anteil der Mitarbeiter, die sich laut Mitarbeiterbefragung mit den Werten und Idealen identifizieren können • Liefertermintreue • Anzahl der Rückstände	• Durchschnittliche Webmeilen • Anzahl der Dokumente im Intranet und Extranet • Zugriffshäufigkeit auf die Dokumente • Aufwand für die Erstellung eines Expertenverzeichnisses • Anzahl der Einträge im Expertenverzeichnis • Qualität und Aktualität des Expertenverzeichnisses • Investitionen in IT • Kosten IT-Arbeitsplatz insgesamt • Kosten IT-Arbeitsplatz pro Mitarbeiter p. a. • Zugriff auf Wissensinitiativen • Nutzung von Projektabschlussberichten **Wissenstransfer** • Anzahl der Zugriffe auf Wissensprodukte • Anzahl der fachbezogenen Bücher • Anzahl der Mitarbeiter, die auf das Wissensmanagement zugreifen (Bibliothek, Intranet, Wissenszirkel, Schulungen) • Anteil der Mitarbeiter, die auf das Wissensmanagement zugreifen (Bibliothek, Intranet, Wissenszirkel, Schulungen) • Einrichtung und Organisation von internen Kompetenzgruppen • Anzahl der internen Kompetenzgruppen • Anzahl der Treffen der internen Kompetenzgruppen • Einrichtung und Organisation von externen Kompetenzgruppen • Anzahl der externen Kompetenzgruppen • Anzahl der Treffen der externen Kompetenzgruppen • Anzahl der Projekte	

Humankapital	Strukturkapital	Beziehungskapital
	• Anzahl der interdisziplinären Projekte • Anzahl der Job Rotation • Häufigkeit der Anfragen an betriebliche Wissensträger von Kunden, Lieferanten **Außenwirkung** • Marketingaufwendungen insgesamt • Marketingaufwendungen in % vom Umsatz	

Abbildung 11: Mögliche Indikatoren

Neben diesem einfachen Indikatorenmodell gibt es eine differenziertere Form. In Anlehnung an das Indikatorenmodell von North/Probst/Romhardt, das einen starken Bezug zum Wissensmanagement hat, liegt dem differenzierten Indikatorenmodell eine Bewertungslogik zugrunde, die die Indikatoren nach bestimmten Clustern und Wirkrichtungen ordnet. Die Gliederung in Bestands-, Interventions-, Übertragungs- und finanzielle Indikatoren ermöglicht, Ursache-Wirkungs-Zusammenhänge besser abzuleiten und Veränderungen des Kompetenzstandes mit Bezug zu Geschäftsergebnissen adäquater zu veranschaulichen. Das differenzierte Indikatorenmodell ist kein „Standardrezept". Es dient vielmehr als Handlungs- bzw. Strukturierungshilfe und gibt Hinweise für die Wahl der passenden Indikatoren. Die Frage nach den „richtigen" Indikatoren löst es also nicht. Die Bestimmung der Bezugsgrößen in den einzelnen Klassen muss jedes Unternehmen in Abhängigkeit von Strategien, Strukturen, Systemen und Umfeldbedingungen selbst vornehmen.[51] Abbildung 12 zeigt ein Beispiel für ein differenziertes Indikatorenmodell.

Der Prozess der Definition der betriebsspezifischen Indikatoren hat darüber hinaus einen Wert für sich. Er fördert das Bewusstsein hinsichtlich der Beschäftigungsfähigkeit sowie für die Zusammenhänge und trägt zur Entwicklung einer gemeinsamen „Sprache" bei.[52]

Employability kann auch mittels einer Balanced Scorecard evaluiert werden. Vorstellbar sind zwei grundsätzliche Möglichkeiten zur Integration von Employability in den Balanced-Scorecard-Ansatz:

- Zum einen kann Employability in die Lern- und Wachstumsperspektive, die auch als Mitarbeiterperspektive tituliert wird, integriert werden. Ziele zur Employability können hier verankert, Maßnahmen zu deren Umsetzung geplant und die Zielerreichung bewertet werden. Employability wird zum Bestandteil der Unternehmensstrategie.

---

[51] Vgl.: Alex, B./Becker, D./Startmann, J., S. 60 f.; Picot, A./Scheuble, S., S. 26 ff.; Probst, G./Raub, S./Romhardt, K. S. 330 ff.
[52] Vgl.: Alex, B./Becker, D./Startmann, J., S. 60 f.; Picot, A./Scheuble, S., S. 26 ff.; Probst, G./Raub, S./Romhardt, K. S. 330 ff.

- Zum anderen lässt sich eine Balanced Scorecard für Employability entwickeln. Dabei kann es jedoch sinnvoll sein, die von Norton/Kaplan vorgeschlagenen Perspektiven (Finanzperspektive, Kundenperspektive, Geschäftsprozessperspektive sowie Lern- und Wachstumsperspektive) teilweise zu modifizieren. Dies betrifft vor allen Dingen die Lern- und Wachstumsperspektive (Mitarbeiterperspektive) sowie die Geschäftsprozessperspektive. Angesichts der Komplexität und der hohen Mehrdimensionalität von Beschäftigungsfähigkeit sollte die Lern- und Wachstumsperspektive (Mitarbeiterperspektive) die Unterperspektiven Personalentwicklung, Motivierung und Führung adäquat berücksichtigen. Die Geschäftsprozessperspektive sollte um die Strukturperspektive ergänzt werden und damit eine umfassendere Sicht von Organisation beinhalten. Diese Ausweitung wird damit begründet, dass Beschäftigungsfähigkeit auch in einem Zusammenhang mit strukturellen Determinanten, wie Arbeitsteilung, Hierarchisierung, Handlungsspielräume, Teamstrukturen etc., steht.

Indikatoren-klasse	Bestimmung	*Beispiel-Indikatoren*
I **Organisationale Wissensbasis**	Abbildung des Bestandes von Beschäftigungsfähigkeit und Employability	- Anzahl der Mitarbeiter, die Eigenverantwortung wahrnehmen - Innovationsquote - Anzahl der Mitarbeiter, die mehrere Aufgaben wahrnehmen (können) - Arbeitsproduktivität
II **Interventionen**	Beschreibung der Prozesse und Inputs zur Veränderung der Beschäftigungsfähigkeit/Employability	- Anzahl der Lessons-Learned-Workshops - Anzahl der Maßnahmen, die Unternehmen zur Förderung der Schlüsselkompetenzen anbieten - Anzahl der Maßnahmen, die Unternehmen zur Förderung der Schlüsselkompetenzen nachfragen - Anzahl der Zugriffe auf Wissensquellen - Leichtigkeit der Zugriffsmöglichkeiten - Anzahl der Projektarbeiten - Anzahl der Job Rotations
III **Zwischenerfolge und Übertragungseffekte**	Messung des direkten Ergebnisses der Interventionen	- Anzahl und Qualität der Verbesserungsvorschläge - Veränderung der Innovationsquote - Zielerreichungsgrad - Veränderung der Arbeitsproduktivität
IV **Ergebnisse der Geschäftsfähigkeit**	Bewertung der Geschäftsergebnisse am Ende des Betrachtungszeitraums	- Cashflow - Deckungsbeitrag - Marktanteil - Return On Investment (ROI)

Abbildung 12: Differenziertes Indikatorenmodell

Wie können nun die einzelnen Perspektiven ausgestaltet sein? Was sind die Einzelziele, Messgrößen und Maßnahmen, die im Zusammenhang mit Employability eine Rolle spielen? Die Initiative „Wege zur Selbst-GmbH" hat eine Vielzahl von Möglichkeiten zusammengetragen, welche unterschiedlichen Ziele, Indikatoren und Maßnahmen in den verschiedenen Perspektiven von Relevanz sein können. Diese Zusammenstellung dient als Datensammlung (eine Art „Master-Tableau"), aus der unter Berücksichtigung der Situations- und Unternehmensspezifik die für einen bestimmten Kontext gefundenen Ziele, Indikatoren und Maßnahmen ausgewählt werden.[53]

Eine Institution aus dem Gesundheitswesen hat auf der Grundlage des „Master-Tableaus" eine Balanced Scorecard für Employability entwickelt. Dabei ist zu beachten, dass die Zielwerte jeweils für jedes Unternehmen individuell zu bestimmen sind. Abbildung 13 zeigt die Balanced Scorecard der Institution aus dem Gesundheitswesen.

	Strat. Ziele	Messgrößen	Zielwerte	Konkrete Maßnahmen
Finanzdimension	*Senkung der Kosten*	• Kostenquoten		• Sensibilisierung des Personals in Richtung Kostenbewusstsein • Aktivierung und Nutzung von Verbesserungsideen
Kundendimension	*Erhöhung von Patientenzufriedenheit*	• Patientenzufriedenheit • Zeitraum des Gesundungsprozesses		• Kundenbefragung • Verbesserung der Patientenbetreuung
Dimension Arbeitsorganisation	*Verbesserung der Zusammenarbeit* *Verbesserung der Transparenz von Prozessen*	• Anzahl von stationsübergreifenden Kooperationen • Zugriff auf relevante Infos		• Stationsübergreifende Qualitätszirkel • Erstellung von Work-flow-Abbildungen und Zugriffsmöglichkeiten auf Infos
Mitarbeiterdimension	*Förderung der Schlüsselkompetenzen* *Flexibilität des Personaleinsatzes*	• Anzahl der Mitarbeiter, die Eigenverantwortung wahrnehmen • Anzahl der Mitarbeiter, die mehrere Arbeitsplätze beherrschen		• Mitarbeitergespräche • Herausfordernde Arbeitsinhalte • Funktionsübergreifendes Vertretungssystem

Abbildung 13: Praxisbeispiel einer Balanced Scorecard

---

53 Siehe www.selbst-gmbh.de.; Rump, J./Schmidt, S., S. 279-296.

– *Qualitativ-orientierte Ansätze*

Zu den qualitativ-orientierten Ansätzen gehören:

- der Arbeitsmarktfitness-Test der „Initiative für Beschäftigung!"[54] (Kompetenz-Test „In eigener Sache")[55] sowie
- der Kompetenzspiegel der „Job-Allianz"[56].

Beide Ansätze dienen nicht nur zur Analyse des Kompetenzstandes, sondern geben auch Hinweise zur (Weiter-)Entwicklung der Beschäftigungsfähigkeit. Die Beurteilung erfolgt anhand von Leitthesen, die bestimmten Schlüsselqualifikationen zugeordnet sind. Mit Hilfe eines Scoring-Verfahrens soll dann der Ausprägungsgrad festgestellt werden. Dabei wird eingeschätzt, wie und in welchem Umfang die jeweilige Schlüsselkompetenz ausgebildet ist.

Der Kompetenz-Text „In eigener Sache" fokussiert auf überfachliche Kernkompetenzen. Diese sind:

- Initiative
- Eigenverantwortung
- Unternehmerisches Denken und Handeln
- Fleiß/Selbstdisziplin
- Lernbereitschaft
- Teamfähigkeit
- Kommunikationsfähigkeit
- Empathie, Einfühlungsvermögen
- Belastbarkeit

---

54 Die „Initiative für Beschäftigung!" wurde im Jahr 1998 von Prof. Dr. Jürgen Strube, Vorsitzender des Vorstands der BASF AG, Reinhard Mohn, Mitglied des Kuratoriums der Bertelsmann Stiftung und Hubertus Schmoldt, Vorsitzender der IG Bergbau, Chemie, Energie gegründet. In enger Zusammenarbeit zwischen Unternehmen, Verbänden, Gewerkschaften, Kammern, wissenschaftlichen Einrichtungen, Verwaltungen, Kommunen und weiteren Akteuren wurden bis Herbst 2001 in 19 Regionen Deutschlands Netzwerke gegründet. In den Schwerpunktbereichen *Integration von Jugendlichen in das Berufsleben, Förderung von Unternehmensgründungen, Integration von Benachteiligten sowie Arbeitsplätze entwickeln und Beschäftigungsfähigkeit fördern* werden zielgerichtet innovative Beschäftigungsprojekte entwickelt. Vgl. auch www.initiative-fuer-beschaeftigung.de.

55 siehe www.in-eigener-sache.de.

56 Als regionales Netzwerk der „Initiative für Beschäftigung!" entstand im Jahr 2001 im Rhein-Main-Gebiet die „Job-Allianz", ein Kooperationsprojekt der Unternehmen Degussa AG, Deutsche Bank, Deutsche Lufthansa AG und Fraport AG. Hier wird Mitarbeitern eine Standortbestimmung in Bezug auf ihre Beschäftigungsfähigkeit, verbunden mit Unterstützung bei der individuellen Entwicklungsplanung ebenso angeboten wie das „Networking" der Partnerunternehmen untereinander, das den „Blick über den Tellerrand" ermöglicht.

- Konfliktfähigkeit/Frustrationstoleranz
- Offenheit
- Reflexionsfähigkeit

Die Ausprägung der Kernkompetenzen wird im Test über Verhaltensberichte erhoben (Selbsteinschätzung, kein IQ- oder Leistungstest). Die Auswertung erfolgt normorientiert. Jeder Teilnehmer erhält eine detaillierte, allgemeinverständliche Auswertung mit allen persönlichen Ergebnissen. Die persönlichen Ergebnisse werden im Vergleich zu einer geeigneten Referenzgruppe dargestellt. Dadurch kann der Teilnehmer seine Ergebnisse realistisch einordnen. Ein Fazit mit Stärken und Schwächen sowie Tipps zum weiteren Vorgehen helfen bei der Planung der beruflichen und persönlichen Weiterentwicklung. Der Kompetenz-Test wurde nach psychologisch-methodischen Standards konstruiert. Seine Konfiguration wird im Rahmen verschiedener Studien überprüft und qualitätsgesichert (Reliabilitäten und Validitäten, Qualitätsstandards in Anlehnung an DIN 33430).

Der Kompetenzspiegel als weiterer Test, der im Auftrag der Job-Allianz entwickelt worden ist, fokussiert ebenfalls auf überfachliche Kompetenzen. Dies sind:

- Richtungen bestimmen (dazu gehören Durchsetzungsvermögen, Überzeugungsfähigkeit, Entscheidungskompetenz, Souveränität und Begeisterungsvermögen),
- Interaktionen gestalten (dazu gehören Flexibilität, Einfühlungsvermögen, Konfliktfähigkeit, Kontaktstärke, Kooperationsvermögen, Kritikfähigkeit und Kundenorientierung),
- Selbstmanagement: Sich selbst organisieren (dazu gehören Durchhaltevermögen, Planungsvermögen, Sorgfalt, Belastbarkeit und Frustrationstoleranz),
- Einsatz: Sich im Beruf engagieren (dazu gehören Eigeninitiative, Erfolgsorientierung, Veränderungsbereitschaft und Verantwortungsbereitschaft),
- Mitarbeiterführung (nur bei Führungskräften) (dazu gehören Teamorientierung, Transparenz, Delegation und Rückmeldung).

Der Kompetenzspiegel lässt sich als Selbstbewertung und als Fremdbewertung durchführen.

Der Kompetenz-Test „In eigener Sache" und der Kompetenzspiegel haben gemeinsam, dass der Stand des Fachwissens und der fachlichen Kompetenz nicht evaluiert wird. Dies ist darauf zurückzuführen, dass

- es bereits Fachtests gibt, auf die zurückgegriffen werden kann,
- der Handlungsbedarf eher im Bereich der Evaluierung von Sozial- und Methodenkompetenzen gesehen wird,
- sich die Art und Weise der Bewertung von sozialen und methodischen Qualifikationen von der Beurteilung von Fachwissen und -kompetenz unterscheidet.

Zur vollständigen Evaluierung von Beschäftigungsfähigkeit ist es jedoch notwendig, den Kompetenz-Test „In eigener Sache" und den Kompetenzspiegel mit Instrumenten zur Beurteilung des fachlichen Qualifikationsstandes zu kombinieren.

6. Fazit

Erhalt und Förderung von Employability stellen eine Aufgabe dar, der sich Arbeitgeber, Staat und Individuum gleichermaßen annehmen müssen. Darüber hinaus wird deutlich, dass die Entwicklungen in Wirtschaft, Politik, Recht und Gesellschaft ein weiteres Aufschieben dieser Aufgabe nicht zulassen. Wettbewerbsfähigkeit und Innovationskraft auf Unternehmensseite und die Sicherstellung einer befriedigenden und existenzsichernden Beschäftigung auf Seiten des Individuums sind untrennbar mit dem Thema Employability verbunden.

Employability umfasst ein Bündel von Kompetenzen. Neben fachlicher Qualifikation lassen sich folgende Schlüsselqualifikationen identifiziert:

Initiative, Eigenverantwortung, unternehmerisches Denken und Handeln, Engagement, Teamfähigkeit, Kommunikationsfähigkeit, Lernbereitschaft, Einfühlungsvermögen, Belastbarkeit, Konfliktfähigkeit, Veränderungsbereitschaft, Reflexionsfähigkeit.

Dabei kommt es nicht darauf an, dass ein Beschäftigter sofort die optimale Ausprägung entwickelt. Vielmehr ist die Philosophie „Der Weg ist das Ziel" (jedoch nicht ohne sich ein Ziel zu setzen) und die Einstellung „sich auf den Weg zu machen" und sich mit dem Thema lebenslange Beschäftigungsfähigkeit auseinander zu setzen.

Für den Einzelnen bedeutet die Sicherung seiner Beschäftigungsfähigkeit einen unablässigen Prozess, der ihm neue Perspektiven nicht nur bei einem Arbeitgeber und in einem Berufsfeld, sondern auf dem gesamten Arbeitsmarkt eröffnet. Zur Ausprägung eines Verständnisses für die Notwendigkeit von individueller Beschäftigungsfähigkeit erscheint es unerlässlich, bereits in frühen Sozialisationsstationen und hier insbesondere in der schulischen Bildung gezielt auf die Entwicklung der relevanten Schlüsselkompetenzen hinzuarbeiten.

Mit Employability werden zum einen Nutzenaspekte generiert. Zum anderen sind mit Employability Ängste und Befürchtungen verbunden. Die Nutzenbetrachtung lässt erkennen, dass nicht nur Arbeitnehmer, sondern auch Arbeitgeber von einer gelebten Employability-Kultur profitieren. Für das Unternehmen bedeutet die Förderung der Beschäftigungsfähigkeit ihrer Mitarbeiter eine Investition in ihre organisationale Wissensbasis, die in Zeiten eines zunehmenden Wettbewerbs- und Innovationsdrucks eine immer höhere Bedeutung erlangt. Darüber hinaus ermöglicht sie ihnen einen Vorteil bei der Rekrutierung von High Potentials sowie einen flexibleren Mitarbeitereinsatz, der nicht zuletzt in Krisenzeiten von Bedeutung ist. Downsizing-Prozesse können in der Folge derart gestaltet werden, dass auch die Moral der zurückbleibenden Beschäftigten gefestigt bleibt und das Unternehmensimage nicht in Mitleidenschaft gezogen wird. Für den Einzelnen bedeutet die Sicherung seiner Beschäftigungsfähigkeit einen unablässigen Prozess, der ihm neue Perspektiven nicht nur bei einem Arbeitgeber und in einem Berufsfeld, sondern auf dem gesamten Arbeitsmarkt eröffnet.

Im Hinblick auf Ängste und Befürchtungen lässt sich feststellen, dass Arbeitgeber kritisch das Kosten-Nutzen-Verhältnis betrachten. Nur langsam setzt sich die Erkenntnis durch, dass der Aufwand und die Gefahr einer „Qualifizierung nach außen" vergleichsweise gering, der langfristige Zugewinn an Know-how und Flexibilität dafür aber umso höher ist. Auf Mitarbeiterseite sind Ängste sichtbar, die vor allem auf eine mögliche Überforderung zurückzuführen sind. Zwar ist mehr und mehr Arbeitnehmern bewusst, dass eine „gute" berufliche Erstausbildung und eine gezielte Berufs- und Arbeitsplatzwahl keine Sicherheit mehr garantieren, dennoch fällt es immer noch schwer, die eigenen Fähigkeiten und Kompetenzen als alleine sicherheitsgebend zu betrachten. Darüber hinaus haben nicht wenige Mitarbeiter die Befürchtung, dem kontinuierlichen Lernprozess nicht gewachsen zu sein. Hier bedarf es der Unterstützung und sozialen Verantwortung der Unternehmen und vor allem der Sozialpartner.

Die Forderung und Förderung von Employability im Unternehmenskontext erfordern einen ganzheitlich-integrativen Ansatz. Dieser ganzheitlich-integrative Ansatz ist unerlässlich, um alle für den Unternehmenszweck und -erfolg relevanten Handlungsfelder in die Employability-orientierte Umsetzung zu integrieren. Dabei spielt das individuelle Können und Wollen eine ebenso große Rolle wie das von der Unternehmensseite geprägte Dürfen und Sollen. Zum anderen ist eine systemische Denkweise zu bevorzugen, die zunächst auf normativer Ebene das Gedankengut der Employability zu einer unternehmensweiten Vision werden lässt. Nach einer Konkretisierung dieser Vision auf strategischer Ebene in den Managementsystemen wird der so entstandene Handlungsrahmen in praxisorientierten Instrumenten und Verhaltensweisen operationalisiert.

Unterzieht man die Handlungsfelder im Unternehmen einer näheren Betrachtung, so erscheint es unerlässlich, Beschäftigungsfähigkeit insbesondere in den Bereichen

- der Unternehmenskultur,
- der Führung und Organisation,
- der Karriere- und Personalentwicklungssysteme,
- der Vergütungsmodelle,
- der Gesundheitsförderung, aber auch
- des Controllings

zu einem festen Bestandteil des strategischen Vorgehens zu machen. Die Förderung der Employability lässt sich nur in einem Umfeld realisieren, in dem Werte, die von der „Vollkasko-Mentalität" abrücken und die Bereitschaft zum ‚Unternehmer in eigener Sache' forcieren, verankert sind. Führung bedeutet hier nicht ständige Kontrolle, sondern einen gleichberechtigten Umgang. Organisationsstrukturen sind nicht durch starre Hierarchien gekennzeichnet. Stattdessen spielen Transparenz und Flexibilität eine Rolle. Karrierewege werden nicht länger linear und rein vertikal verlaufen, sondern immer stärker auch horizontal. Der Mitarbeiter ist im Bereich der Personalentwicklung nicht länger passiver Konsument, er ist Mitgestalter einer differenzierten und vorausschauenden Förderung der eigenen Kompetenzen. Im Rahmen von Employability rücken Vergütungsmodelle mehr und mehr vom Normalarbeitsverhältnis ab und werten nicht-standardisierte Arbeitsverhältnisse auf. Beweglichkeit und eine höhere Leistungsgerechtigkeit werden zu wichtigen Kennzeichen. Die Förderung von Employability hat darüber hinaus einen Bezug zur präventiven Gesundheitsförderung. Dabei stehen neben dem körperlichen Wohlbefinden der Umgang mit mentalen Belastungen und der Abbau von negativen Stress-Situationen im Blickpunkt. Damit Employability Management keinen Selbstzweck darstellt, bedarf es der Evaluierung der Aktivitäten zur Förderung der Beschäftigungsfähigkeit. Es gibt mehrere Evaluierungsansätze, die sich nach quantitativer oder qualitativer Orientierung unterscheiden.

Abschließend lässt sich sagen, dass im Zentrum der Bestrebungen zu Erhalt und Steigerung von Employability eine zielgerichtete und ganzheitliche Konzeption stehen muss, die Ängsten und Hindernissen auf Arbeitgeber- und Arbeitnehmerseite ebenso Rechnung trägt wie tradierten Strukturen und Systemen, die ihre Umsetzung hemmen. Denn Employability darf nicht länger ein Schlagwort bleiben, dem keine konkreten Taten folgen. Insbesondere Großunternehmen haben sich in den letzten Jahren verstärkt mit dieser Thematik auseinander gesetzt und betonen, dass sie die Beschäftigungsfähigkeit ihrer Mitarbeiter als essenzielles Entwicklungsziel und unerlässlichen Baustein für die Zukunftsfähigkeit ihres Unternehmens ansehen. Leider zeigt sich vielfach, dass die Rhetorik in diesen Fällen noch häufig die Praxis überwiegt. Die konkreten Maßnahmen, die viele Unternehmen ergreifen, sind teils unzureichend, teils laufen sie aber auch unkoordiniert ab, so dass sie die Beschäftigungsfähigkeit des Einzelnen nicht wirklich fördern oder erhalten können. Zudem liegt der Fokus häufig zu stark auf den hoch qualifizierten Mitarbeitern, bei denen am schnellsten ein profitables und nach außen sichtbares Ergebnis erzielt werden kann. Im Sinne der gesellschaftlichen Verpflichtung muss es jedoch auch Ziel sein, nicht nur die High Potential, sondern ebenso diejenigen Beschäftigten zur Entwicklung ihrer Employability zu motivieren, die aufgrund einer geringeren Qualifizierung durch das Raster des Arbeitsmarktes zu fallen drohen. Wie auch in vielen anderen Bereichen wird der primäre Erfolgsfaktor die Zeit sein. Neue Denk- und Handlungsweisen werden sich bewähren und beweisen müssen, bevor sie endgültig ihre Daseinsberechtigung erhalten können.

Literatur

Antoni, C.,Wissensmanagement und Flexibilisierung, in: Antoni, C./Sommerlatte, T. (Hrsg.): Report Wissensmanagement, 2. Auflage, Düsseldorf 1999, S. 10-14.

Argyris, C., Wissen in Aktion, Stuttgart 1997.

Argyris, C./Schön, D. A., Die lernende Organisation, Stuttgart 1999.

Armutat, S. et al, Wissensmanagement erfolgreich einführen, Düsseldorf 2002.

Alex, B./Becker, D./Stratmann, J., Ganzheitliches Wissensmanagement und wertorientierte Unternehmensführung, in: Götz, K. (Hrsg.), Wissensmanagement – zwischen Wissen und Nichtwissen, 2. Auflage, München 2000, S. 47-69.

Barth, H.-J. (2004), Die „Allianz für die Familie" im Kontext volkswirtschaftlicher und demographischer Trends, in: Schmidt, R./Mohn, L. (Hrsg.) (2004), Familie bringt Gewinn – Innovation durch Balance von Familie und Arbeitswelt, Gütersloh 2004, S. 26-31.

Bertelsmann Stiftung/Bundesvereinigung der Deutschen Arbeitgeberverbände, Erfolgreich mit älteren Arbeitnehmern, Gütersloh 2003.

Blancke, S./Roth, C./Schmid, J., Employability („Beschäftigungsfähigkeit") als Herausforderung für den Arbeitsmarkt – Auf dem Weg zur flexiblen Erwerbsgesellschaft – Eine Konzept- und Literaturstudie (Arbeitsbericht Nr. 157 der Akademie für Technikfolgenabschätzung in Baden-Württemberg), Stuttgart 2000.

Bleicher, K., Das Konzept Integriertes Management, 4. Auflage, Frankfurt a. M. 1996.

Bosch, G. et al., Zur Zukunft der Erwerbsarbeit, Gelsenkirchen 2001.

Bürgel, H. D./Zeller, A., Forschung & Entwicklung als Wissenscenter, in: Bürgel, H. D. (Hrsg.), Wissensmanagement, Schritte zum intelligenten Unternehmen, Berlin 1998, S. 53-65.

Englert, S., Employability als Überlebensdroge, 2002 in: http://www.change x.de/d_aoo574 print.html, 07.10.03, 09:20 Uhr.

Ernst, H./Hauser, R./Katzenstein, B./Micic, P. , Lebenswelt 2030, Köln 2003.

Fischer, H., Von der Arbeitsplatzsicherheit zur Beschäftigungsfähigkeit – das Employability-Konzept der Deutschen Bank AG, in: Uepping, H. (Hrsg.)/Lombriser R., Employability statt Jobsicherheit, Neuwied/Kriftel 2001, S. 158-169.

Friedli, V., Die betriebliche Karriereplanung, Konzeptionelle Grundlagen und empirische Studien aus der Unternehmensperspektive, Berner betriebswirtschaftliche Schriften Band 27, Bern/Stuttgart/Wien 2002.

Fuchs, W./Klima, R./Lautmann, R./Rammstedt, O./Wienhold, H., Lexikon der Soziologie, 2. Auflage, Opladen 1988.

Gemeinnützige Hertie-Stiftung, Mit Familie zum Unternehmenserfolg, Frankfurt 1998.

Häusel, H.-G., Think Limbic! Die Macht des Unbewussten verstehen und nutzen für Motivation, Marketing, Management, 3. Auflage, Planegg/München 2003.

Hermanns, H./Tkocz, C./Winkler, H. , Berufsverlauf von Ingenieuren – biografieanalytische Auswertung narrativer Interviews, Frankfurt a. M. 1984.

Kriegesmann, B., Lebenslanges Lernen im Bereich von Sicherheit und Gesundheitsschutz: Entwicklung eines Kompetenzmodells als Basis für die Förderung eigenkompetenten Verhaltens, Bochum 2005 (www.bmwa.de/fors/fb05/fb1038.pdf).

Opaschowski, H., Deutschland 2010, Hamburg 1997.

Pfiffner, M./Stadelmann P., Wissen wirksam machen, wie Kopfarbeiter produktiv werden, 2. Auflage, Bern 1999.

Picot, A./Scheuble,S., Die Rolle des Wissensmanagements in erfolgreichen Unternehmen, in: Mandl, H./Reinmann-Rothmeier, G. (Hrsg.), Wissensmanagement, Informationszuwachs – Wissensschwund? Die strategische Bedeutung des Wissensmanagements, München 2000, S. 19-37.

Probst, G./Raub, S./Romhardt, K., Wissen managen, wie Unternehmen ihre wertvollste Ressource optimal nutzen, 2. Auflage, Frankfurt a. M. 1998.

Prognos AG, Work-Life-Balance, Motor für wirtschaftliches Wachstum und gesellschaftliche Stabilität, Berlin 2005.

Rump, J./Lau-Villinger D., Management Tool Wissensmanagement, Köln 2001.

Rump, J./Eilers, S. (1), Employability Management – Schlussbericht, Ludwigshafen 2005.

Rump, J./Eilers, S. (2), Ergebnisse einer repräsentativen Befragung zu Employability, Arbeitspapier, Ludwigshafen 2005.

Rump, J./Schmidt, S., Lernen durch Wandel – Wandel durch Lernen, Sternenfels 2004.

Sattelberger, T., Human Resources Management in der flachen Organisation: Zwischen blinder Anpassung und proaktivem Management of Change, in: Sattelberger, T. (Hrsg.), Human Resource Management im Umbruch: Positionierung, Potenziale, Perspektiven, Wiesbaden 1996, S. 80-113.

Sattelberger, T., Der „Neue Moralische Kontrakt": Nadelöhr für das strategische Management der Humanressourcen in Netzwerkorganisationen, in: Sattelberger, T. (Hrsg.), Wissenskapitalisten oder Söldner? Personalarbeit in Unternehmensnetzwerken des 21. Jahrhunderts, Wiesbaden 1999, S. 59-95.

Sattelberger, T., Employability. Kurs halten trotz Irrungen der Ich-AG, in: Personalmagazin, 5. Jahrgang, Heft 11, 2003, S. 64-66.

Scholz, C., Darwiportunismus, Das neue Szenario im Berufsleben, in: www.orga.uni-sb.de/bibliothek/artikel/darwiportunismus.htm, 19.08.2002.

Scholz, C., Spieler ohne Stammplatzgarantie, Weinheim 2003.

Selbst-GmbH, Selbstverständnis des Netzwerkes und Grundlagen der thematischen Arbeit, Frankfurt a. M. 2004.

Senge, P. M., Die fünfte Disziplin: Kunst und Praxis der lernenden Organisation, 2. Auflage, Stuttgart 1997.

Tamkin, P./Hillage, J., Employability and Employers, the missing piece of the jigsaw, Brighton 1999.

Wagner, A./Gensior, S., Zukunft der Arbeit, Gelsenkirchen 2002.

Weinert, P. (Hrsg.)/Baukens, M./Bollérot, P./Pineschi-Gapenne, M./Walwei, U., Beschäftigungsfähigkeit: Von der Theorie zur Praxis (Soziale Sicherheit; Bd. 4), Bern/Berlin/Bruxelles/Frankfurt am Main/New York/Oxford/Wien 2001.

Wunderer, R./Dick, P., Personalmanagement-Quo Vadis?, 3. Auflage, Neuwied 2002.

www.in-eigener-Sache.de

www.initiative-fuer-beschaeftigung.de

www.selbst-gmbh.de

Teil II

Ausgewählte Themen im Rahmen von Employability

Die Irrungen und Wirrungen der Ich-AG

Thomas Sattelberger

1. Einleitung
2. Employability: Erste, robuste Antwort auf Restrukturierungswellen
3. Ich-AG und Selbst-GmbH: „Unternehmer eigener Talente"
4. Neuer moralischer Kontrakt und amoralische Exzesse
5. Quo Vadis: Integration versus Transaktion
6. Die „Freiwilligen-Organisation": Eine erste Antwort auf die Zwiespältigkeit?
7. Von „gemieteten" Mitarbeitern zu „verpflichteten" Mitgliedern

1. Einleitung

Schon Anfang der 90er Jahre zeigten sich Entwicklungen auf dem Arbeitsmarkt, die viele mit Betroffenheit und Sorge wahrgenommen haben. Facharbeiter[1] und Fachangestellte, aber auch Führungskräfte standen häufig hilflos und unmündig dem erzwungenen Brachliegen des eigenen Know-hows bzw. dem unfreiwilligen Marktaustritt gegenüber. Mit Lean Management, Reengineering und Downsizing wurden zu jener Zeit erstmals angelsächsische Kostensenkungs- und Restrukturierungskonzepte nach Deutschland und Kontinentaleuropa importiert, um die verloren gegangene ökonomische Wettbewerbsfähigkeit wiederherzustellen. Damit höhlte jedoch auch gleichzeitig der traditionelle psychologische Kontrakt zwischen Arbeitgeber und Arbeitnehmer aus, der auf dem Prinzip lebenslanger Beschäftigung gegen lebenslange Betriebstreue beruhte. Zeitverzögert war auch in Japan, der „Modellnation" lebenslanger Beschäftigungssicherheit, seit Mitte der 90er Jahre zu beobachten, dass sich dieser tradierte Loyalitätspakt dem Ende zuneigt. Keine Konzepte sozialer Antwortfähigkeit auf die Erosion dieses Kontraktes zu besitzen, ist dabei genauso verantwortungslos wie das Festklammern an veralteten Arbeitsmarkt- und Beschäftigungsstrukturen, die das Abfedern ökonomischer Zyklen erschweren.

2. Employability: Erste, robuste Antwort auf Restrukturierungswellen

Als Reaktion auf die massiven, individuell schwer zu verarbeitenden Personalentlassungen fasste, Mitte der 90er Jahre ebenfalls aus den USA importiert, das personalpolitische Konzept der Sicherung lebenslanger Beschäftigungsfähigkeit („life long employability") Fuß. Danach muss der Einzelne frühzeitig in Aufbau und Erhalt seiner beruflichen Fähigkeiten selbst bzw. co-investieren und Verantwortung für persönliche Weiterentwicklung und Leistungsfähigkeit übernehmen. Das Unternehmen unterstützt ihn dabei, beispielsweise durch die Förderung des Erwerbs generalistischer Schlüsselqualifikationen, durch partizipative Arbeitsorganisation, durch Systeme des Performancemanagements oder durch lebenszyklusadäquate Laufbahnberatung. Doch nur kluge Unternehmen begannen damals frühzeitig, umfassende eigene Employability-Konzeptionen zu entwickeln, die den Einzelnen nicht sozialdarwinistisch in der alleinigen Verantwortung sahen, sondern deutlich mehr als nur kosmetische Unterstützung für Arbeitsmarktfähigkeit beinhalteten.

---

[1] Aus Gründen der Lesefreundlichkeit wird im Folgenden auf die weibliche Form verzichtet.

3. Ich-AG und Selbst-GmbH: „Unternehmer eigener Talente"

Der amerikanische Managementguru Tom Peters kreierte in jener Zeit den Begriff der „Me Inc" zu Deutsch „Ich-AG". Marketingexperten vertieften dies zur „Brand of Me"-Diskussion. Das Paradigma lautet: Menschen werden zu Unternehmern ihrer eigenen Talente. In den letzten Jahren wurde die „Ich-AG" in der Debatte um Arbeitsmarktreformen von der Hartz-Kommission – leider verkürzt – wieder aufgegriffen. Die einengende Instrumentalisierung dieses Konzeptes für die Re-Integration von Arbeitslosen in aktive Beschäftigung ist genauso problematisch wie sein Missbrauch für egozentrische Exzesse. Von daher war die damalige typisch deutsche Charakterisierung der Ich-AG als Unwort des Jahres zwar nicht durchdacht, zumindest aber teilweise erklärlich. Der Begriff der Selbst-GmbH wurde von der Wirtschaft in die Debatte in Form einer Initiative eingeführt. Ziel der Initiative ist es, dass Personalbereiche, Führungskräfte und Mitarbeiter die Selbst- und Mitverantwortung übernehmen für die vier Ls – Laufbahn, Leistung, Lernen und Loyalität – als den Kernelementen persönlicher Beschäftigungsfähigkeit. Ein neuer moralischer Kontrakt zwischen Arbeitgeber und Arbeitnehmer beginnt den alten abzulösen: die geteilte Verantwortung für Beschäftigungsfähigkeit, Beschäftigungssicherung und Leistungskultur in gemeinsamer Chancen- und Risikogemeinschaft.

4. Neuer moralischer Kontrakt und amoralische Exzesse

Die Diskussion um Employability fand ihr Echo in der Wirtschaftswelt: breitbandige Laufbahnen statt Kaminkarrieren, Qualifikationstarifverträge, ein Boom berufsbegleitender Bildungsabschlüsse, firmenüberschreitende Kompetenz-Pässe, Modelle der Erfolgs-und Risikobeteiligung, transparentere betriebliche Arbeitsmärkte, Verantwortung fördernde Arbeitsstrukturen. Das Pendel schlug jedoch auch radikal aus. Denn die Idee vom Mitarbeiter oder selbstständigen Unternehmer, der sich verantwortlich um Laufbahn, Leistung, Lernen und Loyalität als Kernelementen seiner persönlichen Markt- und Beschäftigungsfähigkeit – „employability" – kümmert, wurde teilweise pervertiert. In der Ära des Shareholder Value und des E-Hype entstand das Zerrbild des Schnäppchen- und Karrierejägers, des vagabundierenden Glücksritters ohne soziale Bindung und Verpflichtung. Auch in Deutschland gab und gibt es Irrungen und Verwirrungen. Bücher wie die „Ich Aktie" oder der Verkauf von Anteilen an Thommy Haas, um dessen Tennis-Karriere zu finanzieren, waren Pervertierungen guter Konzepte. Börsengänge als Ego-Trips und Personality Shows, Unternehmen auf dem Weg zu Söldnerorganisationen und Vergütungspraktiken nahe an angelsächsischen Exzessen nährten und nähren die Befürchtung, dass auch in Deutschland die Balance verloren zu gehen droht. Maßlosigkeit erzeugt Sozialneid. Das ist übrigens Wasser auf die Mühlen von Ewiggestrigen in Gesellschaft, Wirtschaft und Personalmanagement. Neofeudalistische Unternehmensführung, gewerkschaftliche Festungsmentalität, Philosophien der „Rundumversorgung" und paternalistische Modelle der Abhängigkeit sind nämlich die andere Seite der Medaille.

So stehen wir heute angesichts weltweiter Restrukturierungs- und Personalanpassungswellen vor einer zwiespältigen Situation: Einerseits sind viele Menschen, gottlob, besser auf schwierige Zeiten eingestellt. Sie sind selbstbewusster, mobiler, vermarkten sich geschickter, sehen sich stärker als Unternehmer ihrer Talente. Viele Unternehmen haben ebenfalls dazugelernt. Sie erkennen und entwickeln Talente und Fähigkeiten schneller, fördern Mobilität und flexible Beschäftigung, fordern und vergüten differenziert die Leistung und kennen die ökonomische Bedeutung von Humankapital. Anstelle schlichter Entlassungswellen ringen Sozialpartner auf betrieblicher und tariflicher Ebene um „atmende Beschäftigungsstrukturen" in Form flexibler Arbeitszeitmodelle, wettbewerbsfähiger Arbeitskosten bzw. variabler Vergütungspraktiken sowie um die flexible Anpassung des Angebots an Arbeit an die Marktnachfrage ggf. mit entsprechender (befristeter) Beschäftigungssicherung. Sie aktivieren Selbstverantwortung für die 4 Ls, indem sie für jedes L – Leistung, Lernen, Laufbahn und Loyalität – eine quasi philosophische Plattform bereitstellen.

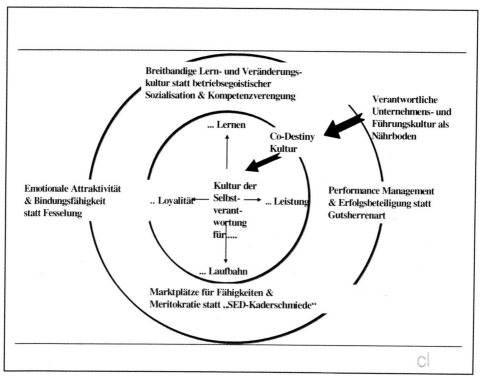

Abbidung 1: Die 4 Ls der Employability

5. Quo vadis: Integration versus Transaktion

Anderseits, und dies wiegt negativ, hat das Gespür für das „Ich im Wir" gelitten.

Wir erleben in Unternehmen, Universitäten, Parteien und Gesamtgesellschaft einen Prozess der Entsolidarisierung. Die „Integrationsqualität" vieler Organisationen, Institutionen und Individuen hat nachgelassen. Es geht zu oft um die rein ökonomische „Transaktion", schlicht gesagt um Arbeitskraft gegen Geld. Kurzfristige Bedürfnisbefriedigung ersetzt das dauerhafte Commitment. Für den Einzelnen bröckelt das Gemeinschaftsgefühl und die notwendige Identifikation mit dem Ganzen. Dabei sind die Trends durchaus zwiespältig: einerseits Individualisierung und der Hang zur Differenzierung von anderen, anderseits die vermehrte Suche nach Heimat und Sinn in einem modernen Verständnis, also ohne paternalistische Strukturen wie in den 70er und 80er Jahren. Die zunehmende Verbreitung von Balanced-Scorecard-Ansätzen signalisiert zumindest auf dem Gebiet der Steuerung von Unternehmen Besserung. Denn hier wird versucht, die Interessen von Kunden, Mitarbeitern, Aktionären und gesellschaftlichem Umfeld auszutarieren und nicht nur plump auf Shareholder Value zu setzen. Dieser methodische Ansatz kann jedoch nicht die seelische Disposition ersetzen.

6. Die „Freiwilligen-Organisation": Eine erste Antwort auf die Zwiespältigkeit?

Die „Seele" einer Institution könnte wieder ins Lot kommen, wenn – idealistisch gesprochen – Unternehmen sich in die Richtung echter Gemeinschaften von Freiwilligen entwickeln. In den USA spricht das Center for Creative Leadership von „Volunteer Organizations".

Gerade große Unternehmen müssen wieder den Spirit von Freiwilligen integrieren.

Das Rote Kreuz, Greenpeace, freiwillige Feuerwehren oder Ärzte für Menschen in Not machen es vor. An die Stelle von Exzessen der Ich AG, aber auch der Maßlosigkeit von Stakeholder-Ansprüchen – egal ob Analysten, Investoren, Arbeitnehmerorganisationen oder Top-Managern – muss der profunde Dialog und die Klärung von gemeinsamen Werten und Sinnfragen treten. Die Renaissance der Diskussion über Unternehmenskultur – auch und gerade in Wirtschaftsorganisationen – ist angesagt. Im Übrigen gehört individuell und kollektiv motivierende Kultur zu den wenigen positiven Erfahrungen der New Economy, zumindest in den nicht durch Gier, sondern durch eine Vision getriebenen Unternehmen. Freiwilligen-Organisation heißt, dass der Einzelne sich bewusst für ein Unternehmen entscheidet, in das er seine Talente, Leidenschaft und Wissenskapital für die gemeinsame Sache einbringt. Individuelle Beteiligung an unternehmerischen Chancen und Erfolgen, aber auch Risiken und Fehlschlägen, Einbindung auf „gleicher Augenhöhe", Zufriedenheit mit der Arbeitswelt und dem Dienst am Kunden, das Zusammensein mit Menschen, die man persönlich gerne um sich hat, sind der kulturelle Klebstoff von Freiwilligen-Organisationen. Eine solche Organisation geht auch in einer ganz neuen Qualität mit den 4 Ls um. Sie fußt auf dem Fundament einer gemeinsamen Chancen-und Risikogemeinschaft (Co-Destiny).

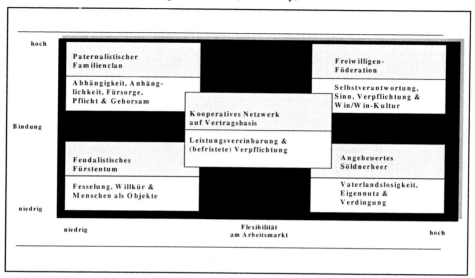

Abbildung 2: Kulturtypen von Unternehmen

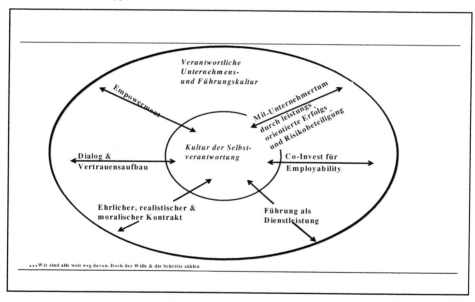

Abbildung 3: Co-Destiny: Erfolgsfaktoren einer Chancen- und Risikogemeinschaft

7. Von „gemieteten" Mitarbeitern zu „verpflichteten" Mitgliedern

Der englische Managementphilosoph Charles Handy stellt die traditionelle Identifikation in Unternehmungen, die auf den Arbeitsplatz ausgerichtet ist, der einer Identifikation mit der Gemeinschaft in Netzwerk-Unternehmungen gegenüber: „Membership can replace a sense of belonging to a place with a sense of belonging to a community." In der Vergangenheit war die Organisation ein Instrument der Eigentümer und die Individuen das Instrument der Organisation. Das Individuum stellte eine gemietete Ressource, einen Kostenfaktor dar. Heute ist das Individuum ein „human asset". Diese Anlagen (assets) der modernen informationsbasierten Unternehmen sind zunehmend fragil. Es besteht einerseits die Gefahr der Abwanderung der wichtigen Personen und anderseits das Problem der Bewertung intangibler Güter heute und noch schwieriger für die Zukunft. Unternehmen sollten Mitarbeiter zu Mitgliedern machen. Anstatt mechanischer Arbeitsverträge wird dabei die Zugehörigkeit über eine Mitgliedschaft (membership) definiert.

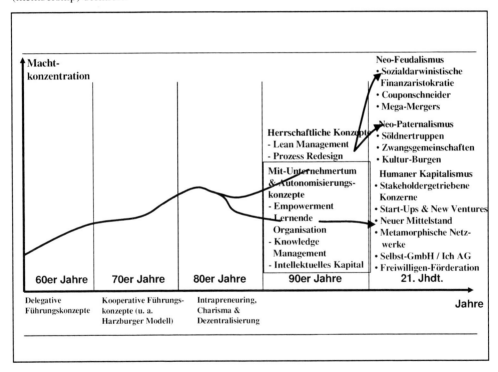

Abbildung 4: *Machtkonzentration in der Entwicklung der Führungskonzepte: Wohin geht die Reise?*

Ein Mitglied hat sowohl Rechte als auch Pflichten. Die Konditionen der Mitgliedschaft verlangen nach einer „Mitgliedschaftsregel". Personen, die sich als Mitglieder betrachten, zeigen ein größeres Interesse an der Zukunft und dem Wachstum eines Geschäftes als andere, die sich nur als „gemietetes Gut" betrachten. Das Konzept der Mitgliedschaft bedeutet auch die Zugehörigkeit zu einer Gemeinschaft und nicht zwangsläufig zu einem Ort, insbesondere wenn die Gemeinschaft eine virtuellere ist. Dieses Bedürfnis nach Zugehörigkeit ist nur allzu menschlich. Familien sind ein Beispiel für Gemeinschaften, die auf gegenseitigem Vertrauen basieren, wenn ihre Integrationsqualität gesund und intakt ist. Vertrauen ist kulturelles Band von Gruppen, Organisationen und Institutionen, nicht nur im Inneren, sondern auch in der Beziehung zu externen Stakeholdern. Gleichzeitig ist das Management eines äußerst flüchtigen Gutes: langsam gewonnen, schnell zerronnen. Insofern eine Dauerverpflichtung für alle Akteure.

Mit einer solchen Wendung und Reformierung vom „gemieteten" beziehungsweise „anheuernden" zum „verpflichteten" Mitarbeiter wären die Übertreibungen der Ich AG mehr als nur eingefangen. Und mit der Wendung von „herrschaftlichen Konzepten" der Unternehmensführung hin zu mitunternehmerischen, menschbasierten Konzepten wären die Exzesse eines neofeudalistischen bzw. neo-paternalistischen Kapitalismus mehr aus nur ausgeglichen.

Wenn nicht ich, wer dann? Employability ist unerlässlich in veränderten Arbeitswelten

Heinz Fischer

1. Der Wandel revolutioniert die Arbeitswelt
2. Freiberufler und „Projektnomaden" beherrschen die Szene
3. Employability ersetzt Arbeitsplatzsicherheit
4. Employability hält im Bologna-Prozess Einzug
5. Alle müssen heute dafür arbeiten, morgen gebraucht zu werden
6. Impulse durch die „Selbst-GmbH"

Literatur

1. Der Wandel revolutioniert die Arbeitswelt

Noch vor 20 Jahren war es nichts Ungewöhnliches, ein ganzes Berufsleben lang beim selben Arbeitgeber, manchmal sogar auf demselben Arbeitsplatz zu verbringen. Beim „Daimler schaffen" – dieser Loyalitätskontrakt galt nicht selten generationenübergreifend vom Großvater bis zum Enkel.

Seit einiger Zeit sieht das Bild ganz anders aus: Aufgrund geringerer Bindung an das Unternehmen werden heute Wechsel des Arbeitgebers oder in die Selbständigkeit schneller als früher vollzogen. Die wechselseitige Loyalität zwischen Arbeitnehmer und Arbeitgeber nimmt ab. Der individuelle Mensch und das Unternehmen entwickeln sich in einem dynamischen Prozess weiter. Insofern ist es nicht verwunderlich, dass ihre jeweiligen Interessen nur eine gewisse Zeit parallel verlaufen.

Die „neuen" Mitarbeiter sind dadurch gekennzeichnet, dass sie individualistischer, selbstbewusster, egoistischer und anspruchsvoller sind. Die Zahl derjenigen, die ihren Lebenssinn ausschließlich in der Berufstätigkeit sehen, nimmt ab. Die neuen Mitarbeiter suchen Sinn in der Aufgabe und wollen herausfordernde, abwechslungsreiche Tätigkeiten. Sie suchen bewusst und gezielt eine Unternehmenskultur, die mit ihren eigenen Werten und Überzeugungen übereinstimmt. Spaß an der Arbeit und Erlebnischarakter werden ihnen zunehmend wichtig – ebenso wichtig wie materielle und immaterielle Anerkennung ihrer Leistung. Sie bevorzugen eine leistungsbezogene Vergütung und wollen am Unternehmenserfolg beteiligt sein. Das Arbeitsverhältnis wird auf die materielle Austauschbeziehung Arbeit gegen Lohn – bei zurückgehender psychologischer Bindung – zurückgeführt.

Diese veränderten Erwartungen und Einstellungen der Mitarbeiter werden ergänzt von einer grundlegenden Veränderung der Arbeitslandschaft und Weiterentwicklung des Systems Arbeit, die bereits in vollem Gange ist, bzw. deren Anzeichen klar erkennbar sind.

2. Freiberufler und „Projektnomaden" beherrschen die Szene

Nach diesen Zukunftsszenarien lösen sich Unternehmen als festgefügte Einheiten zunehmend auf flexible projekt- und netzwerkartig gebildete Strukturen ersetzen starre Aufbauorganisationen. Die Zukunft der Arbeit wird immer stärker durch Informatisierung und Globalisierung bestimmt. Beispielhaft hierfür seien Teleworking („Working at any place and at any time") und Call Center genannt. Die Zukunft der Arbeit ist virtuell und bringt eine „networking society" hervor. Arbeit wird also immer weniger zeit- und ortsgebunden erbracht. Dadurch werden Organisationen „fluider". Die Konsequenzen sind weitreichend. Arbeitsmarktforscher erwarten, dass der Anteil der langfristig an das Unternehmen gebundenen Stammbelegschaften zugunsten von Randbelegschaften zurückgehen wird. Stellvertretend dafür stehen befristete Anstellungsverträge, Projektaufträge, Teilzeit- und Telearbeit. Mitarbeiter werden künftig in Teams ad hoc in zeitlich befristeten Projekten zusammenarbeiten. Die Networking Society wird die Vollzeiterwerbsgesellschaft ablösen.

Die Networking Society wird die Vollzeiterwerbsgesellschaft ablösen. Das Stichwort „Selbstunternehmer" fällt in diesem Zusammenhang häufiger; ebenso wird von Varianten einer neuen Selbständigkeit gesprochen.

Eine Folge dieser flexibleren Beschäftigungsverhältnisse ist die, dass berufliche Biografien nicht mehr wie gewohnt linear verlaufen, sondern in stärkerem Maße Brüche, Wechsel, Umwege und „Auszeiten" aufweisen. Arbeitgeber werden häufiger gewechselt – wie überhaupt Phasen der abhängigen Beschäftigung mit solchen der Selbständigkeit wechseln. Eine neue Wortschöpfung, die in diesen Zusammenhang gehört, ist „E-Lance-Ökonomie". Der Begriff – zusammengesetzt aus „Electronic" und „Freelancing" beschreibt Freiberufler, die sich für bestimmte Aufgaben mit anderen Freelancern und kleinen Firmen zusammenschließen, ihr Know-how projektbezogen bündeln und gemeinsam Lösungen suchen. Dabei tauschen sie sich ausschließlich über elektronische Netze aus. Nach Projektende geht der virtuelle Verbund wieder auseinander. Projektbörsen im Internet machen es möglich, dass sich Freelancer rund um den Globus mal hier und mal dort zeitlich befristet andocken. Es ist selbstverständlich, dass diese Menschen ihre Expertise nur dann erfolgreich vermarkten können, wenn sie ihr Wissen und Können, ihre Kernkompetenzen permanent weiterentwickeln, ihr Leben lang lernfähig und -willig bleiben.

Statt ein Berufsleben lang in einem Unternehmen zu verbringen, wird eher die „Patchwork-Biografie" das Bild prägen – mit weitreichenden Konsequenzen einerseits für den Einzelnen, der seinen beruflichen Werdegang gestalten darf/muss und andererseits für die Unternehmen, die sowohl die Rahmenbedingungen für die Entwicklung und Veränderungsfähigkeit der einzelnen Menschen schaffen als auch die Loyalität von Know-how- und Leistungsträgern sichern müssen.

Angesichts dieser tiefgreifenden Veränderungen ist es leicht nachzuvollziehen, dass als Reaktion darauf ein weiteres, neues Schlagwort entstanden ist. An „Employability" kommt derzeit kein HR-Profi – ob aus dem Lager der Praktiker oder der Wissenschaftler – vorbei.

3. Employability ersetzt Arbeitsplatzsicherheit

Wenn auch einige der vorstehend skizzierten Bilder noch Zukunftsmusik sein mögen, gehören andere längst zum betrieblichen Alltag. Wir werden damit konfrontiert, dass Berufsbilder sich überleben, Funktionen Veränderungen unterliegen oder ganz überflüssig werden. Dieser Wandel macht auch vor sehr qualifizierten Funktionen nicht Halt. Als Beispiel seien nur der Devisenhändler, der in europäischen Währungen handelte, genannt, oder der Börsenmakler, dessen Funktion durch die Computerbörse stark verändert wurde. Durch sich wandelnde Marktstrukturen und Kundenwünsche entfallen nicht nur Arbeitsinhalte, es kommen auch völlig neue Aufgabenfelder hinzu, die mit aktuellen Mitarbeiterressourcen nicht oder nicht ausreichend bearbeitet werden können. Ein solches Beispiel ist das Aufblühen des E-Commerce, das viele Unternehmensbereiche spürbar bereits jetzt tangiert. Welchen Einfluss das E-Business auf die Arbeit zukünftig haben wird, lässt sich nur erahnen. Sicher ist, dass die Veränderungen nicht nur für die Banken, Versicherungen, IT-Unternehmen, Beratungsfirmen beträchtlich sein werden. Hier wird besonders deutlich, dass sich die Arbeit immer weniger herkömmlichen, starren Arbeitsplatzbeschreibungen fügt und teilweise ihren festen Standort verliert. Laptops und Netzwerkverbindungen ersetzen feste Büros und Schreibtische. Virtuelle Arbeitsgruppen, deren Teammitglieder sich nicht mehr tagtäglich treffen müssen, bestimmen die Szene. Die Kommunikationstechnik ermöglicht jedem den Zugang zu allen Informationsressourcen im Unternehmen, über das World Wide Web auch zu unternehmensexternen Informationen, wo auch immer man sich befindet. Sesshafte Arbeit gehört teilweise der Vergangenheit an, die berufliche Zukunft gehört – übertrieben formuliert, aber bei Softwarespezialisten bereits Realität – hochqualifizierten Nomaden mit spürbar höherer Flexibilität und Reaktionsgeschwindigkeit.

4. Employability hält im Bologna-Prozess Einzug

Employability lässt sich nicht von heute auf morgen entwickeln. Sie weist einen starken Bezug zu sozialen und methodischen Kompetenzen, Werten und Einstellungen auf. Wenn Employability etwas mit sozialen und methodischen Kompetenzen, Werten und Einstellungen zu tun hat, dann ist deren Ausbildung eine Frage von Sozialisation. Eine wesentliche und wichtige Sozialisationsstation ist neben der Schule auch die berufliche und akademische Ausbildung.

Daraus folgt zweierlei: Zum einen ist die berufliche und akademische Ausbildung mit der Herausforderung konfrontiert, eine lebensphasenorientierte Qualifizierung anzubieten. Das bisherige Ziel der „abgeschlossenen" Berufsausbildung ist aufgrund der Veränderungen in der Arbeitswelt und auf den Märkten fatal. Lernen wird zu einem Kontinuum, dem lebenslangen Lernen, das sich zum Beispiel auch in der Hochschule wiederfinden muss. Darüber hinaus bedarf es einer Kooperation zwischen einerseits der Hochschule und/oder dem Ausbildungsträger sowie andererseits den Arbeitgebern, um die Kompetenzanforderungen bereits frühzeitig im Curriculum zu berücksichtigen.

Zum anderen muss die berufliche und akademische Ausbildung die Entwicklung von Employability in der Lehr- und Lernarchitektur berücksichtigen. Im Hochschulbereich bieten sich derzeit durch die Studienreform mit der Umstellung auf Bachelor- und Master-Studiengänge (Bologna-Prozess) Chancen für eine Ausrichtung des Studienprofils.

Die vielfältigen Kernkompetenzen von Employability zu entwickeln, ist an bestimmte Anforderungen geknüpft. Dazu gehören:[1]

- die Anwendungsorientierung der Studieninhalte,
- in das Studium integrierte Praktika bzw. in das Studium integrierte Berufsphasen,
- die Kooperation mit der Wirtschaft bei der Erarbeitung bzw. Anpassung von Stundenplänen,

---

[1] Vgl.: DIHK; Rump, S. 8 ff.

- die Zusammenarbeit mit Arbeitgebern der Region,
- die Berücksichtigung der Kernkompetenzen der Beschäftigungsfähigkeit als Querschnittsfunktion aber auch als separate Lernfelder,
- das Angebot eines Studium Generale,
- die Förderung von sozialem Engagement (z.B. durch ein Sozialpunktesystem),
- die Qualitätssicherung – auch durch externe Begutachtung,
- Studienergänzungsprogramme zur Weiterbildung (im Sinne des lebenslangen Lernens sowie unter Berücksichtigung der Lebensphasenorientierung),
- Möglichkeiten für Studierende zum Auslandsaufenthalt (als Praktikum und/oder als Studienaufenthalt),
- die hochschulübergreifende Kombinierbarkeit von Modulen.

Diese Anforderungen, die an die Hochschule und an die Studiengänge gestellt werden, haben ein Pendant auf Seiten des Studierenden. Ein solcher Anspruch resultiert aus der Grundannahme, die dem Konzept der Employability zugrunde liegt: Es gehört zu den Aufgaben von Schule und Hochschule sowie von Unternehmen als Ausbildungsbetrieb und als Arbeitgeber, Beschäftigungsfähigkeit zu entwickeln und zu erhalten. Ein großer Teil der Verantwortung obliegt jedoch dem Einzelnen selbst. Der Studierende und Absolvent kann zeigen, dass er Beschäftigungsfähigkeit im Fokus hat, indem er

- Praktika bzw. Erfahrungen und Kompetenzen aus der beruflichen Praxis vorweisen kann,
- breites Interesse über das spezifische Fachwissen hinaus (Studium Generale) hat,
- ein Bewusstsein um die Bedeutung der überfachlichen Kompetenzen ausbildet,
- an einem Auslandsaufenthalt interessiert ist bzw. einen solchen absolviert hat,
- soziales Engagement nachweisen kann.

Die Kürze des Studiums und gute Schulnoten können als Merkmal von Zielstrebigkeit und Leistungsorientierung gewertet werden.[2]

5. Alle müssen heute dafür arbeiten, morgen gebraucht zu werden

Neben der bildungspolitischen Perspektive ist Employability auch mit der betrieblichen und individuellen Sicht verbunden. Aus betrieblicher Sicht gehört es zu den Aufgaben des Personalbereichs, die Plattform zu bieten und die Rahmenbedingungen zu gestalten. Ohne den Mitarbeiterbeitrag und die Akzeptanz der Selbstverantwortung jedoch bleiben die Ansätze wirkungslos. Tatsächlich muss der Einzelne eine gehörige Portion Bereitschaft und Fähigkeit

---

[2] Vgl.: DIHK; Rump, S. 8 ff.

zu Weiterbildung, Weiterentwicklung und Veränderung aufbringen. Gefragt sind Eigeninitiative, Eigenständigkeit, Eigenverantwortung, Selbstorganisation, Engagement, Flexibilität und Mobilität. Gefordert wird nichts Geringeres als das Durchbrechen tradierter Gewohnheiten und das Sich-Verabschieden von einem überholten Besitzstandsdenken und einem nicht weniger veralteten Karriereverständnis, dem der unaufhaltsame, vertikale „Kaminaufstieg" in ein und demselben Unternehmen zugrunde liegt. Statt darüber zu lamentieren, „was einem so alles abverlangt wird", ist es ratsamer, die globalen Veränderungen, die das System Arbeit beeinflussen, zu beleuchten, künftige Trends zu erkennen und natürlich auch Chancen auszumachen, die es zweifelsohne gibt. Die Zukunft der Arbeit wird – wie oben schon ausführlich dargestellt – keine Fortsetzung der Vergangenheit sein: Wir verändern uns unaufhaltsam von einer Industrie- in eine globale Dienstleistungs- und Wissensgesellschaft. Auch der deutsche Arbeitsmarkt unterliegt immer stärker diesen globalen Einflüssen. Die Märkte sind größer geworden und werden von einer größeren Zahl von Nachfragern und Anbietern genutzt. Dadurch wird zuerst einmal die Konkurrenz unter den Marktteilnehmern größer, aber dieser Trend fördert auch Arbeitsteilung und Spezialisierung. Diejenigen Arbeitskräfte, die erkennen, dass sich ihre Aufgaben individueller zuschneiden lassen und sich entsprechend qualifizieren, werden zumindest zeitweise weniger austauschbar. Sie nutzen ihre Chancen, wie und wo sie sich bieten, und trauern nicht einer Vergangenheit hinterher, für die die Geschäftsgrundlage entfallen ist.

6. Impulse durch die „Selbst-GmbH"

Wenn wir vom künftigen System Arbeit sprechen, ist aufgrund der originären funktionalen Zuständigkeit niemand stärker gefordert als die Personalmanager. Dabei sollte nicht nur der einzelne Personalmanager im Fokus stehen, sondern auch die „Gilde" der Personalmanager – das gemeinsame zielorientierte Vorgehen von Personalmanagern als breite unternehmensübergreifende Initiative. Das Personaler-Netzwerk „Wege zur Selbst-GmbH" ist ein Zusammenschluss von Personalmanagern, die sich dieser Herausforderung stellen.[3] So ruft die Charta des Personaler-Netzwerk „Wege zur Selbst-GmbH" zu mehr Eigenverantwortung unter den Beschäftigten auf. Darüber hinaus sieht sich das Netzwerk für die beschriebene Bewusstseinsbildung als professioneller Impulsgeber für die Arbeitswelt insgesamt, aber insbesondere in das jeweils eigene Unternehmen hinein.

Vgl.: Selbst-GmbH.

Zielgruppe	Kernthesen und Forderungen	Handlungsfelder
Individuum	Selbstbewusstsein und Eigenverantwortung Kompetenzentwicklung und Beschäftigungsfähigkeit Partnerschaftliche Chancen- und Risikogemeinschaft Konstruktiver Dialog	Standortbestimmung Berufliche Zieldefinition Regelmäßige Selbstreflexion Networking
Unternehmen	Kompetenzentwicklung und Beschäftigungsfähigkeit Partnerschaftliche Chancen- und Risikogemeinschaft Hilfe zur Selbsthilfe Konstruktiver Dialog	Personalentwicklungsmaßnahmen Lern-/Weiterbildungsangebote Unternehmenskultur Führungsleitlinien Kompensationsmodelle Arbeitsorganisation (Zeit, Ort, Prozesse, Struktur, Inhalt usw.) Gesundheitsförderung Professionalisierung des Personalmanagements
Gesellschaft	Konstruktiver Dialog	Bildungssystem Rahmenbedingungen für Altersversorgungssysteme Gestaltungsnormen für Arbeitsverträge Tarifverträge Mitbestimmung

Abbildung 1: Das Konzept der Selbst-GmbH

In der gemeinsamen Netzwerkarbeit sollen innovative Ansätze diskutiert und weiterentwickelt werden, die dem Einzelnen Orientierung bieten und den Unternehmen sowie ggf. politisch Verantwortlichen helfen, entsprechende Rahmenbedingungen zu gestalten.

Insofern lassen sich Zielrichtungen für die Adressierung von Botschaften und konzeptionellen Ansätzen unterscheiden:

- Selbstbewusstsein und Eigenverantwortung statt passiver Ergebenheit
- Kompetenzentwicklung und Beschäftigungsfähigkeit statt Arbeitsplatzfixierung
- Partnerschaftliche Chancen- und Risikogemeinschaft statt patriarchalischer Unternehmenskultur
- Hilfe zur Selbsthilfe statt sozialer Hängematte
- Konstruktiver Dialog statt Konfrontation

Die Arbeitsfelder und Zielsetzungen der Netzwerkarbeit müssen sich an diesen Ausgangsthesen und Forderungen messen lassen und dem beschriebenen Ziel dienen.

Literatur

DIHK, Fachliches Können und Persönlichkeit sind gefragt – Ergebnisse einer Umfrage bei IHK-Betrieben zu Erwartungen der Wirtschaft an Hochschulabsolventen, Juli 2004.

Fischer, H./Steffens-Duch, S., Den Wandel menschlich gestalten – Aspekte fortschrittlichen Personalmanagements am Beispiel der Deutschen Bank, in: Wege zum vitalen Unternehmen, Fuchs, Jürgen (Hrsg.), Wiesbaden, 1999

Fischer, H./Steffens-Duch, S., Wenn nicht ich, wer dann? Employability ist unerlässlich in veränderten Arbeitswelten, in: Grenzen ökonomischen Denkens, Wüthrich/Winter/Philipp (Hrsg.), Wiesbaden 2001.

Rump, J., Beschäftigungsfähigkeit im Fokus – Hochschule, Unternehmen und Individuum als magisches Dreieck zur Förderung von Beschäftigungsfähigkeit, Bayreuth 2005.

Selbst-GmbH, Selbstverständnis des Netzwerkes und Grundlagen für das thematische Arbeiten, Frankfurt 2005.

Employability und Schulen:
Mit kleinen Schritten zum großen Ziel

Sibylle Groh/Jutta Rump

1. Hinführung zum Thema
   1.1 Die Jugendarbeitslosigkeit in Deutschland – nur eine Frage der schlechten wirtschaftlichen Situation?
   1.2 Der Zusammenhang von Employability und Schulen
   1.3 Die Problematik der Schlüsselqualifikationen

2. Employability aus Schülersicht
   2.1 Lernen nur für den Notenerfolg
   2.2 Fachliche Qualifikationen
      2.2.1 Die Lesekompetenz
      2.2.2 Kenntnisse in den mathematisch-naturwissenschaftlichen Fächern
      2.2.3 Weitere fachliche Kenntnisse
      2.2.4 Die Bedeutung von Fachwissen für Employability
   2.3 Überfachliche Qualifikationen
   2.4 Die Verstärkung sozialer Nachteile durch das deutsche Schulsystem
      2.4.1 Die besondere Benachteiligung von Kindern aus sozial schwachen Schichten
      2.4.2 Die besondere Benachteiligung von Migrantenkindern
   2.5 Konsequenz: Schüler, Eltern und Lehrer sind gefragt

3. Employability aus Lehrersicht
   3.1 Lehrer sind Träger einer großen Verantwortung
   3.2 Unzulängliche Rahmenbedingungen erschweren den Lehrberuf
   3.3 Die Beziehung Lehrer-Wirtschaft
   3.4 Herausforderungen und Anforderungen an den modernen Lehrberuf

4. Best Practice
    4.1 Ausländische Schulsysteme und ihre Bedeutung für die Beschäftigungsfähigkeit ihrer Schüler
        4.1.1 Finnland
        4.1.2 Niederlande
    4.2 Projekte an deutschen Schulen und deren Bedeutung für die Employability der Schüler – ein Beispiel

5. Fazit

Literatur

1. Hinführung zum Thema

1.1 Die Jugendarbeitslosigkeit in Deutschland – nur eine Frage der schlechten wirtschaftlichen Situation?

Die Arbeitslosigkeit in Deutschland wird immer mehr zum Problem. Jeden Monat erschrecken die aktuellen Zahlen aufs Neue.

Oftmals der Öffentlichkeit unbewusst ist der hohe Anteil an Jugendlichen, die eine neue bzw. überhaupt eine Arbeits- oder Ausbildungsstelle suchen. Im Jahre 2004 waren durchschnittlich ca. 120.000 Jugendliche unter 20 Jahren in Deutschland arbeitslos gemeldet. In dieser bereits sehr hohen Zahl bleiben weitere hunderttausende Jugendliche unberücksichtigt, die die Wartezeit auf einen Ausbildungsplatz in den berufsvorbereitenden Schularten, wie z. B. den Berufsfachschulen, dem Berufsvorbereitungsjahr oder dem Berufsgrundbildungsjahr, nutzen. Im Schuljahr 2002/2003 waren dies 572.400 junge Menschen.[1]

Unumstritten gilt die schlechte wirtschaftliche Situation als Hauptgrund für die hohe Arbeitslosenquote Deutschlands, doch bleibt die Frage offen, ob speziell für die Jugendarbeitslosigkeit weitere Faktoren eine ebenfalls große Rolle spielen.

- Trägt das häufig in Kritik geratene deutsche Bildungssystem dazu bei, dass Schulabgänger[2] oft nicht den Anforderungen der Wirtschaft entsprechen und somit nicht beschäftigungsfähig sind?

- Sollte es uns nicht zum Nachdenken anregen,
    - dass im internationalen Vergleich deutsche Schüler im mathematisch-naturwissenschaftlichen Bereich nur mittelmäßig abgeschlossen haben?
    - dass der Anteil an deutschen 15-jährigen Schülern, die aufgrund ihrer mangelnden Lesekompetenz schlechte Chancen für eine nachfolgende Ausbildung und gesellschaftliche Teilhabe besitzen, mit fast einem Viertel auch in der zweiten PISA-Studie 2003 unverändert groß ist[3]?

---

[1] Vgl.: World Socialist Web Site, S.1f.
[2] Aus Gründen der vereinfachten Lesbarkeit wird im gesamten Text auf die Differenzierung in weibliche und männliche Form bestimmter Begriffe verzichtet.
[3] Vgl.: Prenzel, M./Baumert, J./Blum, W./Lehmann, R./Leutner, D./Neubrand, M./Pekrun, R./Rolff, H.-G./Rost, J./Schiefele, U./(Hrsg.) (01.08.05, 11:45 Uhr), S. 12.

- Ist eine Bildungsreform aufgrund dieser Ergebnisse der PISA[4]- und der TIMSS[5] -Studie unumgänglich, und welche Veränderungen sollte die Reform beinhalten?

1.2 Der Zusammenhang von Employability und Schulen

Wir wissen, dass ein Mensch, der „employable", also beschäftigungsfähig ist, bestimmte Eigenschaften bzw. Fähigkeiten aufweist. Es bleibt die Frage offen, woher diese kommen bzw. wo diese erworben werden. Da Employability und die dazugehörigen Schlüsselqualifikationen einen „starken Bezug zu sozialen und methodischen Denk- und Handlungsmustern, Werten und Einstellungen"[6] aufweisen, ist deren Ausbildung nicht von heute auf morgen möglich und eine Frage von Sozialisation. Doch wo findet heutzutage Sozialisation statt? Ist es noch immer die Familie, die die Kinder am Nachhaltigsten für die Zukunft prägt, oder werden Teile der Erziehungsaufgaben von anderer Seite übernommen?

Kaum eine Familie in Deutschland kann es sich noch dauerhaft leisten, dass nur noch ein Elternteil berufstätig ist. Die klassische Situation, dass der Vater arbeitet und die Mutter sich zu Hause um Kinder und Haushalt kümmert, ist ein Bild aus vergangener Zeit. Nicht zu vergessen ist hier die große Zahl der Alleinerziehenden – im Jahr 2000 lag diese bei 1,77 Millionen[7] –, die meist aufgrund ihrer finanziellen Lage zum Arbeiten gezwungen sind. Die Zeit für die Kinder ist in deutschen Familien immer knapper bemessen. Aufgrund dieser Umstände werden mehr und mehr Erziehungsaufgaben an die Schulen abgegeben. Sie nehmen eine immer zentrale Rolle ein und sind somit auch eine wichtige Sozialisationsstation. „Bildung gibt es nicht ohne Erziehung, und Erziehung gibt es nicht ohne Werte"[8], d. h., an der Übermittlung der Schlüsselqualifikationen, die die Schüler beschäftigungsfähig machen, ist die Schule nicht unwesentlich beteiligt.

Hinzu kommt, dass das Alter bei der Vermittlung der Schlüsselqualifikationen von Employability eine wichtige Rolle spielt. Je älter ein Mensch ist, desto schwieriger ist es, ihm diese zu vermitteln. Am Anfang bzw. in der Mitte ihres jeweiligen Sozialisationsprozesses sind die Menschen noch unbelastet und offen für neue Denk -und Handlungsmuster. Somit ist die Schule ein idealer Vermittlungsort für die Schlüsselqualifikationen der Beschäftigungsfähigkeit.

---

4 PISA = Programme for International Student Assessment.
5 TIMSS-Studie = Third International Mathematics and Science Study.
6 Rump, J./Schmidt, S.
7 Vgl.: Engstler, H./Menning, S., S. 40.
8 BDA (3), S. 13.

1.3 Die Problematik der Schlüsselqualifikationen

Der Geschichtsstoff kann auswendig gelernt, die Mathematikaufgabe verstanden werden, die Vermittlung von Schlüsselqualifikationen kann jedoch nicht abstrakt, sondern deren Förderung kann nur in Verbindung mit konkreten fachspezifischen Inhalten erfolgen. Auf die Frage, welche Inhalte zur Vermittlung geeignet sind und wie diese konkret stattfindet, gibt es keine Patentlösung.[9]

Ebenso schwierig stellt es sich dar, den Erfolg der Vermittlung zu messen. Beim Diktat ist die Fehlerzahl ermittelbar, im Mathematikunterricht verrät die richtige Lösung den Erfolg, Schlüsselqualifikationen „... können eher implizit durch aufwendige Beobachtungen aus einem Lern- und Arbeitshandeln erschlossen werden."[10] Doch auch dann ist keine konkrete Punktzahl oder Note zu vergeben, es kann höchstens das Vorhandensein der Qualifikation, z. B. der Teamfähigkeit, festgestellt werden. Wie teamfähig z. B. derjenige dann tatsächlich ist, also wie stark diese Qualifikation ausgeprägt ist, bleibt offen.

Diese beiden Probleme stellen eine große Herausforderung an die „Schule der Zukunft" dar, da zu deren Aufgaben neben der Wissensvermittlung auch die Vermittlung dieser überfachlichen Qualifikationen gehört.

2. Employability aus Schülersicht

2.1 Lernen nur für den Notenerfolg

„Non scholae sed vitae discimus", „Nicht für die Schule, für das Leben lernen wir", kaum ein Jugendlicher, der diesen Spruch nicht schon irgendwo gehört hat. Doch den Sinn dieser Aussage begreifen nur die wenigsten.

Die Schule wird als notwendiges Übel angesehen, man lernt meist nur von Stunde zu Stunde, von Klassenarbeit zu Klassenarbeit, und im Anschluss daran wird das Meiste wieder vergessen. Denn nur der Notenerfolg zählt bei der heutigen Jugend, „akzeptable Noten sind für viele das einzige Ziel des Kampfs und Krampfs." Was nachher kommt, was man im späteren Leben noch gebrauchen könnte, machen sich viele nicht bewusst. Mit dieser Einstellung passen sie sich jedoch nur den Gegebenheiten des derzeitigen Schulsystems an. Dies ist einer der Gründe, warum es den deutschen Schülern an vielen für ihr späteres Berufsleben wichtigen Fähigkeiten bzw. Kompetenzen fehlt.

---

9   Vgl.: Schelten, A., S. 4.
10 Schelten, A., S. 5.
11 Vgl.: Stamm, M., S. 3.

- Doch wo genau sind diese Lücken der Schüler, und was können die Schüler für eine verbesserte Beschäftigungsfähigkeit tun?
- Können sie überhaupt etwas bewegen, oder benötigen sie hierzu Hilfe von anderen?

In den nachfolgenden Ausführungen sollen Antworten auf diese Fragen gefunden werden.

2.2 Fachliche Qualifikationen

2.2.1 Die Lesekompetenz

Das „Programme for International Student Assessment", kurz die PISA-Studie im Jahr 2000, hat ergeben, dass das Leseverständnis der deutschen 15-Jährigen enorme Mängel aufweist. Das Ergebnis der zweiten PISA-Studie im Jahr 2003 zeigt zwar eine verbesserte Lage im internationalen Vergleich, stellt jedoch keine statistisch abgesicherte Verbesserung der Lesekompetenz der deutschen Schüler fest.

Unter 32 Ländern, die im Jahr 2000 an dieser internationalen Vergleichsstudie beteiligt waren, schaffte Deutschland nur den enttäuschenden 21. Platz. Das Erfassen und Bewerten von Texten wurde in fünf Kompetenzstufen mit wachsenden Anforderungen geprüft, und Deutschland lag in allen Stufen unter dem OECD-Durchschnitt. So sind 23 Prozent der deutschen Schüler nicht in der Lage, die Anforderungen von Stufe zwei zu erfüllen[12], nicht einmal 10 Prozent sind auf der Kompetenzstufe fünf.[13] Im Jahr 2003 nahmen neben den 30 OECD-Staaten noch elf Partnerstaaten an der zweiten PISA-Studie teil und Deutschland erreichte in der Gesamtwertung den 21.Platz, unter den OECD-Staaten den 18. Platz.[14] 22,3 Prozent der deutschen Jugendlichen zählten 2003 im Bereich der Lesekompetenz zur Risikogruppe. Ihnen fehlten essenzielle Fähigkeiten, um in Ausbildung und Beruf Erfolg zu haben[15].

Ebenfalls alarmierend ist das Ergebnis einer Umfrage, bei der 42 Prozent der deutschen Jugendlichen angaben, nicht zum Vergnügen zu lesen. Der Prozentsatz ist so hoch wie in keinem anderen Land.[16]

Welchen Beruf soll nun ein Jugendlicher erlernen, oder welches Unternehmen kann oder will überhaupt einen jungen Menschen beschäftigen, der kaum lesen kann, oder Gelesenes nicht verstehen bzw. umsetzen kann? Da eine mangelnde Lesekompetenz „auch kein tiefes Verständnis aller anderen Lernbereiche"[17] zulässt, bleiben kaum Berufe bzw. Beschäftigungen übrig.

---

12 Vgl.: Blickpunkt Bundestag, S. 1f.
13 Vgl.: Bundesvereinigung der Deutschen Arbeitgeberverbände (2), S. 8.
14 Vgl.: Politikerscreen (30.07.05, 21:15 Uhr).
15 Vgl.: Politikerscreen (30.07.05, 21:15 Uhr).
16 Vgl.: Blickpunkt Bundestag, S. 3.
17 Blickpunkt Bundestag, S. 3.

Arbeitsplätze, für die hohe Qualifikationen benötigt werden, nehmen zu. Der Trend in Richtung Dienstleistungsgesellschaft bzw. Wissensgesellschaft wird sich weiter fortsetzen, und Tätigkeiten wie Lehren, Publizieren, Forschen, Konstruieren und Beraten werden in Zukunft noch gefragter sein. Da diese Tätigkeiten vornehmlich von Akademikern ausgeführt werden, setzen sie einen qualifizierten Schulabschluss voraus, der wiederum ohne eine hervorragende Lesekompetenz kaum zu erreichen ist ...[18]

Gerade in Deutschland, dem „Land der Dichter und Denker", einem der am weitesten entwickelten Länder der Erde, sollte kein Jugendlicher die Schule als funktionaler Analphabet verlassen und sich somit seine beruflichen Chancen verbauen.

2.2.2 Kenntnisse in den mathematisch-naturwissenschaftlichen Fächern

Im Bereich Mathematik und Naturwissenschaften erreichten die deutschen Schüler bei der PISA-Studie 2000 Rang 20 bei ebenfalls 32 untersuchten Ländern. Bereits ein Jahr vor PISA bescheinigte die TIMSS-Studie den deutschen Schülern dürftige Leistungen in diesem Bereich und siedelte Deutschland international im hinteren Mittelfeld an.[19] Laut PISA ist der Anteil der Risikogruppe, also der Gruppe an Jugendlichen, deren mathematische Fähigkeiten nicht über das Niveau des Rechnens in der Grundschule hinausgehen, in Deutschland so hoch wie in keinem anderen Land.[20] So sollten die 15-jährigen z. B. einen Flächeninhalt eines Rechtecks von vier mal drei Zentimetern berechnen, die Antwortoption „zwölf" war vorgegeben. An dieser Aufgabe scheiterten 9,7 % der an PISA beteiligten deutschen Schüler. Nur 1,3 % dieser Schüler konnten bei der Vorgabe, mit Zehn-, Fünf- und Zwei-Pfennig-Stücken auf eine Summe von 32 Pfennig zu kommen, alle Möglichkeiten aufzählen.[21]

Die Ergebnisse der zweiten PISA-Studie im Jahr 2003 bescheinigen den deutschen Schülern signifikante Verbesserungen im Bereich naturwissenschaftlicher Kompetenzen und in Teilbereichen der Mathematik, doch im internationalen Vergleich verbleibt Deutschland im Mittelfeld. Im Bereich der Mathematik zählen noch immer 21,6 Prozent der deutschen 15-jährigen zur Risikogruppe.[22]

Oftmals ist es die Angst vor Mathematik, Physik und Chemie, die die Schüler davon abhält, sich mit diesen Themen auseinander zu setzen, vielen fehlt jedoch schlichtweg das Interesse. „Dabei sind diese MINT-Fächer[23] und die entsprechenden Berufsfelder für den Wirtschaftsstandort Deutschland entscheidend."[24]

---

18 Vgl.: Bundesministerium für Bildung und Forschung (1), S. 3.
19 Vgl.: Blickpunkt Bundestag, S. 1f.
20 Vgl.: Bundesvereinigung der Deutschen Arbeitgeberverbände (2), S. 16.
21 Vgl.: Blickpunkt Bundestag, S. 2.
22 Vgl.: Politikerscreen.
23 Die sogenannten MINT-Fächer sind mathematisch-naturwissenschaftliche und technische Fächer.
24 Bundesvereinigung der Deutschen Arbeitgeberverbände (2), S. 16.

2.2.3 Weitere fachliche Kenntnisse

Neben den oben beschriebenen Basiskompetenzen gibt es noch eine Reihe von fachlichen Qualifikationen, die ein Schüler für sein späteres Berufsleben beherrschen sollte.

Die Internationalisierung und die Globalisierung machen Fremdsprachen in immer mehr Berufsfeldern bzw. in immer mehr Unternehmen zu einer Grundvoraussetzung. Ebenfalls immer wichtiger wird das Arbeiten mit dem Computer. Auch in diesen Bereichen fehlt es den Jugendlichen am Verständnis, für welchen Zweck sie Vokabeln und Grammatik pauken bzw. den Umgang mit dem Computer erlernen sollen. Dass den Schülern mit neuartigen Lehrmethoden dazu Hilfestellung gegeben werden kann, soll im weiteren Verlauf näher erläutert werden.

2.2.4 Die Bedeutung von Fachwissen für Employability

Als das Fundament der Beschäftigungsfähigkeit und aufgrund der Wechselwirkung mit den Schlüsselqualifikationen ist das Fachwissen für das spätere Berufsleben eines jungen Menschen von enormer Wichtigkeit. Denn nur wer über fachliche Qualifikationen verfügt, kann die Eigenschaften der Schlüsselqualifikationen erlangen, bzw. wer fachliche Qualifikationen erlangen will, benötigt dazu Schlüsselqualifikationen wie Fleiß und Durchhaltevermögen. Diese große Bedeutung gab den Anstoß, die fachlichen Qualifikationen nicht wie in vielen Ausführungen über die Beschäftigungsfähigkeit als gegeben vorauszusetzen und unerwähnt zu lassen.

Die soeben erwähnte Wechselwirkung mit den überfachlichen Qualifikationen sowie die oben beschriebenen Ergebnisse der PISA-Studie geben noch dazu Aufschluss darüber, wie wenig die Beschäftigungsfähigkeit der jungen Menschen in Deutschland fortgeschritten ist und wie groß der Handlungsbedarf auf diesem Gebiet ist.

Lücken im Fachwissen lassen sich vergleichsweise einfach beheben. Oftmals geht es nur darum, Ängste oder Blockaden zu überwinden. Ist z. B. dann der mathematische „Knoten geplatzt", lässt sich der Stoff schnell nachholen. Auf den Lernerfolg der Schüler wirkt sich auch der Abbau von Leistungsdruck sehr positiv aus. So wäre es angebracht, über die Notwendigkeit des Benotungssystems sowie über das „Sitzen bleiben" nachzudenken, denn gerade in Ländern, die bei der PISA-Studie sehr erfolgreich waren, können Schüler das Klassenziel nicht verfehlen, und es werden Notenzeugnisse durch so genannte Lernberichte ersetzt.[25]

Die Schule von heute sollte jedoch das Augenmerk nicht nur auf das Fachwissen, sondern auch auf die überfachlichen Qualifikationen richten.

---

[25] Vgl.: Bundesvorstand zum 28. Gesamtschulkongress, S. 2.

2.3 Überfachliche Qualifikationen

Trotz der großen Bedeutung für die Beschäftigungsfähigkeit und somit auch für das spätere Berufsleben der Schüler sind die Schlüsselqualifikationen in der „Schule von heute" kaum ein Thema. Den Schülern wird der Schulstoff vermittelt, sie erhalten Anweisungen, was davon für die nächste Unterrichtsstunde, für die nächste Klassenarbeit erforderlich ist. Durch Frontalunterricht – der Lehrer steht vor der Klasse und erläutert den Stoff – sind die Schüler nicht gefordert, selbst etwas zu erarbeiten, selbst aktiv zu werden.

Darüber hinaus fehlt vielen das Verständnis, wie wichtig es in der heutigen Zeit ist, beschäftigungsfähig zu sein. Da der Fokus des Unterrichtsstoffs meist nur auf Fachwissen gerichtet ist und kaum einmal „über den Tellerrand" hinweg in die Arbeitswelt geblickt wird, wissen die Schüler häufig nicht, was sie nach der Schule in der Arbeitswelt erwartet. Oftmals haben sie nicht einmal genaue Informationen über die Arbeitsabläufe bzw. Anforderungen in den Berufen ihrer Eltern. Doch wie sollen sich diese Jugendlichen für etwas begeistern, mit Motivation und Freude etwas angehen, von dem sie kaum eine Ahnung haben?

Durch die Tatsache, dass den Schülern der Unterrichtsstoff sozusagen „auf dem Silbertablett serviert" wird, sind viele Jugendliche nicht in der Lage, eigenverantwortlich zu handeln. Im Unterricht ist Zuhören und Wiedergeben gefragt, aktiv und motiviert müssen sie meist nicht sein. Wie eingangs in diesem Kapitel erwähnt, ist es ihnen auch nicht bewusst, dass sie für das Leben und nicht für die Schule lernen. Die Notwendigkeit, sich Ziele zu setzen und für sich selbst Verantwortung zu übernehmen, ist für viele nicht ersichtlich. „Der Lehrer sagt mir schon, was ich zu tun habe" ist eine weit verbreitete Meinung. Nach der Schulzeit gibt es jedoch keinen Lehrer mehr, der den Schülern den zu lernenden Stoff vorgibt, und diese einmal geprägte sogenannte „Vollkaskomentalität" wird weitergelebt. Im Erwachsenenleben wird sie zu „Der Arbeitgeber wird's schon richten" oder oftmals auch „Der Staat wird's schon richten". Dabei ist Lebenslanges bzw. Lebensbegleitendes Lernen für die Beschäftigungsfähigkeit wichtiger denn je. Die Individualisierungstendenz, Globalisierung, der Flexibilitätstrend sowie der Wandel machen es zur Pflicht. Es reicht nicht mehr aus, nur das zu wissen, was man einmal in der Schule gelernt hat, denn das Wissen ändert sich heutzutage rasant. Um am Ball bleiben zu können, muss ständig Neues dazugelernt werden.

2.4 Die Verstärkung sozialer Nachteile durch das deutsche Schulsystem

Sowohl bei den fachlichen als auch bei den überfachlichen Qualifikationen sind die Kinder aus sozial schwachen, also bildungsfernen Schichten, sowie Migrantenkinder, deren Familien überwiegend den sozial schwächsten Schichten zuzurechnen sind, im Nachteil.[26] Nach den Ergebnissen der beiden PISA-Studien gelingt es dem deutschen Schulsystem nicht, diese

---

26 Bildung Plus, S. 1.

Jugendlichen ausreichend zu fördern und somit ihre Employability zu entwickeln. „In keinem anderen Industrieland ist die soziale Herkunft so entscheidend für Schulerfolg wie in Deutschland. Kinder aus Akademikerfamilien haben viermal größere Abiturchancen als Kinder aus Facharbeiterfamilien."[27]

2.4.1 Die besondere Benachteiligung von Kindern aus sozial schwachen Schichten

Im Jahre 1998 wurden in Deutschland ca. 1,8 Millionen DM für Nachhilfeunterricht ausgegeben. Rund ein Drittel aller Schüler an allgemeinbildenden Schulen – auch Grundschüler – wurden außerhalb der Schule privat unterrichtet.[28] Für sozial schwache Familien ist diese zusätzliche Ausgabe oftmals unerschwinglich, und häufig wird in diesen Familien auch kein besonderes Augenmerk auf die Bildung der Kinder gelegt. Allein diese Tatsache spricht dafür, dass die Einrichtung von mehr Ganztagsschulen – nicht nur in sozialen Brennpunkten – dringend erforderlich ist. In Ganztagseinrichtungen bleibt mehr Zeit für die Vertiefung des Unterrichtsstoffs und für individuelle Lücken bzw. Schwächen. Die Chancengleichheit aller Schüler würde damit erhöht werden, und auch Schüler aus sozial schwächeren Familien würden die Chance auf ein später erfolgreiches Berufsleben erhalten.

Ein weiterer Grund für spätere Benachteiligung ist, dass Kinder aus bildungsfernen Schichten bereits im Kleinkindalter nicht richtig gefördert bzw. gefordert werden. In den oft „kinderreichen" Familien bleibt keine Zeit für die individuelle Förderung des Kindes bzw. ist häufig auch kein Interesse vorhanden, sich mit den Kindern zu beschäftigen. Verstärkt wird dieser Aspekt noch, wenn die Eltern arbeitslos sind, in den Tag hineinleben und den Kindern vorleben, wie tragfähig das deutsche Sozialsystem ist. Diesen Kindern die Bedeutung von Bildung und die Schlüsselqualifikationen der Beschäftigungsfähigkeit zu vermitteln, stellt eine große Herausforderung an die Schulen dar.

Die eingeschränkten Entwicklungsmöglichkeiten dieser Kinder lassen sich des Weiteren durch die meist mangelnde Bildung der Eltern erklären. So besteht in diesen Fällen oftmals keine Möglichkeit, dass die Eltern die Hausaufgaben kontrollieren können, da ihr Bildungsniveau dazu nicht ausreicht. Ein nicht gut entwickeltes Artikulationsvermögen der Eltern verstärkt dies noch, da Fragen der Kinder meist zu kurz oder nicht zufrieden stellend beantwortet werden. In diesen Familien weicht die Kommunikation fast gänzlich zugunsten des Fernsehers. Vorgelesen oder diskutiert wird kaum. Bücher, Lexika und elektronische Medien, also bildungsrelevante Ressourcen, sind in diesen Schichten weniger vorhanden.[29] Auch aus diesen Gründen wäre es sinnvoll, mehr Ganztagsschulen einzurichten. Die Schüler hätten zu Hause keine Schularbeiten mehr zu erledigen, wären also in diesem Punkt nicht auf die Hilfe im Elternhaus angewiesen und hätten auch am Nachmittag Zugang zum Computerraum und zur Bibliothek. Auch dies würde die Chance auf eine erfolgreiche berufliche Zukunft erhöhen, mit anderen Worten die Beschäftigungsfähigkeit der Kinder steigern.

---

[27] isoplan-Saarbrücken, S. 1.
[28] Vgl.: Bundesvereinigung der Deutschen Arbeitgeberverbände (2), S. 9.
[29] Vgl.: die tageszeitung, S. 2.

2.4.2 Die besondere Benachteiligung von Migrantenkindern

– Verdeutlichung dieser Benachteiligung anhand von Zahlenbeispielen

Im Jahr 2000 betrug der Ausländeranteil an deutschen allgemein bildenden Schulen circa 9,5 %. Im Vorschul- und Primarbereich betrug er 12 %, an den allgemein bildenden Schulen des Sekundarbereichs lag er bei etwa 7,7 % und an Sonderschulen sogar bei 14,9 %.[30]

Nachfolgende Zahlenbeispiele über die Benachteiligungen der Migrantenkinder sollen auf ein generelles Strukturmerkmal des deutschen Schulsystems hinweisen, das durch die PISA-Studien der Allgemeinheit erst richtig bewusst gemacht wurde, nämlich auf seine hochgradige herkunftsbezogene Selektivität:

- Im Vergleich zu ausländischen Kindern wechseln dreimal so viele deutsche Kinder von der Grundschule auf ein Gymnasium. Zu beachten ist hier, dass die Übergangsentscheidung am Ende der Grundschule unumstritten die wichtigste Weichenstellung für den Bildungserfolg im deutschen Schulsystem ist.

- In allen Schulformen und Schulstufen sind die Anteile der Nichtversetzungen bei ausländischen Schülern höher als bei den Deutschen. Je nach Bundesland müssen ausländische Grundschüler zwei- bis viermal so oft eine Jahrgangsstufe wiederholen wie deutsche Kinder.

- 40 % der ausländischen Jugendlichen erreichen höchstens einen Hauptschulabschluss.[31]

- Jedes fünfte Migrantenkind verlässt die Schule ohne Abschluss, und nicht einmal jeder Zehnte dieser Jugendlichen schafft es bis zum Fachabitur.[32]

Im Hinblick darauf, dass in Zukunft immer mehr qualifizierte Arbeitnehmer gesucht sind, geben diese Zahlen einen erschreckenden Einblick in die Beschäftigungsfähigkeit dieser Jugendlichen.

– Welche besonderen Hürden gibt es für Migrantenkinder?

Für alle Schüler gleichermaßen gibt es im Laufe ihrer Schulkarriere eine lange Reihe von Zugangsbarrieren, die sich hauptsächlich auf die Grundschule konzentrieren. Obgleich sie für alle gelten, wirken sie sich ungleich auf die verschiedenen Bevölkerungsgruppen aus. Die unterschiedliche Behandlung von deutschen Kindern und Kindern aus Migrantenfamilien ist gerade hier sehr deutlich,[33] Experten sprechen in diesem Fall sogar von einer „institutionellen Diskriminierung"[34].

---

30 Vgl.: Sekretariat der Ständigen Konferenz der Kultusminister der Länder in der Bundesrepublik Deutschland (Hrsg.) (1), S. 23.
31 Vgl.: BLK, S. 18.
32 Vgl.: nano online, S. 1.
33 Vgl.: Radtke, F., S. 1.
34 Zitzelsberger, O., S. 3.

- Übergang Kindergarten – Schule: Bei der Feststellung der Schulfähigkeit werden tendenziell mehr Kinder mit Migrationshintergrund zurückgestellt. Sprachliche Defizite und der Verweis auf das kulturelle Herkunftsmilieu werden hierzu häufig als Argumente angeführt, wobei der eigentliche Grund oftmals bei der Klassenstärke und den Schulentwicklungszahlen gesucht werden kann.[35] Ist eine Klasse auch ohne Migrantenkinder schon groß genug und werden für das nachfolgende Schuljahr weniger Kinder erwartet, versucht man mit dem Zurückstellen dieser Kinder die Klassenstärken auszugleichen.

- Versetzung/Überweisung an eine Sonderschule: Immer häufiger werden Kinder aus Migrantenfamilien bei schulischem Versagen schnell an eine Sonderschule überwiesen. Als Begründung für deren Versagen wird der kulturelle Hintergrund sehr häufig genannt.[36] Dabei gäbe es bei der intensiveren Förderung dieser Kinder häufig keinerlei Gründe für den Besuch einer Sonderschule.

- Übergang nach der 4. Klasse in die Sekundarstufe I: Wie bereits bei den Zahlenbeispielen genannt, wechseln deutsche Kinder viel häufiger aufs Gymnasium, als dies Kinder mit Migrationshintergrund tun. Sprachliche Defizite, ungünstige häusliche Lernbedingungen und ein Zuwenig an Mitarbeit der Eltern gelten als Gründe für eine Nichtempfehlung.[37]

– Das Erlernen der deutschen Sprache als wichtigster Grundstein der Schullaufbahn

Bereits vor der Einschulung dieser Kinder werden die Weichen für eine mögliche Benachteiligung gestellt. Können die Kinder zu diesem Zeitpunkt nahezu perfekt deutsch sprechen, stehen die Chancen auf eine gute Schullaufbahn sehr gut. Haben diese Kinder die deutsche Sprache jedoch bis zu diesem Zeitpunkt nicht erlernt, bleibt sie im Grunde Zweitsprache und verursacht im Schulalltag deutliche Probleme. Deutsch als Fremdsprache ermöglicht es den Kindern oft nicht, alle Inhalte des Unterrichts zu verfolgen, und meist können diese Defizite später nicht mehr aufgefangen werden.[38] Es entstehen Bildungslücken, die immer größer und bedeutender werden. Oftmals kommt erschwerend hinzu, dass auch die Eltern kaum oder gar nicht deutsch sprechen können oder wollen. So können sie ihre Kinder vor dem Einschulen nicht beim Erlernen der deutschen Sprache und nach Schuleintritt nicht bei den Hausaufgaben unterstützen. Auch in diesem Zusammenhang soll noch einmal auf den erhöhten Bedarf an Ganztagsschulen hingewiesen werden, die auch hier unterstützend eingreifen könnten. Das Mehr an Zeit bietet Raum für speziellen Deutschunterricht dieser Kinder, und auch die Hausaufgaben werden hier unter Aufsicht und mit Hilfestellung erledigt. Mit diesen verbesserten Deutschkenntnissen und den daraus resultierenden Möglichkeiten, z. B. den Stoff in allen anderen Fächern besser zu verstehen, dem Lehrer konkrete Fragen stellen zu können usw. erhöhen sich die Chancen für eine gute Beschäftigungsfähigkeit dieser Kinder.

---

35 Zitzelsberger, O., S. 3.
36 Zitzelsberger, O., S. 3.
37 Zitzelsberger, O., S. 3.
38 Vgl.: nano online, S. 1.

Trotz aller Bemühungen, die deutsche Sprache zu erlernen, darf jedoch die Muttersprache nicht vernachlässigt werden. Die Muttersprache dient als Fundament, auf dem weitere Sprachen aufbauen, d. h., nur wer die Muttersprache beherrscht, ist in der Lage, eine weitere zu erlernen. Durch falsche Aufklärung sind viele Eltern der Meinung, sie machen ihrem Kind die Integration leichter, indem sie nur deutsch mit ihm sprechen. Ein fataler Fehler, dessen Folge Kinder sind, die keine Sprache, also weder die Muttersprache noch Deutsch, richtig beherrschen [39] und somit weder in Deutschland noch in dem Heimatland ihrer Eltern bzw. Großeltern Chancen auf eine erfolgreiche berufliche Zukunft haben.

– Möglichkeiten der besseren Integration von Migrantenkindern

Es gibt einige Dinge, die die Integration der Migrantenkinder erleichtern könnten bzw. schon können. So ist z. B. die Vorschulerziehung von großer Bedeutung. Wie bereits oben erwähnt, sprechen viele Eltern der Migrantenkinder kaum oder gar kein deutsch. Für diese Kinder ist der Kindergarten oftmals die einzige Möglichkeit, vor der Einschulung die deutsche Sprache zu erlernen. So wäre es für Hakki Keskin, Bundesvorsitzender der Türkischen Gemeinde in Deutschland, sogar überlegenswert, für Migrantenkinder einen mindestens einjährigen Pflichtbesuch von Einrichtungen im Elementarbereich – Kindergarten, Kindertagesstätten und Vorschulklassen – einzuführen.[40] So könnte vermieden werden, dass die Kinder erstmals in der Grundschule mit der deutschen Sprache konfrontiert werden und somit dem Unterricht kaum folgen können. Gerade in Regionen oder Stadtteilen, in denen der Ausländeranteil sehr groß ist, kommen die Kinder selten mit deutschen Kindern in Kontakt, sprechen sowohl mit den Eltern als auch mit den Freunden ihre Muttersprache und haben wie bereits oben erwähnt anschließend enorme Probleme in der Schule und später durch geringe Qualifikationen schlechte Chancen auf dem Arbeitsmarkt. Ebenfalls erstrebenswert wären – vor allem in Regionen mit hohem Ausländeranteil – bilinguale Kindergärten, in denen auch die Muttersprache sowie die Kultur des Heimatlandes gefördert werden.

2.5 Konsequenz: Schüler, Eltern und Lehrer sind gefragt

„Man kann einen Menschen nichts lehren, man kann ihm nur helfen, es in sich selber zu entdecken." Dieses Zitat von Galileo Galilei ist eine gute Zusammenfassung für dieses Kapitel. Die Schüler selbst müssen erkennen, wie wichtig es in der heutigen Zeit ist, employable zu sein, und dass dazu große Anstrengungen von Nöten sind. Der Prozess ist nicht von heute auf morgen zu bewältigen, und die Jugendlichen benötigen dazu unter anderem die Hilfe der Eltern, die ihnen Employability vorleben und sie für das Erlangen der eigenen Beschäftigungsfähigkeit motivieren müssen. So muss das Bildungsbewusstsein in den Familien gestärkt werden, denn nur so lernen die Kinder, wie wichtig Bildung heutzutage ist.

---

[39] Vgl.: nano online, S. 2.
[40] Vgl.: isoplan-Saarbrücken, S. 2.

Ein besseres Ansehen des Lehrberufs würde dies unterstützen. Wie sollen die Kinder den Lehrern mit Respekt gegenübertreten, wenn ihnen zu Hause ein anderes Bild projiziert wird? Als beispielhaft in diesem Zusammenhang gilt Finnland. Dort hat man es geschafft, den Lehrberuf zu einem Beruf mit hohem Prestige zu machen. Dies erleichtert es den Schülern dort, dem Lehrer mit Respekt gegenüberzutreten,[41] was eine sehr wichtige Tatsache ist, da die Kinder und Jugendlichen meist weniger Zeit mit ihren Eltern als mit ihren Lehrern verbringen. So sind auch diese von enormer Bedeutung für die spätere Beschäftigungsfähigkeit ihrer Schüler.

3. Employability aus Lehrersicht

3.1 Lehrer sind Träger einer großen Verantwortung

Die Organisation Schule und hauptsächlich die Lehrer stehen zu Beginn des 21. Jahrhunderts vor neuen und großen Herausforderungen. Die Bildung gewinnt immer mehr an Bedeutung, und in Zukunft werden die Chancen des Wirtschaftsstandorts Deutschland mehr denn je von der Qualität des Bildungswesens abhängen. Die Qualifikation, Leistungsfähigkeit und Motivation der zukünftigen Arbeitnehmer, die sie im heutigen Bildungssystem erhalten, entscheiden über die weitere Entwicklung der deutschen Gesellschaft und auch der deutschen Wirtschaft.[42] „Lehrer haben dabei die Schlüsselrolle für die Qualität unseres Schulsystems."[43] Die Lehrer übernehmen verantwortungsvolle Aufgaben, indem sie die Jugend bilden, an deren Erziehung mitwirken und entscheidend zur Qualität der Schule beitragen, an der sie tätig sind und somit mitverantwortlich für den Bildungserfolg der Schüler ihrer Schule sind.[44] Um Schülern das mit auf den Weg geben zu können, was von ihnen in der zukünftigen Arbeitswelt erwartet wird, müssen Lehrer zum einen wissen, welche Voraussetzungen die Schulabgänger erfüllen müssen, um employable zu sein, und zum anderen fähig sein, Schülern dieses Wissen und diese Fähigkeiten zu vermitteln. Um diesen Aufgaben gerecht werden zu können, benötigen Lehrer adäquate Rahmenbedingungen, die in Deutschland oft nicht gegeben sind. Einige dieser Mängel, die in direktem bzw. indirektem Zusammenhang mit der späteren Beschäftigungsfähigkeit der Schüler stehen, werden im folgenden Abschnitt erläutert.

---

41 Vgl.: die tageszeitung, S. 4.
42 Vgl.: BDA (2), S. 1.
43 BDA (2), S.1.
44 BDA (2), S. 1.

3.2 Unzulängliche Rahmenbedingungen erschweren den Lehrberuf

– Bildungsausgaben in Deutschland

Ein großes Problem sind die Bildungsausgaben, die in Deutschland insgesamt zu niedrig[45] und nach Expertenmeinung falsch verteilt sind. So werden in Deutschland die Grundschulen vernachlässigt, während in die gymnasiale Oberstufe, in der die Weichen für eine Bildungskarriere bereits gestellt sind, überproportional viel Geld fließt.[46]

Tabelle 1 verdeutlicht dies. So ist der deutsche Anteil der Bildungsausgaben für die Primärstufe nur 16 % des Bruttoinlandsproduktes pro Kopf, während der OECD-Mittelwert 3 % darüber liegt. Für die Sekundarstufe II liegen die Ausgaben jedoch 2 % über dem OECD-Mittelwert.

Tabelle 1: Anteil der Bildungsausgaben am Bruttoinlandsprodukt pro Kopf

Land	Primärstufe	Sekundarstufe I	Sekundarstufe II
Deutschland 2002	16 %	20 %	27 %
Deutschland 1995	16 %	22 %	29 %
OECD-Mittel	19 %	22 %	25 %

Quelle: Theis, J. (2002), S. 2

Deutschland ist im Bereich öffentlicher Bildungsausgaben sowohl im Vergleich zur Wirtschaftskraft als auch zu den gesamten staatlichen Ausgaben international sehr weit hinten anzusiedeln. PISA-Sieger Finnland hingegen verwendet einen größeren Anteil am Bruttoinlandsprodukt für die Schulbildung, und die finnischen Bildungsausgaben sind prozentual zu den gesamten staatlichen Ausgaben viel größer als in Deutschland.

Die Bildungsausgaben je Grundschüler weichen im internationalen Vergleich sehr stark voneinander ab. So gibt Dänemark fast doppelt so viel für einen Grundschüler aus, als dies Irland tut.

Da ein Großteil dieser Aufwendungen nicht in Bücher, Unterrichtsmaterialien und dergleichen investiert wird, sondern in die Gehälter der Lehrer, kann nicht auf eine qualitativ hochwertigere Primärbildung geschlossen werden.

---

[45] BDA (2), S. 6.
[46] Vgl.: Wolf, S., S. 2.

Im internationalen Vergleich liegt das Gehalt deutscher Grundschullehrer – im Jahr 2000 lag es bei einem Lehrer mit 15-jähriger Berufserfahrung kaufkraftbereinigt bei 38.000 US-Dollar – im Spitzenfeld und etwa ein Drittel höher als im OECD-Schnitt.[47] Dies zeigt sehr deutlich, wie wenig Geld für Unterrichtsmaterialien, wie z. B. Sprachlabore, Computer usw., die für einen modernen Unterricht unabkömmlich sind, in Deutschland wirklich ausgegeben wird. Hier ist ein dringender Handlungsbedarf der Politik vorhanden, da sich diese falsche Sparsamkeit nicht nur durch die oben beschriebenen gravierenden Mängel in der Ausstattung der Schulen mit Sach- und Finanzmitteln niederschlägt, sondern auch oftmals in Personaleinsparungen endet. Weniger Lehrer bedeuten größere Klassen, weniger Zeit für individuelle Förderung der einzelnen Schüler und zwangsläufig schlechtere Bildung. Diese wiederum führt zu einer Minderung der späteren Beschäftigungsfähigkeit der Schüler.

– *Fehlende Anreize und starre Vorschriften*

Eine weitere Rahmenbedingung, die die Lehrer in ihrer wichtigen Aufgabe eher behindert als fördert, ist die Tatsache, dass die Lehrkräfte einer Schule bisher als gleich betrachtet werden, unabhängig davon, wie sehr sie sich engagieren und wie viel sie arbeiten. Besondere Leistungen werden nicht belohnt, Nicht-Leistungen nicht sanktioniert, und einen Ausgleich für Mehrarbeit gibt es bisher kaum. Aus diesem Grund fehlt es nicht wenigen Lehrern an Motivation, mehr als notwendig für die Schüler zu tun bzw. sich für Aktionen, die über den normalen Schulalltag hinausgehen, zu begeistern. An dieser Stelle sei angemerkt, dass es auch eine Reihe von Lehrer gibt, die Pilotprojekte konzipieren, organisieren und durchführen. Hinzu kommt noch, dass der Schulalltag oft von starren Vorschriften geprägt ist, die engagierten Lehrern kaum Möglichkeiten bieten, durch außergewöhnliche Aktionen den Schülern Spaß am Lernen zu vermitteln.[48]

– *Ansehen und Respekt*

Wie bereits im vorangegangenen Kapitel erwähnt, kämpfen die Lehrer gegen negative Vorurteile der Gesellschaft. Der Lehrberuf zählt in Deutschland nicht mehr zu den angesehenen Berufen. Meist nur als Staatsbedienstete mit vielen Vorteilen, wie kurzen Arbeitstagen, freien Nachmittagen, wochenlangem Urlaub usw. gesehen, wird oftmals vergessen, dass Lehrer durch ihre Tätigkeit – wenn diese gewissenhaft verrichtet wird – einen wichtigen Beitrag zur Zukunft Deutschlands leisten.[49] Da auch die Schüler mit dieser Einstellung der Eltern und der Gesellschaft konfrontiert werden, treten viele Jugendliche den Lehrern mit entsprechend wenig Respekt gegenüber, was deren Tätigkeit noch weiter erschwert.

– *Ein Mehr an Erziehungsaufgaben*

Durch erschwerte familiäre Situationen – beide Elternteile berufstätig, viele Alleinerziehende, viele sozial schwache Familien und Migrantenfamilien – werden den Lehrern immer mehr Erziehungsaufgaben zugewiesen. Viele Eltern fühlen sich heillos überfordert und überlassen zusätzliche Aufgaben der Schule und somit den Lehrern. Auch durch zunehmend heterogene Lerngruppen, die die Lehrer in manchen Klassen erwarten, gerät die eigentliche

---

[47] Vgl.: Institut der deutschen Wirtschaft, S. 3.
[48] Vgl.: BDA (2), S. 6.
[49] Vgl.: BDA (2), S. 7.

Aufgabe der Lehrer, die Lehr- und Bildungsfunktion, durch die Erziehungs- und Betreuungsfunktionen in den Hintergrund.[50]

– *Die Lehrerausbildung in Deutschland*

Erschwerend kommt hinzu, dass die Lehrer in Deutschland durch ihre Ausbildung nur unzureichend auf die Aufgaben vorbereitet werden, die sie an Schulen tatsächlich zu erfüllen haben. Noch gravierender ist allerdings die Tatsache, dass in Deutschland nicht wie in vielen anderen Ländern ein Eignungstest für zukünftige Lehramtsstudenten durchgeführt wird. Es gibt also vor Beginn eines Lehramtsstudiums keinen psychologischen Eignungstest, der es sowohl den Hochschulen als auch den Bewerbern selbst zeigen würde, ob „er über Zuneigung zu Kindern, Einfühlungsvermögen in pädagogische Konfliktsituationen und Frustrationstoleranz verfügt".[51] Auf diesem Weg ergreifen für diesen Werdegang ungeeignete Menschen den Beruf des Lehrers, oftmals aus dem Wunsch nach den vermeintlich guten Arbeitszeiten, dem vielen Urlaub usw., oder auch, da sie sich selbst überschätzen und die tatsächliche, oftmals schwierige Situation an Schulen unterschätzen. Die Folge sind unzufriedene, teilweise überforderte Lehrer, die den Schülern oft motivationslos gegenübertreten. Unvermeidlich wird diese Frustration auch auf die Schüler und deren Lernerfolge übertragen, was sich auch in deren Beschäftigungsfähigkeit widerspiegelt.

Wirft man den Blick auf die Lehrerausbildung, stellt man fest, dass diese in Deutschland sehr praxisfern ist:

- Den Studierenden wird zwar ein fundiertes Fachwissen vermittelt, doch die Pädagogik wird vernachlässigt. So sind zum Beispiel in einem Realschullehramtsstudium in Rheinland-Pfalz jeweils 50 Semesterwochenstunden für die beiden ausgewählten Studienfächer, aber nur 25 Semesterwochenstunden Pädagogik vorgesehen. Doch ohne Kenntnisse der Pädagogik und Didaktik fällt es jungen Lehrern schwer, den Schülern den Lehrstoff zu vermitteln.

- „Die Freiheit der akademischen Lehre an der Universität führt in vielen Fächern zur Beliebigkeit. Jeder lehrt, was er will. Manche Inhalte passen zum Berufsziel Lehrer, vieles ist abwegig."[52] So erscheint die neueste Goethe-Interpretation für einen Germanistikstudenten sehr interessant, während ein angehender Grundschullehrer in seinem späteren Tätigkeitsfeld wohl kaum etwas damit anfangen kann.[53]

- Ebenfalls ungenügend ist das Angebot bzw. die Pflicht zu betreuten Schulpraktika. Studierende, die während des Studiums nicht ausreichend oft vor einer Schulklasse unter Aufsicht den späteren Berufsalltag „üben", stehen als junge Lehrer nicht selten hilflos den Klassen gegenüber. Sie wissen zwar theoretisch, wie das Unterrichten funktioniert, können es aber nur schlecht umsetzen.

- Die Lehrerausbildung in Deutschland wird von Nicht-Lehrern übernommen. Es erscheint logisch, dass Lehrer, die sich über ihre Promotion wissenschaftlich qualifiziert haben, für

---

50 Vgl.: BDA (2), S. 6.
51 Janssen, B., S. 3.
52 Janssen, B., S. 1.
53 Vgl.: Janssen, B., S. 1.

diese Aufgabe besser geeignet wären. Sie haben den Beruf ausgeübt, sie wissen um die Schwierigkeiten in den Schulen, sie können die Fähigkeiten benennen, die zwingend notwendig sind. Nur sie können die künftigen Lehrer ausbilden, da nur sie wissen, worauf es ankommt.

All diese Aspekte deuten darauf hin, dass die Lehramtsstudenten in deutschen Universitäten nicht immer zu Experten des Lehrens und Lernens ausbildet werden. Dies ist aber für die Bildung und somit auch für die Employability ihrer späteren Schüler von großer Bedeutung. Ein Schritt in diese Richtung wäre, die Unternehmen bei der Entwicklung eines neuen Konzeptes zur Lehrerausbildung mitwirken zu lassen. Die Bundesvereinigung der Deutschen Arbeitgeberverbände sieht die Lehrer als „pädagogische Führungskräfte im Unternehmen Schule"[54], warum also sollen nicht auch Methoden der Führungskräfteausbildung in deutsche Lehramtsstudien einbezogen werden?

3.3 Die Beziehung Lehrer – Wirtschaft

Der klassische Werdegang eines deutschen Lehrers beginnt in der Schule, setzt sich mit dem Studium an einer Universität fort, und von dort aus geht es an die Schule zurück. „ ... Schnittstellen mit der beruflichen Wirklichkeit außerhalb der Schule ..."[55] gibt es kaum oder überhaupt nicht. Die Schüler auf das Leben – dieses beinhaltet auch das Arbeitsleben – vorzubereiten, gehört zu den Aufgaben der Lehrer, doch wie sollen sie dies tun, wenn sie doch kaum oder gar keine Kontakte zu der außerschulischen Arbeitswelt hatten bzw. haben? Um diese Aufgabe adäquat erfüllen zu können, müssen sie selbst Erfahrungen in der Arbeitswelt gesammelt haben, wissen, worauf es in den Unternehmen ankommt, und dieses Wissen ständig erneuern bzw. überprüfen. Die Anforderungen der Unternehmen an die Schulabgänger ändern sich im Laufe der Zeit immer wieder, so genügt es also nicht, dass ein Lehrer einmal in einem Unternehmen „geschnuppert" hat, ein regelmäßiger Austausch mit den Unternehmen ist von enormer Bedeutung.

Dies bringt einige Vorteile mit sich. Nicht nur, dass die Lehrer durch eigene Erfahrungen in der außerschulischen Arbeitswelt einen Eindruck davon gewinnen, was von Schulabgängern erwartet wird und es ihnen dadurch leichter fällt, die Schüler darauf vorzubereiten, die Kontakte mit den Unternehmen ermöglichen auch Aktionen wie Betriebsbesichtigungen und Praktika. Im Idealfall kann der Lehrer somit auch bei der Suche nach Ausbildungsstellen behilflich sein. Den Schülern das Gefühl zu geben, dass der Lehrer weiß, wovon er spricht, bestimmte Aspekte mit von ihm selbst erlebten Praxisbeispielen nachhaltiger erläutern zu können, all dies trägt dazu bei, die Schüler für diese Themen zu sensibilisieren und letztendlich ihre Employability zu steigern.

---

54 BDA (2), S. 8.
55 BDA (2), S. 16.

3.4 Herausforderungen und Anforderungen an den modernen Lehrerberuf

– Hintergrund

Es gibt eine Kluft zwischen Fähigkeiten und Kompetenzen, die zukünftige Arbeitgeber von Schülern erwarten, und den Fähigkeiten und Kenntnissen, die den Schülern in der heutigen Schule vermittelt werden. Durch die zukünftigen Veränderungen auf dem Arbeitsmarkt und die Tatsache, dass die letzten grundlegenden Schulreformen schon einige Jahrzehnte zurückliegen, vergrößert sich diese Kluft zunehmend. Hier sind Staat, Eltern, aber vor allem die Lehrer bzw. die Schulen gefragt. Durch ihre fast tägliche Arbeit mit den Schülern haben Lehrer gute Voraussetzungen, die Situation der Schüler zu verbessern und ihre Beschäftigungsfähigkeit zu stärken.

Es gibt eine Reihe von Herausforderungen und Anforderungen an den modernen Lehrberuf.

– Herausforderungen

Wichtig ist der regelmäßige und intensive Austausch der Lehrer mit Vertretern der Unternehmen und Institutionen, um über genaue und aktuelle Anforderungen an das Qualifikationsprofil der zukünftigen Arbeitnehmer, also der Schulabgänger, informiert zu sein. Doch das Wissen allein reicht nicht aus, diese identifizierten Kompetenzen und Fähigkeiten müssen in die Lerninhalte integriert werden. Der alleinige Erwerb von Fachwissen wird in Zukunft für die Schüler nicht mehr ausreichend sein. So empfiehlt der Unesco-Erziehungsbericht bereits im Jahr 1996 den Schulen, die vier Grundelemente der Bildung gleichermaßen zu beachten. Die Schüler sollen demnach:

1. lernen zu wissen (learning to know),
2. lernen zu handeln (learning to do),
3. lernen zusammenzuleben (learning to live with others)
4. und das eigene Leben lernen (learning to be).[56]

Dies bedeutet im Einzelnen, Schüler mit folgenden Fähigkeiten bzw. Kompetenzen auszustatten:

1. Schüler sollen über grundlegende Fähigkeiten wie Lesen, Schreiben, Rechnen, sowie über aktuelles und relevantes Wissen verfügen und dieses auch verstehen.

2. Des Weiteren sollen sie auch praktische Fertigkeiten wie z. B. den Umgang mit Multimedia und die Entwicklung von Arbeitsdisziplin erhalten und zur Problemlösung fähig sein.

3. Schlüsselqualifikationen, wie z. B. Toleranz, Kommunikationsfähigkeit, Teamfähigkeit, soziale Mitverantwortung usw., sollen am Ende der Schulzeit für die Jugendlichen selbstverständlich sein. Zu Zeiten von Globalisierung und Internationalisierung sollen sie auch über entsprechend gute Fremdsprachenkenntnisse verfügen.

---

56 Vgl.: BDA (1), S. 16.

4. Die Ausstattung der Schüler mit persönlichen Kompetenzen und Haltungen sollte an den Schulen nicht vergessen werden. Eigenverantwortung, „emotionale Intelligenz", unternehmerisches Denken und Handeln, Lernfähigkeit und vor allem auch die Anwendung des Gelernten, sowie Selbsterkenntnis und Arbeit an eigenen Schwächen und Stärken sollten im Schulalltag trainiert werden.[57]

— *Anforderungen an die Lehrerausbildung und die pädagogischen Fähigkeiten der Lehrer*

Um Schülern all dies vermitteln zu können, benötigen Lehrer selbst Fähigkeiten und Kompetenzen, die bislang in der Lehrerausbildung nur bedingt verankert sind. Der Fokus der Lehrerausbildung muss mehr als bisher auf überfachliche Qualifikationen der angehenden Lehrer gerichtet sein. Der didaktisch-pädagogische Bereich muss dem fachlichen Bereich gleichwertig sein, denn was nützt dem Lehrer ein fundiertes Fachwissen, wenn er nicht weiß, wie er dieses den Schülern vermitteln soll. Im Studium und auch in der Lehrerfortbildung sollten die Lehrer erfahren, wie sie dem Schüler Lernkompetenz vermitteln können, wie sie also den Schüler lehren zu lernen. Diese Lernkompetenz ist eine der Grundvoraussetzungen für Lebenslanges Lernen[58]. Die „Beschleunigung der Wissenszyklen"[59] zwingt uns förmlich zum lebenslangen Lernen. Dies ist für die Beschäftigungsfähigkeit eines Menschen in der heutigen Zeit immens wichtig. Gerade für Grundschulpädagogen ist dies von großer Bedeutung, denn in der Grundschule werden die Weichen für die spätere Schullaufbahn der Kinder gestellt. Eine gezielte Förderung der Kinder in der Grundschule beugt späterem Schulversagen vor und ist eine wesentliche Grundlage für die Ausbildung von Leistungsbereitschaft und -fähigkeit.[60]

In allen Schularten ist auch wichtig, den Schülern den Spaß am Lernen zu vermitteln. Motivation und Neugier der Schüler müssen von Anfang an, und hier ist wieder besonders die Grundschule gefragt, richtig genutzt werden, denn nur wenn die Kinder und Jugendlichen Spaß am Lernen haben, werden sie lernen.

Um allen Kindern einer Klasse gerecht werden zu können, müssen die heutigen Lehrer auch über viel Einfühlungsvermögen und interkulturelle Kompetenzen verfügen. Nicht nur eine bessere Integration der Kinder mit Migrationshintergrund wäre die Folge, sondern interkulturelles Lernen. Das Nutzen von verschiedenen Sprachen und Kulturen kann für die deutschen Kinder als weitere Bildungschance verstanden werden[61] und ihre Employability stärken. Entwickeln Lehrer mehr Einfühlungsvermögen, erhöht dies die Chance auf eine individuelle Förderung der Kinder. Lehrer könnten so Benachteiligungen vermeiden, Begabungen früher erkennen und fördern[62] und den Schülern eine größere Chance auf eine verbesserte Beschäftigungsfähigkeit bieten.

---

57 Vgl.: BDA (1), S. 17.
58 Vgl.: Arbeitsstab Forum Bildung, S. 3.
59 Chancen für alle, S. 1.
60 Vgl. Chancen für alle, S. 16.
61 Vgl.: Chancen für alle, S. 13.
62 Vgl.: Chancen für alle, S. 9.

— Anforderungen an die praktischen Fähigkeiten der Lehrer

Bereits in den Grundschulen wäre es sinnvoll, die Kinder an eine Fremdsprache heranzuführen. In den weiterführenden Schulen sowie an Hochschulen sollte es in Zukunft selbstverständlich sein, dass Teile des Unterrichts in einer Fremdsprache abgehalten werden. So sollte jeder Lehrer mindestens eine Fremdsprache fließend sprechen.

Der Umgang mit modernen Medien muss für die heutigen Lehrer eine Selbstverständlichkeit sein. Gerade das Internet sollte als Wissens- und Lernquelle von Lehrern und auch von Schülern genutzt werden. Die Lehrer bzw. die Schulen „müssen die Schüler in die Lage versetzen, die neuen Medien zu nutzen, aus den angebotenen Informationen auszuwählen und ihr Wissen produktiv zu verwenden"[63], sie also mit der sogenannten Medienkompetenz ausstatten.

Ebenso wichtig ist es, dass die Lehrer über Diagnosekompetenz verfügen, d. h. die Fähigkeit besitzen, ihre Schüler einschätzen zu können. In einem vor kurzem von der Universität in Landau durchgeführten Test wurde festgestellt, dass einige Lehrer die Kompetenzen ihrer Schüler nur sehr schlecht einschätzen können. So wäre es dringend notwendig, die Diagnosekompetenz stärker in der Lehrerausbildung zu verankern. Von enormer Wichtigkeit ist dies vor allem für die Grundschullehrer, die in der 4. Jahrgangsstufe mit den Empfehlungen für die weiterführenden Schulen eine bedeutsame Entscheidung für die spätere Beschäftigungsfähigkeit dieser Schüler treffen. Fehleinschätzungen bzw. willkürliche Entscheidungen können das gesamte Leben des jeweiligen Schülers betreffen.

Um den Schülern alle für ihr späteres Berufsleben wichtigen Qualifikationen vermitteln zu können, bedarf es aber nicht nur einer grundlegenden Reform der Lehrerausbildung, sondern auch einer entscheidenden Änderung in den Lehrmethoden. „Moderne Erziehungsmethoden müssen gezielt eingesetzt werden, damit die Schüler die nötigen Kompetenzen im Zusammenhang miteinander entwickeln."[64] Es kann nicht sein, dass heute in vielen Schulen die Schüler in derselben Lernumgebung und mit denselben Methoden unterrichtet werden, wie bereits ihre Eltern und auch Großeltern unterrichtet wurden, denn diese wurden auf ein gänzlich anderes Leben vorbereitet.

— Anforderungen an die Methodenkompetenz der Lehrer

Wie bereits angedeutet, stellt die Vermittlung der für die Beschäftigungsfähigkeit relevanten Schlüsselqualifikationen die Schule bzw. die Lehrer vor eine große Herausforderung. Da sie kaum im direkten Zugriff vermittelt und eingeübt werden können, ist es notwendig, im Unterricht mittelbare Zugangsmöglichkeiten zu eröffnen.[65] Hierzu gibt es einige moderne Lehrmethoden, die zum einen die Ausbildung von Employability fördern und zum anderen selbst Inhalt von Employability sind. Einige entscheidende Lehrmethoden sollen hier vorgestellt werden.

---

63 BDA (1), S. 13.
64 BDA (1), S. 17.
65 Vgl.: Siegers, J., S. 5.

Lernpsychologische Forschungen ergeben, dass ein Mensch:

- „10 % von dem behält, was er liest
- 20 % von dem behält, was er nur hört
- 30 % von dem behält, was er beobachtet
- 50 % von dem behält, was er hört und sieht
- 70 % von dem behält, was er selbst sagt und
- 90 % von dem behält, was er selbst tut."[66]

Ein Zitat von Lao-Tse, einem chinesischen Philosophen, bestätigt und verstärkt diese Forschungsergebnisse:

„Sage es mir,
und ich werde es
vergessen,
erkläre es mir
und ich werde es
behalten,
lass es mich tun, und ich werde es
verstehen."[67]

Anhand dieser Zahlen und des Zitats ergibt sich eindeutig die Notwendigkeit, an Schulen weniger Frontalunterricht abzuhalten. Diese Unterrichtsform bietet den Schülern nur die Möglichkeit, etwas zu hören, die oben genannten Zahlen verdeutlichen jedoch, dass nur kaum etwas davon behalten wird. Effektiver ist es, die Schüler selbst etwas erarbeiten zu lassen. Sie müssen selbst aktiv werden und erhalten so die Möglichkeit, mehr Wissen zu erhalten und vor allem selbstständiges Arbeiten zu erlernen. Der Lehrer wird vom reinen Wissensvermittler zum Moderator und „Coach", der die Schüler begleitet und beratend unterstützt,[68] die Schüler werden vom passiven Konsumenten zum aktiv Lernenden.

Beim selbstständigen Erarbeiten von Themen trainieren die Schüler zudem die Fähigkeit, „Wesentliches von Unwesentlichem zu unterscheiden, Nützliches und Nutzloses zu trennen und schließlich Richtiges und Falsches zu erkennen".[69]

Eigenschaften, die in der zukünftig erwarteten Wissensgesellschaft, die eine Flut von Informationen mit sich bringen wird, für das Berufsleben immer wichtiger werden. Ein konkretes Beispiel einer innovativen Unterrichtsmethode ist das von Jean-Pol Martin im Rahmen des Französischunterrichts entwickelte „Lernen durch Lehren". Bei dieser in verschiedenen Fächern und in allen Schultypen und Altersstufen einsetzbaren Methode lernen die Schüler einen neuen Stoff, indem sie ihn lehren. Sie bereiten den Stoff also selbstständig auf, präsentieren ihn den Mitschülern und erarbeiten ihn mit ihnen zusammen. Diese Methode trainiert

---

66 Bundesanstalt für Arbeitsschutz und Arbeitsmedizin, S. 13.
67 Schöps, R., S. 2.
68 Vgl.: Chancen für alle, S. 2.
69 Chancen für alle, S. 1.

die Bereiche Präsentation, Moderation und Gruppenarbeit und ist daher zur Vermittlung von Schlüsselqualifikationen geeignet.[70]

Gruppen- und Projektarbeit, auch jahrgangsstufenübergreifend, lehrt die Jugendlichen, Rücksicht zu nehmen, sich auf andere einzulassen, und steigert so die von einem Großteil der Unternehmen gefragte Teamfähigkeit.

Um den Unterricht interessanter und abwechslungsreicher zu gestalten, sollten die Schüler gerade in den oft nicht so beliebten naturwissenschaftlichen Fächern die Möglichkeit erhalten, selbst zu experimentieren. Durch eigene chemische Versuche im Labor, durch Experimente in der Physik, durch Ausflüge in die Natur im Rahmen des Biologieunterrichts wird nicht nur die Neugier geweckt, sondern der Lerneffekt wird deutlich gesteigert. Nur durch den Bezug zum Leben verstehen viele Schüler, warum sie z. B. Mathematik oder Physik lernen müssen. Diese aufgelockerte Art des Unterrichts nimmt auch häufig die Angst vor den naturwissenschaftlichen Fächern. Den Unterricht praxisbezogener und interessanter zu gestalten, ist ganz im Sinne des amerikanischen Mathematikers Paul Halmos, der zu diesem Thema Folgendes sagte:

> „The best way to learn is to do –
> to ask, and to do.
> The best way to teach is to make
> students ask, and do.
> Don't preach facts – stimulate
> acts."[71]

Taten anregen, den Unterricht spannend und interessant gestalten, wechselnde Lernorte – Labore, Ausflüge in die Natur, Museen usw. – und den Bezug vom Lernstoff zum Leben herstellen, alles dies sind Dinge, die direkt bzw. indirekt die Employability der Schüler erhöhen.

Ebenfalls zur Vermittlung von Schlüsselqualifikationen geeignet ist der Sport. Mit Sport kann auf erzieherische Werte wie z. B. Fairplay und Teamfähigkeit hingewiesen werden. Gerade in Ganztagsschulen, in denen Sport eine wichtige Rolle spielt bzw. spielen soll, können Schüler daraus einen Nutzen für ihre Beschäftigungsfähigkeit erzielen.[72]

Als hilfreich in diesem Gebiet könnte sich auch die Musik erweisen. Der vorläufige Zwischenbericht einer Untersuchung der Universität Paderborn hat ergeben, dass die Musik die kognitiven, sozialen und kreativen Fähigkeiten der Schüler fördert. Schüler aus musikbetonten Klassen[73] zeigen demnach ein besseres Sozialverhalten, sie sind toleranter und weniger aggressiv als Schüler der Vergleichsklassen, und der Einzelne ist besser in die Gruppe integriert. Nicht nur die Musikalität, auch Selbstbewusstsein, Realitätssinn und Intelligenz sind bei den Schülern der musikbetonten Klassen ausgeprägter als bei den Kindern der Ver-

---

70 Vgl.: Eichstätter Bildungsmesse, S. 1.
71 Baptist, P., S. 69.
72 Vgl.: BMBF, S. 1.
73 Musikbetonte Klassen haben im ersten Schuljahr eine zusätzliche Musikstunde zum regulären Musikunterricht, vom zweiten Schuljahr an erlernen sie ein Instrument. Daneben ist eine Stunde Arbeitsgemeinschaft mit Ensemblespiel Pflicht.

gleichsklassen, die nicht musikbetont unterrichtet werden.[74] Sollten sich diese Ergebnisse im Test auf längere Sicht hin bestätigen, würde sich der Musikunterricht positiv auf die Beschäftigungsfähigkeit der Schüler auswirken.

– *Schulen als „Häuser des Lernens"*

Bereits im Jahr 1995 wurde durch die NRW-Bildungskommision ein Begriff ins Leben gerufen, der heute in fast jeder Abhandlung zum Thema Bildung erscheint: „Das Haus des Lernens." Die moderne Schule muss ein Lern- und Lebensraum sein, „weil die Schülerinnen und Schüler dort lernen und sie dort einen wichtigen Teil ihres Tages verbringen."[75]

Unter „Haus des Lernens" wird eine Zukunftsvision verstanden. Die Schule

- „ist ein Ort, an dem alle willkommen sind, die Lehrenden wie die Lernenden in ihrer Individualität angenommen werden, die persönliche Eigenart in der Gestaltung von Schule ihren Platz findet,
- ist ein Ort, an dem Zeit gegeben wird zum Wachsen, gegenseitige Rücksichtnahme und Respekt voreinander gepflegt werden,
- ist ein Ort, dessen Räume einladen zum Verweilen, dessen Angebote und Herausforderungen zum Lernen, zur selbsttätigen Auseinandersetzung locken,
- ist ein Ort, an dem Umwege und Fehler erlaubt sind und Bewertungen als Feedback hilfreiche Orientierung geben,
- ist ein Ort, wo intensiv gearbeitet wird und die Freude am eigenen Lernen wachsen kann,
- ist ein Ort, an dem Lernen ansteckend wirkt.

Im „Haus des Lernens" sind alle Lernende, in ihm wächst das Vertrauen, dass alle lernen können. „Diese Schule ist ein Stück Leben, das es zu gestalten gilt."[76]

Mit einem pädagogischen Schulentwicklungsmodell, dem „*Neuen* Haus des Lernens", werden diese Aspekte noch konkretisiert. Dreh- und Angelpunkt seines Modells ist das *Eigenverantwortliche Arbeiten und Lernen* der Schüler, kurz „EVA" genannt. „EVA" kann jedoch nur angewendet werden, wenn die Schüler „über tragfähige methodische, kommunikative und soziale Kompetenzen und Routinen verfügen. Zu diesem Zweck werden sie eigene Trainingsblöcke durchlaufen, die jeweils einem Schwerpunkt gewidmet sind (Methoden-, Kommunikations-, Teamschulung), und wo sie die Möglichkeit erhalten, gezielt Methoden zu erwerben, die sie im Unterricht oder für die Lernarbeit zu Hause benötigen, bzw. ihre Kommunikations- und Teamkompetenz zu entwickeln."[77]

---

74 Dilk, A., S. 85 f.
75 Behler, G., S. 65.
76 Osthoff, S., S. 1 f.
77 Schöps, R, S. 8

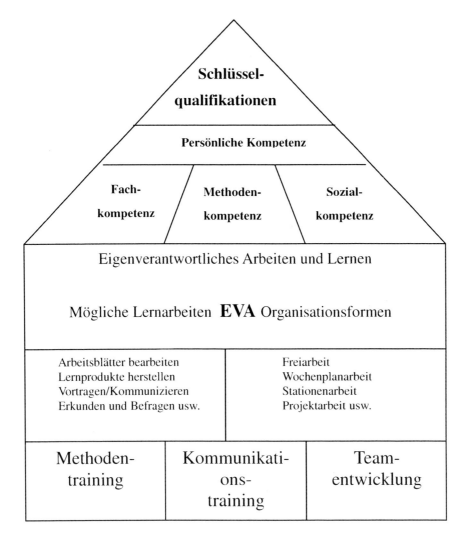

Abbildung 1: Das neue Haus des Lernens – Ansatzpunkte der pädagogischen Schulentwicklung

Viele Schulleiter versuchen schon heute, ihre Schulen zu „Häusern des Lernens" zu machen. Sollte es ihnen gelingen, all diese Aspekte zu berücksichtigen, wäre dies für die Beschäftigungsfähigkeit der Schulabgänger von enormem Vorteil. Dies bestätigt ein Zitat von Heinz Klippert:

> Wer gelernt hat,
> selbständig zu planen und seine Arbeit zu organisieren,
> Informationen zu beschaffen und gekonnt zu exzerpieren,
> wer gelernt hat,
> in der Gruppe zu arbeiten und sensibel zu kooperieren,
> Kritik zu üben und andere zu integrieren,
> wer gelernt hat,
> Diskussionen zu führen und offen seine Meinung zu sagen,
> geschickt zu verhandeln und Verantwortung zu tragen,
> wer gelernt hat,
> konstruktiv zu denken und Probleme zu beheben,
> Fantasie zu entwickeln und nach Neuem zu streben,
> wer all dies gelernt hat, der hat was erworben,
> was im Leben gebraucht wird, nicht nur heute – auch morgen."[78]

Um den Schülern all dies geben zu können, um Schulen zu „Häusern des Lernens" umgestalten zu können, benötigen die Schulen jedoch mehr Selbstständigkeit und Eigenverantwortung. Diese Gestaltungsmöglichkeiten bieten den Schulen die Chance, sich schnell auf neue Herausforderungen einstellen zu können. Um dies umsetzen zu können, ist eine deutliche Lockerung der staatlichen Erlasse und Dienstvorschriften von Nöten. „Das bedeutet in der Praxis mehr, als nur Freiraum zu gewähren. Es verlangt vom System Schule, dass es Lehrkräfte und Schüler selbst „verantwortlich macht" und „zur Verantwortung zieht".[79] Je mehr dies auf allen schulischen Ebenen realisiert wird, umso eher verstehen die Schüler Selbstständigkeit und Eigenverantwortung als ein Leitbild ihres Handelns,[80] und dies wirkt sich sehr positiv auf ihre Beschäftigungsfähigkeit aus.

4. Best Practice

Zahlreiche Projekte an deutschen Schulen deuten darauf hin, dass zumindest einige Schüler, Lehrer und auch der Staat den großen Handlungsbedarf im Bereich der Bildung erkannt haben. Doch bevor einige dieser Projekte näher dargestellt werden, sollen zwei ausländische Schulsysteme – die jeweils bei den PISA-Studien besser als Deutschland abgeschnitten haben – auf ihre Befähigung hin, die Schüler employable zu machen, überprüft werden.

---

[78] Schöps, R., S. 10 f.
[79] Bundesvereinigung der Deutschen Arbeitgeberverbände (1), S. 8.
[80] Vgl.: Bundesvereinigung der Deutschen Arbeitgeberverbände (1), S. 8.

4.1 Ausländische Schulsysteme und ihre Bedeutung für die Beschäftigungsfähigkeit ihrer Schüler

4.1.1 Finnland

Ein völlig anderes Schulsystem im Vergleich zu Deutschland ist im PISA-Siegerland Finnland zu finden. Einige wesentliche Aspekte dieses Schulsystems sollen hier vorgestellt und anhand ihrer Bedeutung für die spätere Beschäftigungsfähigkeit der Schüler beurteilt werden:

- Aufgrund der Größe des Landes und der geringen Einwohnerzahl sind die finnischen Schulen meist sehr klein. Folgende Zahlen sollen dies verdeutlichen:

  – 60 % der finnischen Schulen haben weniger als sieben Lehrkräfte,

  – 40 % aller Schulen in Finnland werden von weniger als 50 Schülern besucht.

  – Die durchschnittliche Schülerzahl der im Jahr 2000 an PISA beteiligten finnischen Klassen lag bei 19,5 Schülern, was sehr kleine Klassen bedeutet.[81]

  Kleine Schulen und kleine Klassen haben sehr viele Vorteile, die Lehrer kennen alle ihre Schüler und sie haben Zeit, auf die Stärken und Schwächen eines jeden Einzelnen einzugehen. Die Schüler fühlen sich in Finnland nicht wie „einer von vielen", sie haben ein deutlich besseres Verhältnis zu ihren Lehrern, als dies in anderen Ländern der Fall ist. All dies wirkt sich auf ihre Lernmotivation und letztendlich auf ihre Beschäftigungsfähigkeit aus.[82]

- Schwächere Schüler profitieren nicht nur von den kleinen Klassen und Schulen, sie erhalten in Finnland darüber hinaus noch weitere Hilfen. Neben der Schulleitung, den Klassen- und Fachlehrern gibt es an finnischen Schulen weiteres Schulpersonal, das mindestens einmal pro Woche an der Schule ist. Diese sind eine Schulschwester[83], mit der Grundausbildung einer Krankenschwester und einer Zusatzqualifikation für vorbeugende Gesundheitsarbeit, eine Psychologin, die ein offenes Ohr für jegliche Probleme der Kinder und Jugendlichen hat, und eine Sozialpädagogin, die für alle sozialen Konflikte der Schüler zuständig ist.

  Von diesen Fachkräften profitieren alle Schüler, die lernschwachen wie die guten, doch gibt es noch weiteres Fachpersonal, das gerade für die Lernschwachen Unterstützung bietet. In Schulen mit größeren Lerngruppen gibt es eine unbestimmte Zahl an Assistenten, die stundenweise den Lehrer unterstützen und ihm die Möglichkeit bieten, sich mehr um die einzelnen Schüler zu kümmern. Ebenfalls einmal wöchentlich an den finnischen

---

[81] Vgl.: von Freymann, T., S. 1.
[82] Vgl.: die tageszeitung, S. 4.
[83] Da in mehreren Quellen bei allen Formen des zusätzlichen Schulpersonals nur die weibliche Form verwendet wurde, wird es hier für das finnische Schulsystem übernommen.

Schulen ist die sogenannte Speziallehrerin, bei der es sich um eine erfahrene Lehrkraft mit einer intensiven universitären Zusatzausbildung handelt.

Die Speziallehrerin kommt in die Klassen mit lernschwachen Kindern und berät die Klassenleitung. Zeigt dies keine Wirkung, übernimmt sie diese Schüler für einige Stunden und erteilt gezielten Unterricht in den jeweiligen Problembereichen. Hilft auch dies noch nicht, die Defizite abzubauen, kümmert sich die monatlich tagende „Spezialkonferenz" um den Fall und entwickelt einen Plan, wie dem Schüler am besten geholfen werden kann. Diese gezielten Förderung macht das Sitzenbleiben zum Ausnahmefall.[84]

In größeren Schulen werden für verhaltensauffällige und lernschwache Schüler kleine Sonderklassen eingerichtet, die eigene, speziell ausgebildete Lehrer erhalten. Da diese Klassen voll am Schulleben teilnehmen, ist eine Rückkehr in die Regelklasse kein Problem. Ca. 16 % aller finnischen Schüler erhalten pro Jahr Förderung, in Deutschland besuchen nur etwa 4 % der Schüler eine Förderschule mit Schwerpunkt Lernen.[85] In Finnland versucht man also, allen Schülern die Chance auf einen Schulabschluss zu bieten, sie in jeglicher Hinsicht zu fördern und fordern. Dem Schüler das Gefühl zu geben, „hier bin ich wer", „hier kümmert man sich um mich", motiviert und stärkt das Selbstbewusstsein. All dies trägt dazu bei, auch lernschwache Schüler beschäftigungsfähig zu machen.

- Durch eine intensive staatliche Sprachförderung gibt es in Finnland kaum Kinder aus Migrantenfamilien, die aufgrund von Sprachdefiziten dem Unterricht nicht folgen können. Die Chancen auf einen besseren Schulabschluss steigen.

- Alle Schüler in Finnland werden bis zum Abschluss der neunten Jahrgangsstufe gemeinsam unterrichtet. 70 % wechseln im Anschluss daran auf die gymnasiale Oberstufe[86], die sogenannte „lukio", die im Kurssystem arbeitet. Je nach Fleiß und Begabung können die Schüler dort nach zwei bis vier Jahren ihr Abitur ablegen. Da die Lehrpläne an finnischen Schulen – im Rahmen weitmaschiger Vorgaben – vom Lehrerkollegium selbst erstellt werden, ist das Abitur zentral gestellt und wird auch zentral korrigiert.[87] Diese Selbstständigkeit und Eigenverantwortung der Schulen wirkt sich wie in Kapitel 3 beschrieben positiv auf die Lehrer und die Schüler aus.

In Verbindung mit dem zentral gestellten Abitur, das als Kontrolle dient, ist dieses System im Sinne der Beschäftigungsfähigkeit der Schüler zu befürworten. Ebenso sinnvoll ist der gemeinsame Unterricht bis zur neunten Jahrgangsstufe. Hier ist Chancengleichheit gewährleistet!

Die vorgestellten Aspekte haben gezeigt, dass die Schüler an finnischen Schulen nahezu ideale Voraussetzungen für eine gute Beschäftigungsfähigkeit vorfinden. Sicherlich kann Deutschland von diesem Schulsystem etwas lernen, doch es soll hier nicht übersehen werden, dass das finnische Schulsystem sehr kostenintensiv ist. Auf der anderen Seite darf nicht vergessen werden, dass Deutschland als rohstoffarmes Land auf das Wissen und Können seiner arbeitenden Bevölkerung angewiesen ist. So ist in der Bundesrepublik Deutschland

---

84 Von Freymann, T., S. 2.
85 Vgl.: Von Freymann, T., S. 2.
86 Vgl.: Starke Eltern, S. 2.
87 Vgl.: Von Freymann, T., S. 1 f.

jede Investition in Bildung auch eine Investition in die Zukunft des Wirtschaftsstandorts Deutschland.

4.1.2 Niederlande

Ebenfalls sehr interessante Ansätze befinden sich im niederländischen Schulsystem:

- Die Schulpflicht in den Niederlanden beginnt bereits mit fünf Jahren, wobei ein Großteil der Kinder bereits mit vier Jahren täglich zur Schule geht. Damit das zu frühe Einschulen zeitlich wieder ausgeglichen wird, durchlaufen diese Kinder die ersten beiden Vorbereitungs-Schuljahre in drei Jahren. In dieser Zeit wird zwar in der Schule noch viel gespielt, wer jedoch z.B. Lesen lernen möchte, wird gefördert. In dieser Zeit setzt auch schon eine, für das niederländische Schulsystem typische, Systematik ein: Je nach Fähigkeiten und Interessen erhalten die Schüler unterschiedliche Angebote. Die letzten beiden der insgesamt acht Grundschuljahre sind Orientierungsjahre. Nach dem sechsten Grundschuljahr gibt es einen landesweiten Test, nach Abschluss der Grundschule eine Abschlussprüfung.

  Zusammen mit einer Beurteilung durch den Lehrer fließen diese Ergebnisse in eine Schullaufbahn-Empfehlung ein. In der anschließenden zweijährigen Grundbildungsphase werden alle Schüler, – Hauptschüler, Realschüler und Gymnasiasten – wenn auch mit stärkerer Differenzierung, in einer Klasse unterrichtet.[88] Sehr positiv ist hier zu sehen, dass die Motivation, Neugier und Lernbereitschaft der kleinen Kinder im niederländischen Schulsystem genutzt werden und dass der Übergang von der Grundschule zur weiterführenden Schule sehr spät stattfindet. Dem Lehrer wird mehr Zeit gegeben, eine Entscheidung für die Schulempfehlung zu treffen, und der Schüler hat sich bis zu diesem Zeitpunkt weiterentwickelt. Zusammen mit den beiden Test- bzw. Prüfungsergebnissen kann eine realitätsnahe Empfehlung ausgesprochen werden.

  Wechselt der Schüler auf eine Schule, die zu seinen Leistungen passt, wird er dort weder unter- noch überfordert und kann sich so zu einem beschäftigungsfähigen Menschen entwickeln. Individuelle Förderung und Chancengleichheit unterstreichen dies.

- Ebenfalls positiv zu sehen ist, dass in den Niederlanden der Frontalunterricht immer mehr der Gruppen- und Einzelarbeit weichen muss. Der Lehrer gibt die Arbeitsanweisungen und bietet Hilfestellung an. Die Fortschritte jedes Schülers werden dokumentiert und in Lehrer-Teambesprechungen diskutiert. „Schule versteht sich als Dienstleistung. Der Lehrer ist Coach, der entwickelt, was die Schüler in sich tragen."[89] Dies fördert die Selbstständigkeit, aber auch die Teamfähigkeit, die beide wichtige Schlüsselqualifikationen der Beschäftigungsfähigkeit sind.

- Wie auch in Finnland, sind in den Niederlanden die Schulen eigenverantwortlich. Damit die Qualität nicht auf der Strecke bleibt, überprüfen Schulinspektoren alle vier Jahre die Schulen, und die Ergebnisse werden im Internet veröffentlicht. Dass sich die Selbststän-

---

88 Vgl.: Die Rheinpfalz Nr. 81.
89 Die Rheinpfalz Nr. 81.

digkeit und Eigenverantwortung der Schulen positiv auf die Schüler auswirken, wurde bereits oben erläutert.

Diese Aspekte zeigen auf, dass auch die niederländischen Schulen den Schülern große Chancen auf Beschäftigungsfähigkeit bieten. Doch sollte nicht verborgen bleiben, dass dieses System nicht ohne Fehler ist. So wird in niederländischen Schulen nur in den letzten beiden Jahren der Grundschule Englischunterricht angeboten, und auch weitere Fremdsprachen gibt es derzeit nur in Schulversuchen[90]. In Zeiten der Internationalisierung und Globalisierung ein fragwürdiger Ansatz.

4.2 Projekte an deutschen Schulen und deren Bedeutung für die Employability der Schüler – ein Beispiel

TRANS-JOB ist eines von vielen Projekten der Stiftung der Deutschen Wirtschaft (sdw). Etwa 95 Schulen und ca. 250 Unternehmen haben partnerschaftlich seit Beginn des Projektes im Sommer 1999 eine Vielzahl von Aktivitäten durchgeführt[91]. Ein Beispiel ist das „K-Team" des Otto-Hahn-Gymnasiums in Landau/Pfalz. Erster Kooperationspartner des Otto-Hahn-Gymnasiums, das seit 1999 am Projekt TRANS-JOB teilnimmt, war das Existenzgründerzentrum Jeanne d'Arc. Die zehnte Klasse hatte dort an drei Vormittagen in der Woche ökonomischen Unterricht. Neben dem Thema „Arbeitswelt", das die Schüler als Vorbereitung für ihr Betriebspraktikum behandelten, hatten die Zehntklässer die Möglichkeit, sich mit dem Planspiel „play boss" als Unternehmensgründer zu versuchen. Besonders interessiert waren die Schüler bereits zu diesem Zeitpunkt an der Entwicklung eines eigenen Gründungskonzepts für eine Firma im Bereich der Erlebnisgastronomie. Die spontane Idee, tatsächlich eine eigene Firma zu gründen, kam jedoch erst einige Zeit später. Ende Mai 2001 versammelten sich die Schülervertreter zusammen mit dem „Schülersprecherteam 2000/2001" und Vertretern der Lehrerschaft zu ihrem alljährlichen Treffen. Eine Arbeitsgruppe des Treffens beschäftigte sich mit dem Thema „Wie gründe ich eine Firma?", ein Thema, das nach der Vorbereitung im Existenzgründerzentrum bei allen sehr gut ankam. Es folgte ein Brainstorming, die unterschiedlichen Vorschläge wurden zusammengefasst und der seit Monaten leer stehende Kiosk der Schule bot die optimale Gelegenheit. Nach Zustimmung und Unterstützung der Schulleitung – die das volle finanzielle und rechtliche Risiko übernahm – blieb nur noch die Frage nach dem Startkapital offen. Die Idee der Aktiengesellschaft wurde geboren, und Schüler und Lehrer konnten bis zu fünf Aktien für je zwei Euro erwerben. Nach einer Phase der Vorbereitung, in der der Kiosk instand gesetzt und bestückt wurde, eine Unterweisung bezüglich des hygienischen Behandelns von Nahrungsmitteln im Gesundheitsamt stattfand, ein passender Name – „K-Team" – und ein Logo gefunden wurden und noch vieles mehr erledigt werden musste, eröffnete der Kiosk mit einem großen Event. Der tägliche Arbeitsablauf der beteiligten Schüler sieht heute wie folgt aus:

---

90 Vgl.: ggg.ra.bw.schule, S. 1.
91 Vgl.: sdw (ohne Angabe eines Jahres), S. 4.

- Von 07.00 Uhr bis Schulbeginn wird die frisch gelieferte Ware vorbereitet.
- In der ersten und zweiten Pause findet der Verkauf statt.
- Nach der sechsten Stunde werden Vorbereitungsraum und Kiosk gründlich gereinigt.
- Die Bestellungen der Speisen und Getränke werden flexibel nach dem Kaufverhalten der Schüler und Lehrer ausgerichtet.

Durch das „K-Team" werden inzwischen gute Gewinne erzielt, die für besondere Aktionen für das Unternehmensteam verwendet werden.

Besonders erwähnenswert ist noch Folgendes: Alle Mitglieder des „K-Team", ob aus der Klassenstufe acht oder dreizehn, sind gleichberechtigt, denn nur durch die Einarbeitung und Mitwirkung jüngerer Schüler ist das Fortbestehen der Schülerfirma gewährleistet.

Einen Motivationsschub erhielten die teilnehmenden Schüler durch den Gewinn des ersten Preises beim Wettbewerb „Praxissterne" der „Initiative für Beschäftigung."[92]

Dieses Projekt des Otto-Hahn-Gymnasiums in Landau/Pfalz ist aus Sicht der Förderung der Beschäftigungsfähigkeit vorbildlich, da es folgende Aspekte berücksichtigt:

- Durch die Kooperation mit dem Existenzgründerzentrum erfahren die Schüler „Informationen aus erster Hand" zum Thema Arbeitswelt. Der Wechsel des Lernorts an drei Vormittagen der Woche gibt den besonderen Anreiz.

- Das Unternehmensplanspiel führt die Schüler spielerisch an die Unternehmenswelt heran und begeistert sie für das Thema „Existenzgründung". Sie können Grundrisse zeichnen, Konzepte entwickeln, usw., all dies fördert ihre Kreativität.

- Die Unterstützung der Schulleitung zeigt den Schülern, dass ihre Ideen und Konzepte und letztendlich sie selbst an dieser Schule ernst genommen werden.

- Die Erarbeitung der Satzung der Aktiengesellschaft, die Suche nach Sponsoren für die Einrichtung, der Termin beim Gesundheitsamt usw. werden von den Schülern selbstständig erledigt. Dies erfordert Lernbereitschaft, doch die Schüler lassen sich nicht abschrecken, sie zeigen Engagement und Durchhaltevermögen und erhalten einen Einblick in die Arbeitswelt.

- Im Kiosk arbeiten Schüler verschiedener Jahrgangsstufen zusammen: Durch die Teamarbeit werden soziale Kompetenzen geschult.

Die genannten Aspekte belegen eindeutig, dass die Mitarbeit am „K-Team" die Beschäftigungsfähigkeit der Schüler stärkt, sie sind teamfähig, engagiert, lernbereit, können unternehmerisch denken und handeln usw. Durch das „K-Team" wird ihnen der Schritt von der Schule in die Arbeitswelt erleichtert.

---

92 Vgl.: sdw (ohne Angabe eines Jahres), S. 30 f.

5. Fazit

Als Konsequenz kann festgestellt werden, dass zur besseren Integration des Themas Beschäftigungsfähigkeit in deutschen Schulen nicht nur die Initiative der Lehrer und Schüler gefragt ist, sondern auch die Eltern, die Unternehmen und vor allem der Staat maßgeblich beteiligt sind.

An die Eltern wird appelliert, in den Familien Beschäftigungsfähigkeit vorzuleben und damit das Bildungsbewusstsein zu stärken. Da die Eltern ein Vorbild für ihre Kinder darstellen, ist es erforderlich, dass sie durch ihr eigenes Handeln die Kinder motivieren, sich zu beschäftigungsfähigen Menschen zu entwickeln. Ebenso notwendig ist es, dass die Familien ihre Erziehungsaufgaben wahrnehmen. Ein positiveres Image des Lehrberufs in den Familien würde dazu führen, dass die Schüler den Lehrern mit mehr Respekt gegenübertreten, und die Lernmotivation würde dadurch gesteigert. Darüber hinaus sollten Eltern dazu beitragen, ihre Kinder auf die Arbeitswelt vorzubereiten. Den Kindern den eigenen Beruf näher bringen, ihnen genau erklären, was die Eltern in den Unternehmen leisten, wäre ein Schritt in die richtige Richtung.

Die Unternehmen beklagen die große Kluft, die zwischen den von ihnen geforderten Qualifikationen an die zukünftigen Arbeitnehmer und den tatsächlichen Qualifikationen der Schulabgänger besteht. Um diese Kluft zu verkleinern, sollten auch Unternehmen die Initiative ergreifen und ihre Anforderungen an die zukünftigen Arbeitnehmer an den Schulen und speziell bei den Lehrern verdeutlichen. Denn nur, wenn Lehrer wissen, worauf es ankommt, können sie dies den Schülern vermitteln.

Durch verstärkte Angebote von Praktikumsplätzen, Unternehmensbesichtigungen usw. – auch wenn diese Zeit und Geld kosten – bieten die Unternehmen Schülern wie Lehrern die Chance auf eine verbesserte Employability, von der sie später, durch beschäftigungsfähigere Arbeitnehmer, wieder profitieren können.

Da auch die Lehrer ein Vorbild für ihre Schüler darstellen, ist es auf Lehrerseite besonders wichtig, Employability vorzuleben. Lehrer sollten über gute fachliche und überfachliche Qualifikationen verfügen, die sie an ihre Schüler weitergeben können. Bei der Wissensübermittlung ist es besonders wichtig, dass mit modernen Lehrmethoden gearbeitet wird.

Frontalunterricht muss zugunsten dieser neuen Methoden fast ganz aus den Klassenzimmern verdrängt werden. Schulen sollten mit Hilfe der Lehrer zu „Häusern des Lernens" werden, in denen Schüler motiviert und mit Freude lernen. Leistungsdruck sollte vermieden und Schülern die Angst vor den naturwissenschaftlichen Fächern genommen werden. Der Kontakt zu Unternehmen sollte aufgenommen bzw. verstärkt werden. Jeder Lehrer sollte durch persönliche Erfahrungen wissen, wie die „außerschulische Arbeitswelt" abläuft, und dies den Schülern näher bringen.

Selbst wenn die Lehrer die an sie gestellten Anforderungen erfüllen, kann die Beschäftigungsfähigkeit der Schüler nur mit ihrer eigenen Mitwirkung gestärkt werden. Grundvoraussetzung hierfür ist das Verständnis für die Notwendigkeit und Bedeutung der Beschäftigungsfähigkeit auf Schülerseite. Nur wenn Schüler verstanden haben, dass sie nicht für die

Schule, sondern für das Leben lernen, verstehen sie das Lernen nicht mehr als Last, sondern als Chance für eine erfolgreiche Zukunft.

Die weitaus größten Anforderungen werden jedoch an den Staat gestellt. Um Lehrer adäquat auf ihre Tätigkeit in den Schulen vorzubereiten, ist eine Reform der Lehrerausbildung dringend erforderlich.

Sind die Lehrer ausgebildet, müssen sie Anreize erhalten,

- sich ständig weiterzubilden und
- sich über den Schulalltag hinaus, z. B. mit besonderen Aktionen, für die Schüler zu engagieren.

Die Eigenverantwortlichkeit und Selbstständigkeit der Schulen würde dies erleichtern.

Ein verstärktes Augenmerk sollte auf die Grundschulen gelegt werden, da hier die wichtigsten Weichen für die schulische Bildung der Kinder gelegt werden. Die Bildungsausgaben generell sowie deren Aufteilung nach Schularten sollten dringend überdacht werden. Als sehr wichtig erscheint es, das Angebot an Ganztagsschulen zu erhöhen. Diese sollten jedoch nicht als „Parkplatz" für Kinder von berufstätigen Eltern, sondern als Chance einer besseren Bildung gesehen werden. Ganztagsschulen würden es durch ein Mehr an Zeit ermöglichen, die überfachlichen Qualifikationen stärker in die Lehrpläne zu verankern und Chancengleichheit für alle zu gewährleisten. Der Blick „über den Tellerrand" hinaus, in die ausländischen Schulsysteme – besonders auf die Länder gerichtet, die bei der PISA-Studie erfolgreich waren – könnte für das deutsche Schulsystem nur von Vorteil sein.

Es ist sicherlich nicht möglich, all diese Empfehlungen von heute auf morgen umzusetzen. Um die Lehrerausbildung zu reformieren, bedarf es einer langen Vorbereitungszeit.

Das größte Problem wird allerdings die Finanzierung darstellen. Die Errichtung von Ganztagsschulen, die Erhöhung der Bildungsausgaben usw. würde Millionen von Euro erfordern, die in der ohnehin schwierigen finanziellen Situation der Bundesrepublik Deutschland kaum aufzubringen sind. Diese und weitere Probleme werden die Situation noch einige Zeit unverbessert lassen, und noch viele beschäftigungsunfähige Schüler werden die deutschen Schulen verlassen. Wie in Abschnitt „Best Practice" gezeigt wurde, gibt es an deutschen Schulen durchaus Beispiele dafür, dass auch mit kleinen Schritten – die nicht zwangläufig mit großem finanziellen und zeitlichen Aufwand verbunden sind – eine große Wirkung auf die Integration der Beschäftigungsfähigkeit in den Schulen erzielt werden kann.

Bei aller Diskussion über dieses Thema sollte das Handeln nicht vergessen werden, denn jeder beschäftigungsfähige Schulabgänger trägt zum zukünftigen wirtschaftlichen Erfolg der Bundesrepublik Deutschland bei.

Literatur

Arbeitsstab Forum Bildung, Einzelergebnisse des Forum Bildung, in: http://bildungsplus.forum-bildung.de/files/eb_II_einzelergeb.pdf, 03.12.03, 11:22 Uhr.

Baptist, P., Mathematikunterricht heute – aus deutscher Sicht. In: BDA (1): In Mathe Mangelhaft, Berlin 2000.

BDA (1), Schule braucht Qualität, Ein europäisches Arbeitgeber-Konzept, Berlin 2000.

BDA (2), „Führungskraft Lehrer", Empfehlungen der Wirtschaft für ein Lehrerleitbild, Berlin 2001.

BDA (3), Bildungsauftrag Werteerziehung, Selbstständig denken, verantwortlich handeln, Berlin 2002.

Bildung Plus, Schule und Migrantenkinder: Wo bleibt der institutionelle Wandel?, in: http://www.forumbildung.de/templates/imfokus_print.php?artid=255, 2003, 21.05.04, 22:56 Uhr.

Blickpunkt Bundestag, Forum: Ergebnisse der PISA-Studie, in: http://www.bundestag.de /bp/2001/bp0112/0112072.html, 2002, 27.06.04, 08:45 Uhr.

BLK, Förderung von Kindern und Jugendlichen mit Migrationshintergrund, Heft 107, Bonn 2003.

BMBF, „Beweg Dich – Für Deine Zukunft" – Europäisches Jahr der Erziehung durch Sport, in: http://www.bmbf.de/de/1335.php, 2004, 07.04.04, 22:02 Uhr.

Bundesanstalt für Arbeitsschutz und Arbeitsmedizin, Lebenslanges Lernen im Bereich Sicherheit und Gesundheit, 2003.

Bundesministerium für Bildung und Forschung (1), Für eigenständige Lebensführung und sicheren Arbeitsplatz: die Rahmenbedingungen für Berufswahl und Berufsausbildung, Bonn 2001.

Bundesvereinigung der Deutschen Arbeitgeberverbände (1), Schule in der modernen Leistungsgesellschaft, Berlin 2000.

Bundesvereinigung der Deutschen Arbeitgeberverbände (2) „Standortfaktor Schule", Berlin 2002.

Bundesvorstand zum 28. Gesamtschulkongress, „Bericht zur Lage der Integration-Deutschland", in: http://leb.bildung.-rp.de/info/sonstiges/reden/2003-05-01.pdf 2003, 26.04.04, 15:18 Uhr.

Chancen für alle, Sieben Thesen zum Thema Lebenslanges Lernen, in: http://www.chancenfueralle.de/Arbeit/Neue_Arbeitswelt/Lebenslanges_Lernen.html, 27.03.04, 22:57 Uhr.

Die Rheinpfalz Nr. 81, Niederländer setzen stark auf individuelle Förderung, in: Die Rheinpfalz, Mittelhaardter Rundschau, Jahrgang 60, Nr. 81, 2004.

Dilk, A., Mit Musik lernt es sich leichter, in: ZeitPunkte, Welche Schule brauchen wir? Nr. 2/1996.

die tageszeitung, „Unser Schulsystem verstärkt soziale Nachteile", in: http://www.taz.de/pt/2001/12/12/a0161.nf/text.name,askI3TuiE.n,12001, 26.04.04, 15:08 Uhr.

Eichstätter Bildungsmesse, Lernen durch Lehren, in: http://www.ku.eichstaett.de/Fakultaeten/SLF/romanistik/didaktik/Forschung/ldl/, 2004, 27.06.04, 02:14 Uhr.

Engstler, H./Menning, S., Die Familie im Spiegel der amtlichen Statistik, Berlin 2003.

Institut der deutschen Wirtschaft Vor- und Grundschulerziehung – Spätentwickler Deutschland, in:http://www.familienhandbuch.de/cmain/f_Aktuelles/a_Schule/s_1316.html, 2004, 07.06.04, 19:24 Uhr.

isoplan-Saarbrücken, Sprachkompetenz im Visier, in: http://www.isoplan.de/ais/2002-2/bildung.htm, 2002, 21.05.04, 13:45 Uhr.

Janssen, B., Raus aus der Uni! in: http://www.zeit.de/2002/22/Hochschule/200222_c-ph-plaedoyer.html, 2002, 27.06.04, 23:53 Uhr.

nano online, Ohne Deutsch keine Chance auf Bildung, in: http://www.3sat.de/nano/cstuecke/33691/, 2002, 21.05.04, 23:56 Uhr.

Osthoff, S., Unterwegs zum ‚Haus des Lernens', in: http://www.mcs-bochum.de/Gesamts/hausdes.htm, 09.07.04, 13:44 Uhr.

Politikerscreen, Ankunft im Mittelmaß, in: http://www.politikerscreen.de/direct.asp?Page=/static/blickpunkt/2004/Pisa2004/index.htm (30.07.05, 21:15 Uhr).

Prenzel, M./Baumert, J./Blum, W./Lehmann, R./Leutner, D./Neubrand, M./Pekrun, R./Rolff, H.-G./Rost, J.; Schiefele, U. (Hrsg.), PISA 2003, Ergebnisse des zweiten internationalen Vergleichs, Zusammenfassung, in: http://pisa.ipn.uni-kiel.de/Ergebnisse_PISA_2003.pdf, 01.08.05, 11:45 Uhr.

Radtke, F., Wie Schule Ungleichheit herstellt, in:http://leb.bildung-rp.de/info/aktuell/qualitaet/pisa/pisa-2000/gew_2002-08-30_1.htm, 2002, 21.05.04, 22:45 Uhr.

Rump, J./Schmidt, S., Lernen durch Wandel – Wandel durch Lernen, Sternenfels 2004.

Schelten, A., Schlüsselqualifikationen, in:http://www.lrz-muenchen. de/~scheltenpublikationen/pdf/schluesselqualschelten2004wub.pdf, 2004, 20.04.04, 13:04 Uhr.

Schöps, R., Ein Tag im Haus des Lernens, in: http://www.kreismedienzentrum.landkreis-waldshut.de/me_klippert.htm, 2003,09.07.04, 20:56 Uhr.

Sdw (ohne Angabe eines Jahres), Kooperations-Knigge, Schulen und Unternehmen auf gemeinsamem Parkett, Berlin, ohne Angaben.

Sekretariat der Ständigen Konferenz der Kultusminister der Länder in der Bundesrepublik Deutschland (Hrsg.) (1), Schule in Deutschland – Zahlen, Fakten, Analysen.

Siegers, J., Bildung und lebenslanges Lernen, Elementare Bestandteile einer modernen sozialgerechten Gesellschaft und Wirtschaft, 2001.

Stamm, M., Für die Schule, nicht fürs Leben lernen wir, in: http://www.nzz.ch/2004/05/11/se/page-article9KOTH.html, 2004, 31.05.04, 11:43 Uhr.

Statistische Veröffentlichungen der Kultusministerkonferenz Nr. 161 Juli 2002, Bonn 2002.

Starke Eltern, Schule in Finnland, Ein Modell für Deutschland?, in: http://www.starke-eltern.de/htm/schule_in_finnland.htm, 17.06.04l, 21:16 Uhr.

Studienkreis Schule und Wirtschaft,Infodienst 2/2003, Mainz 2003.

Theis, J., PISA – Alarm längst verklungen? in: http://www.ggg-nrw.de/Aktuell/Theis.2002-11-11.OECD.html, 2002, 10.06.04, 13:45 Uhr.

von Freymann, T., Bemerkungen zum finnischen Schulwesen, in: http://www.km.bayern.de/km/leherinfo/positionen/2004/01219/, 2004, 17.06.04, 21:03 Uhr.

Wolf, S., Ein heilsamer Schock – ein lehrreiches Desaster, Das deutsche Bildungs-System nach Pisa – 1. Teil in: http://www.wissenswandel.de/index_print.php?session=&article_id=172, 27.03.04, 22:12 Uhr.

World Socialist Web Site, Jugendarbeitslosigkeit weiterhin auf hohem Niveau, in: http://www.wsws.org/de/2003/dez2003/juge-d19.shtml, 2003, 31.05.04, 10:57 Uhr.

Zitzelsberger, O., Schulkinder aus Migrationsfamilien, in: http://www.familienhandbuch.de/cmain/f_Aktuelles/a_Schule/s_774.html, 2002, 21.05.04, 23:04 Uhr.

Employability im Zuge des demografischen Wandels

Jutta Rump/Silke Eilers

1. Daten, Zahlen, Fakten
2. Der Begriff „Älterer Arbeitnehmer"
3. Die Realität in Unternehmen
4. Kompetenzen der älteren Mitarbeiter
5. Handlungsansätze
   5.1 Personalentwicklung
   5.2 Gesundheitsförderung
   5.3 Arbeitsplatzgestaltung
   5.4 Arbeitszeitregelung
6. Fazit

Literatur

1. Daten, Zahlen, Fakten

Es ist eine inzwischen wohl bekannte und häufig zitierte Tatsache, dass wir in einer schrumpfenden und vergreisenden Gesellschaft leben. Geht man von einer konstant niedrigen Fertilitätsrate von 1,3[1], einer Lebenserwartung, die dem Trend der letzten Jahre folgend weiter ansteigt, sowie eines jährlichen Zuwanderungsplus von + 100.000 aus, dann nimmt die Bevölkerungszahl bis zum Jahr 2015 um ca. 1,8 Mio. ab, bis zum Jahr 2030 verringert sie sich auf 74,7 Mio. (Variante 1 der Bevölkerungsvorausrechnung des Statistischen Bundesamtes).[2]

Aus den niedrigen Geburtenraten über 30 Jahre hinweg resultiert auch, dass die Bevölkerung immer älter wird. Während im Jahr 2005 das Durchschnittsalter 41 Jahre war, wird es im Jahr 2030 auf 51 Jahre ansteigen. In Unternehmen liegt das Durchschnittsalter derzeit bei 43 Jahren, 2030 soll es 53 Jahre betragen.

	2005	2010	2015	2020	2030
Durchschnittsalter	41	43	45	47	51
Durchschnittsalter in Unternehmen	43	45	47	49	53

Quelle: Statistisches Landesamt Rheinland-Pfalz, S.108 ff.

Abbildung 1: Entwicklung des Durchschnittsalters

Gleichzeitig erhöht sich der Anteil derer, die über 60 Jahre alt sind. Derzeit sind 24,8 % der Bevölkerung älter als 60 Jahre, im Jahr 2020 werden es 29,5 % sein. Bis 2030 steigt die Anzahl der über 60-Jährigen auf 35,4 % der Gesamtbevölkerung. Diese Zahlen sprechen eine deutliche Sprache. Eine noch deutlichere Sprache spricht die Entwicklung der über 75-Jährigen: Heute sind 8,5 % der Bevölkerung über 75 Jahre alt. 2020 werden 10,7 % der Bevölkerung über 75 Jahre alt sein. Im Jahr 2030 wird sich der Anteil auf 11,9 % erhöhen. Demgegenüber verringert sich der Anteil der unter 20-Jährigen kontinuierlich. Von heute 20,1 % auf 17,3% im Jahr 2020 bis zu 16,9 % im Jahr 2030.

---

[1] Unter Fertilitätsrate wird die Anzahl der Kinder bezeichnet, die eine Frau während ihres Lebens zur Welt bringt. In Deutschland beträgt die Fertilitätsrate 1,3. Eine Gesellschaft mit einer „stabilen" Bevölkerung weist eine Rate von 2,1 auf bei nicht vorhandenem Wanderungssaldo (Differenz zwischen Einwanderung und Auswanderung). Für die nächsten Jahre wird sich laut EU die Fertilitätsrate in Deutschland nicht wesentlich ändern.

[2] Vgl.: Statistisches Landesamt Rheinland-Pfalz, S. 60.

81,6 Mio. 20,1 % 55,1 % 24,8 %	Menschen leben derzeit in Deutschland, sind jünger als 20 Jahre, sind zwischen 20 und 60 Jahre alt, sind älter als 60 Jahre. Davon gehören 8,5 % zu den über 75-Jährigen.
80,9 Mio. 18,6 % 55,6 % 25,8 %	Menschen werden 2010 in Deutschland leben, werden jünger als 20 Jahre sein, werden zwischen 20 und 60 Jahre alt sein, werden älter als 60 Jahre sein. Davon werden 9,2 % zu den über 75-Jährigen gehören.
79,8 Mio. 17,9 % 54,8 % 27,3 %	Menschen werden 2015 in Deutschland leben, werden jünger als 20 Jahre sein, werden zwischen 20 und 60 Jahre alt sein, werden älter als 60 Jahre sein. Davon werden 10,6 % zu den über 75-Jährigen gehören.
78,5 Mio. 17,3 % 53,2 % 29,5 %	Menschen werden 2020 in Deutschland leben, werden jünger als 20 Jahre sein, werden zwischen 20 und 60 Jahre alt sein, werden älter als 60 Jahre sein. Davon werden 10,7 % zu den über 75-Jährigen gehören.
74,7 Mio. 16,9 % 47,7 % 35,4 %	Menschen werden 2030 in Deutschland leben, werden jünger als 20 Jahre sein, werden zwischen 20 und 64 Jahre alt sein, werden älter als 65 Jahre sein. Davon werden 11,9 % zu den über 75-Jährigen gehören.

Quelle: Statistisches Landesamt Rheinland-Pfalz

Abbildung 2*: Variante 1 der Bevölkerungsvorausrechnung des Statistischen Bundesamtes*

Das Szenario zeigt, dass mit einer Verringerung des Erwerbspersonenpotenzials zu rechnen ist. Ein genereller Arbeitskräftemangel wird dadurch nicht zu erwarten sein (nicht zuletzt aufgrund der Arbeitsproduktivitätszuwächse), sehr wohl jedoch eine Knappheit qualifizierter Fachkräfte. Besagtes Erwerbspersonenpotenzial wird sich auch im Hinblick auf seine Zusammensetzung in den kommenden Jahren erheblich verändern. Während beispielsweise 1996 die 25-39-Jährigen die personenstärkste Altersgruppe der sozialversicherungspflichtig Beschäftigten bildeten, sind es heute schon die 35-44-Jährigen und in den Jahren 2020 bis 2025 werden es die 50-59-Jährigen sein. Unternehmen müssen ihr Augenmerk somit verstärkt auf ältere Mitarbeiter[3] richten. Darüber hinaus tragen eine Verlängerung des Renteneintrittsalters sowie die Entwicklung der Sozialversicherungssysteme zu älter werdenden Belegschaften bei. Die Zahl der über 60-Jährigen, die bis zur gesetzlichen Altersgrenze erwerbstätig bleiben, steigt.

---

3 Aus Lesefreundlichkeit wird im Folgenden auf die weibliche Form verzichtet.

Die Daten, Zahlen und Fakten verdeutlichen: Werden die Bedeutung und der Einfluss von Schrumpfung und Alterung miteinander verglichen, ist davon auszugehen, dass die Herausforderung für Gesellschaft und Wirtschaft weniger aus der Tatsache resultiert, dass wir in einer schrumpfenden Gemeinschaft leben, als vielmehr aus dem Fakt, dass wir altern.

2. Der Begriff „Älterer Arbeitnehmer"

Aus den Bevölkerungsszenarien lässt sich u. a. ableiten, dass der Anteil der älteren Arbeitnehmer deutlich zunehmen wird. Hier stellen sich nun die Fragen, was wir unter einem älteren Arbeitnehmer verstehen und wann ein Mitarbeiter zu der Kategorie „älterer Arbeitnehmer" gehört. Ein Blick in die Literatur macht deutlich, dass es eine Vielzahl an Ansätzen und Versuchen gibt, die Begriffe „ältere Arbeitnehmer" und „jüngere Arbeitnehmer" zu definieren und voneinander abzugrenzen.

So legt das Institut für Arbeitsmarkt- und Berufsforschung der Bundesagentur für Arbeit eine Altersgrenze zugrunde, die sich über eine Spanne von 45 bis 55 Jahren erstreckt.[4] Die OECD beschreibt ältere Arbeitnehmer als diejenigen Mitarbeiter, die in der zweiten Hälfte des Berufslebens stehen, das Rentenalter noch nicht erreicht haben sowie gesund und arbeitsfähig sind. Für eine Reihe von Berufsgruppen lässt sich der terminus technicus „zweite Hälfte des Berufslebens" dahingehend konkretisieren, dass die Altersgrenze zwischen der Kategorie „jüngerer Mitarbeiter" und der Kategorie „älterer Mitarbeiter" beim 45. Lebensjahr liegt.[5] Die sozialpolitisch begründete Definition stellt das Alter in den Kontext des Arbeitsmarktes. Als ältere Arbeitnehmer werden Personen definiert, die aufgrund ihres Alters auf dem Arbeitsmarkt mit überdurchschnittlichen Risiken konfrontiert werden. Diese Risiken werden u.a. damit begründet, dass diejenigen, die Arbeit nachfragen, mit zunehmendem Alter eine abnehmende Leistungsfähigkeit und Flexibilität assoziieren.[6] Im Rahmen der derzeitigen gesellschaftlichen Definition gelten ältere Mitarbeiter im Allgemeinen als krankheitsanfällig, müde, desinteressiert, langsam und unproduktiv. Jung wird hingegen mit fit, interessiert, schnell, produktiv, dynamisch gleichgesetzt. Zwar bröckelt dieses Bild mehr und mehr, in Unternehmen scheint es jedoch immer noch handlungsleitend zu sein.[7] Der gesellschaftliche Definitionsansatz wird nicht selten mit der Begriffsbestimmung der OECD kombiniert.

Bei einem Vergleich der Definitionsansätze und -versuche fällt zum einen die Unterschiedlichkeit auf. Zum anderen wird deutlich, dass jeder der vorgestellten Begriffsbestimmungen lediglich einige Aspekte berücksichtigt, während andere relevante Faktoren ausgeblendet bzw. vernachlässigt werden. Insbesondere der sozialpolitische und gesellschaftliche Ansatz ist pessimistisch und negativ orientiert. Unter Einbeziehung der verschiedenen Definitions-

---

4 Vgl.: IAW, S. 3.
5 Vgl.: Naegele, G., S. 8 ff.
6 Vgl.: Naegele, G., S. 11.
7 Vgl.: Lehr, U./Wilbers, J., S. 204 f.; Kruse, A./Lehr, U., S. 546 f.

ansätze und dem Grundsatz der Werteneutralität versteht Ganslmeier unter dem Begriff der älteren und jüngeren Mitarbeiter ein relationales Konstrukt.

Eine Person ist älter in Bezug zu anderen Personen ihres sozialen bzw. beruflichen Umfeldes, wird als relativ alt für die Ausübung einer spezifischen Aufgabe/Position gesehen oder wirkt alt (im Sinne von „reif" oder wenig „flexibel") im Hinblick auf bestimmte Verhaltenserwartungen.

Eine Person ist jünger in Bezug zu anderen Personen ihres sozialen bzw. beruflichen Umfeldes, wird als vergleichsweise jung für die Ausübung einer spezifischen Aufgabe/Position gesehen oder wirkt jung (im Sinne von „dynamisch"oder „wenig erfahren") im Hinblick auf bestimmte Verhaltenserwartungen.[8]

3. Die Realität in Unternehmen

Employability ist mit dem Anspruch auf „Lebenslänglichkeit" verbunden. Dieser Anspruch zeigt sich in der Notwendigkeit, dass ein Mitarbeiter während des gesamten Erwerbsprozesses beschäftigungsfähig sein und bleiben muss. Dies betrifft sowohl die Fachkompetenz als auch die Schlüsselqualifikationen, wie beispielsweise Initiative, Eigenverantwortung, unternehmerisches Denken und Handeln, Engagement, Lernbereitschaft, Teamfähigkeit, Kommunikationsfähigkeit, Einfühlungsvermögen, Belastbarkeit, Konfliktfähigkeit, Offenheit und Veränderungsbereitschaft sowie Reflexionsfähigkeit.

In vielen Unternehmen ist hingegen die Einschätzung vorherrschend, dass Employability mit steigendem Alter abnimmt. Es ist festzustellen, dass immer noch die Vorstellung eines Defizitmodells[9] – „sinkende Lernfähigkeit mit steigendem Alter" – verbreitet ist. In einer Untersuchung des Instituts für Beschäftigung und Employability (IBE) wird deutlich, dass eine Vielzahl von Entscheidungsverantwortlichen in Unternehmen eine negative Korrelation zwischen Beschäftigungsfähigkeit einerseits und Durchschnittsalter der Belegschaft andererseits wahrnehmen (Abbildungen 3 bis 6 geben einen Überblick). Je jünger das Durchschnittsalter der Belegschaft ist, desto höher wird die Ausprägung der Kernkompetenzen von Employability eingestuft. Vice versa: Je älter die Belegschaft ist, desto größer ist die Abweichung zwischen gewünschter und tatsächlicher Ausprägung der Beschäftigungsfähigkeit.

---

8 Ganslmeier, H./Wollert, A., S. 322.
9 Nach der Defizittheorie verringern sich mit zunehmendem Alter Leistung, Lernfähigkeit und Interesse an modernen Entwicklungen. Im Gegenzug verstärken sich der Wunsch nach Rückzug und Alleinsein, die Krankheitsanfälligkeit sowie die Unfallgefährdung. Vgl. Böhne, A./Wagner, D., S. 295.

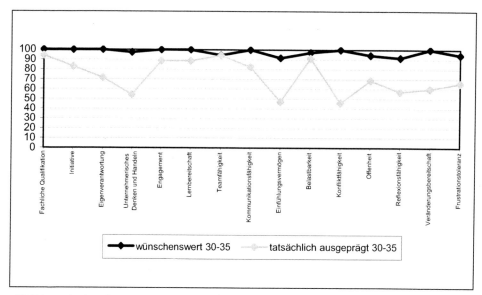

Abbildung 3: *Aspekte von Employability – inwieweit sind sie wünschenswert bzw. tatsächlich ausgeprägt – bei einem Durchschnittsalter von 30 bis 35 (gemessen an der Anzahl der Befragten, die zustimmen in Prozent)*

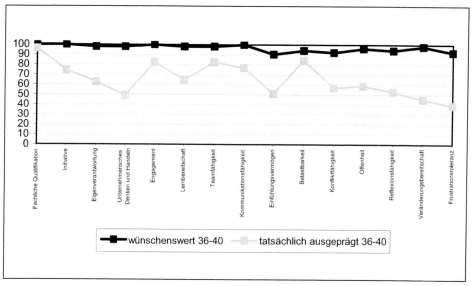

Abbildung 4: *Aspekte von Employability – inwieweit sind sie wünschenswert bzw. tatsächlich ausgeprägt – bei einem Durchschnittsalter von 36 bis 40 (gemessen an der Anzahl der Befragten, die zustimmen, in Prozent)*

Employability im Zuge des demografischen Wandels

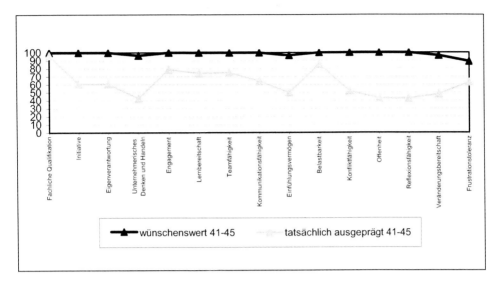

Abbildung 5: Aspekte von Employability – inwieweit sind sie wünschenswert bzw. tatsächlich ausgeprägt – bei einem Durchschnittsalter von 41 bis 45 (gemessen an der Anzahl der Befragten, die zustimmen in Prozent)

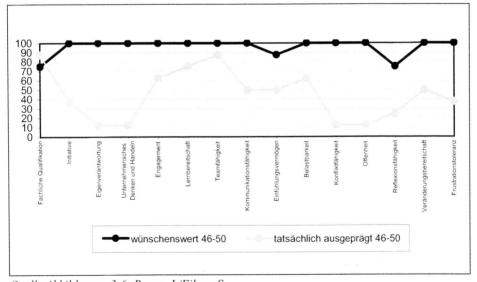

Quelle Abbildungen 3-6: Rump, J./Eilers, S.

Abbildung 6: Aspekte von Employability – inwieweit sind sie wünschenswert bzw. tatsächlich ausgeprägt – bei einem Durchschnittsalter von 46 bis 50 (gemessen an der Anzahl der Befragten, die zustimmen, in Prozent)

Der vermeintliche Verlust an Employability kann vielfältige Ursachen haben.

- Die Bedeutung von Employability mit ihrem umfassenden Kompetenzspektrum hat in den letzten Jahren zugenommen. Es kann vermutet werden, dass ältere Mitarbeiter nicht in diese qualifikatorische Richtung sozialisiert worden sind, weil ihre Aus- und Weiterbildung durch eine Dominanz an Fachorientierung gekennzeichnet war.
- Die überfachlichen Kompetenzen von Beschäftigungsfähigkeit könnten im Laufe der Berufstätigkeit aufgrund von gemachten Erfahrungen und fehlender Wertschätzung verkümmert sein.
- Wenn ältere Arbeitnehmer ein betriebliches Umfeld erfahren haben, das überfachliche Kompetenzen nicht förderte bzw. eher behinderte, könnte eine innere Kündigung bei den älteren Arbeitnehmern bereits erfolgt sein.
- Das Ergebnis der Befragung steht im Zusammenhang mit dem Phänomen der „self fulfilling prophecy", d. h., man drängt die Älteren eines Unternehmens in das Muster des Defizitmodells und bewirkt so, dass sie sich auch dementsprechend verhalten.
- Gesellschaftliche und politische Rahmenbedingungen in der Vergangenheit bzw. die Veränderung der gesellschaftlichen, wirtschaftlichen und politischen Faktoren heute und in Zukunft können ebenfalls eine Rolle spielen.

Auch Untersuchungen des IAW, des Statistischen Bundesamtes und der Bertelsmann Stiftung bestätigen, dass nicht wenige Unternehmen ein Defizitmodell in der Personalpolitik zugrunde legen. Obwohl die demografische Entwicklung hinlänglich bekannt ist, haben viele Unternehmen nach wie vor jüngere Arbeitnehmer im Fokus. In einer repräsentativen Umfrage sehen lediglich 4% der befragten Unternehmen die zunehmende Alterung ihrer Mitarbeiter als zukünftige Herausforderung an.[10] Eine Berechnung des IAW aus dem Jahr 2002 ergibt, dass nicht mehr als 20 % der westdeutschen Betriebe gezielte Maßnahmen für ältere Arbeitnehmer anbieten. Dabei zählt zu diesen Maßnahmen in erster Linie die Altersteilzeit, die eher der Ausgliederung älterer Arbeitnehmer als der Steigerung von deren Beschäftigungsfähigkeit dient.[11] An konkreten Weiterbildungsmaßnahmen nehmen laut einer repräsentativen Umfrage des statistischen Bundesamtes in der Bundesrepublik gerade einmal 1 % der über 55-Jährigen teil, bei den 50-55-Jährigen sind es 5 %.[12] Viele Unternehmen begründen dies mit der nicht angemessenen Amortisationszeit der damit verbundenen Aufwendungen. Dem kann jedoch zweierlei entgegengehalten werden: zum einen das rasante Voranschreiten des technologischen Wandels, das zu einer immer kürzeren Halbwertzeit von Wissen führt. Zum anderen der Umstand, dass sich die Lebensarbeitszeit unweigerlich verlängern und sich dadurch eine völlig neue Ausgangsbasis ergeben wird.[13]

Wie Untersuchungen zeigen, wurde bislang dem Älterwerden der Belegschaft in erster Linie mit dem Angebot der Altersteilzeit oder dem vorzeitigen Ruhestand begegnet, das von den Beschäftigten auch in hohem Maße angenommen wurde. Lediglich 36,8 % der 55-64-

---

[10] Vgl.: Bertelsmann Stiftung, Bundesvereinigung der Deutschen Arbeitgeberverbände, S. 27.
[11] Vgl.: IAW, S. 22.
[12] Vgl.: Sunter, S., S. 2.
[13] Vgl.: Bertelsmann Stiftung, Bundesvereinigung der Deutschen Arbeitgeberverbände, S. 52-53.

Jährigen arbeiten derzeit noch, während der OECD-Durchschnitt bei mehr als 48 % liegt.[14] Mit den Mitarbeitern geht eine Fülle an Erfahrungen und Know-how in den Ruhestand – kaum ein Unternehmen besitzt eine systematische Nachfolgeplanung oder einen strukturierten Wissenstransfer. Angesichts der Jugendzentriertheit verwundert es kaum, dass noch immer viele Arbeitnehmer den frühest möglichen Ruhestand anstreben, da sie sich in ihren Unternehmen nicht mehr erwünscht und nicht mehr gebraucht fühlen. Es sollte jedoch auch nicht verschwiegen werden, dass es nicht selten die älteren Mitarbeiter selbst sind, die nur ein geringes Interesse an Weiterbildung zeigen. Dies steht im Zusammenhang mit einer sogenannten „Lernentwöhnung", ist aber auch Folge einer unzureichenden Sensibilisierung von betrieblicher Seite.

4. Die Kompetenzen der älteren Arbeitnehmer

Im Zuge des demografischen Wandels ist Employability vor allem im Kontext des lebenslangen Lernens zu sehen. Employability bedeutet dann auch, den Spannungsbogen des Lernens aufzubauen und aufrechtzuerhalten. Dies betrifft die drei Dimensionen Lernfähigkeit, fluide und kristallisierte Kompetenzbildung sowie Zeitnähe.

– Lernfähigkeit

Entgegen der noch immer in vielen Unternehmen vorherrschenden sogenannten Defizittheorie liegen wissenschaftliche Belege der gerontologischen, soziologischen und pädagogischen Forschung vor, die von einer Veränderung der Lernmuster, jedoch keineswegs von einer Verringerung der Lernfähigkeit mit zunehmendem Alter sprechen.[15] Grundsätzlich gilt: Es ist eher eine Frage der Persönlichkeitsstruktur, der Berufsbiografie und der Motivationslage als eine Frage des biologischen Alters, in welchem Maße sich ein Arbeitnehmer als lernbereit und lernfähig erweist. Allerdings steigt mit zunehmendem Lebensalter das Unsicherheitsempfinden in Lernsituationen, und der Lernprozess gestaltet sich störanfälliger – insbesondere unter Zeitdruck sowie bei unstrukturierten und fiktiv-abstrakten Lernmaterialien. Damit wird deutlich, dass sich nicht die Lernfähigkeit mit dem Alter ändert, wohl aber die Lernmuster.[16]

Wenn differenziert über den Zusammenhang zwischen Lernfähigkeit und Alter diskutiert werden soll, ist auch zu berücksichtigen, dass das häufig noch vorherrschende Bild der älteren Arbeitnehmer sich auf Personen bezieht, die heute bereits das Rentenalter erreicht haben. Zwischen denjenigen, die dieses Bild geprägt haben und den „neuen Alten", den heute 45- bis 60-Jährigen liegt jedoch fast eine Generation. Eine Generation, die in einem kaum vergleichbaren Kontext aufgewachsen ist und ausgebildet wurde. Vergeblich wird man bei ihnen die Veränderungsunwilligkeit und Technikfeindlichkeit suchen, die man ihren Müttern und Vätern noch nachsagte. Sie waren in der Lage, nicht nur in ihre Bildung, sondern auch in ihre Gesundheit zu investieren und so länger aktiv im Erwerbsleben zu ste-

---

[14] Vgl.: Baldin, K.-M., S. 280; Schmitt, K., S. 1.
[15] Vgl.: Baldin, K.-M., S. 275 ff.
[16] Vgl.: Lau-Villinger, D./Seitz, C., S. 4 f.

hen. Laut einer Untersuchung des IAB sind Arbeitnehmer im Alter von 50 bis 64 Jahren bezogen auf ihre Ausbildungsabschlüsse bereits heute kaum schlechter qualifiziert als 25- bis 34-Jährige.[17]

– Fluide und kristallisierte Kompetenzbildung

Untersuchungen belegen, dass die Ausprägung bestimmter Kompetenzfelder einen Bezug zum Alter bzw. zur Kategorisierung von jüngeren Mitarbeitern und älteren Mitarbeitern aufweist. So haben tendenziell jüngere Beschäftigte zumeist bessere sensomotorische Fähigkeiten, ein höheres Leistungstempo, eine raschere Auffassungsgabe und kürzere Entscheidungszeiten. Demgegenüber fällt es älteren Mitarbeitern aufgrund ihrer Erfahrungen eher leicht, mit komplexen Sachverhalten umzugehen. Sie weisen häufig eine erhöhte Toleranz in Bezug auf alternative Handlungsstile auf und sind in potenziell belastenden Situationen abgeklärter. Entscheidungen werden nicht selten mit Bedacht getroffen und Konflikte tendenziell durch vorausschauendes Arrangieren im Vorfeld entschärft.[18]

Aus der Psychologie kennen wir das Konzept der fluiden und kristallisierten Kompetenz. Unter fluider Kompetenz werden eine schnelle Auffassung, eine schnelle Anpassung, eine hohe Wahrnehmungsgeschwindigkeit sowie eine hohe (Kurzzeit-) Gedächtnisleistung subsumiert. Als kristallisierte Kompetenz gelten Erfahrungswissen, Sprachgewandtheit, abwägende Wahrnehmung sowie ein stabiles Selbstkonzept. Werden die Kompetenzfelder, in denen jüngere Arbeitnehmer Stärken aufweisen, mit den Komponenten der fluiden Kompetenz verglichen, lässt sich Kompatibilität feststellen. Ein ähnlicher Zusammenhang besteht zwischen den Faktoren der kristallisierten Kompetenz und den Kompetenzfeldern, die älteren Beschäftigten zugeschrieben werden.[19] Das Konzept der fluiden und kristallisierten Kompetenz baut auf zwei Prämissen auf, die die Bedeutung der Berücksichtigung von „Altern" und Lebensphasenorientierung im betrieblichen Kontext aufzeigen:

- Die Verknüpfung von fluider Kompetenz und kristallisierter Kompetenz stellt eine wesentliche Voraussetzung für Innovationen dar.

- Fluide Kompetenz sinkt mit zunehmendem Alter, während der Grad und das Ausmaß an kristallisierter Kompetenz im Laufe des Lebens steigen.

Um die Innovationskraft eines Unternehmens zu stärken und seine Wettbewerbsfähigkeit zu erhöhen, ist es somit notwendig,

- die fluide Kompetenz zu erhalten bzw. den Abbau von fluider Kompetenz zu verlangsamen sowie

- den Aufbau der kristallisierten Kompetenz zu beschleunigen.

Vor dem Hintergrund einer älter werdenden Gesellschaft und Belegschaft hat dieser Zusammenhang weitreichende Konsequenzen für die Innovationsfähigkeit in Unternehmen. Da nicht genügend „frische" fluide Kompetenz in das Unternehmen hineinströmt, muss die

---

[17] Vgl.: Bertelsmann Stiftung, Bundesvereinigung der Deutschen Arbeitgeberverbände, S. 51.
[18] Vgl: Lau-Villinger, D./Seitz, C. (2002), S. 3; Ganslmeier, H./ Wollert, A., S. 331.
[19] Vgl.: Eysenck, H. J., S. 59; Oerter, M., S. 392; Lau-Villinger, D./Seitz, C., S. 67; Lehr, U., S. 73 ff.; Johanson, B., S. 12; Linneweh, K., S. 16 ff.; Baltes, P./Mayer, K. U., S. 223.

vorhandene fluide Kompetenz so lange wie möglich erhalten bleiben. Der Spannungsbogen des Lernens – und damit die Employability – muss bis in das hohe Alter erhalten bleiben. In Zukunft muss also ein Mitarbeiter sowohl Träger der kristallisierten Kompetenz als auch Träger der fluiden Kompetenz sein.

– Zeitnähe

Die zunehmende Bedeutung von Wissen als Wettbewerbsfaktor, die steigende Veränderungsgeschwindigkeit sowie die zunehmende Komplexität bedingen, dass die inhaltlichen Anforderungen am Arbeitsplatz stetig steigen und sich der Lebenszyklus von Wissen beständig verkleinert. Diese Entwicklungen in der Arbeitswelt erfordern von den Beschäftigten eine schnelle Anpassungs- und Reaktionsgeschwindigkeit, Flexibilität und mentale Mobilität – unabhängig vom Alter. Daraus folgt zweierlei: Zum einen müssen die Lernprozesse dem hohen Anspruch an die Qualität des Wissens gerecht werden. Zum anderen muss die Zeitverzögerung zwischen der Identifikation von Wissenslücken und deren Schließung so gering wie möglich ausfallen. Wird der zeitliche Aspekt nicht hinreichend berücksichtigt, besteht die Gefahr, dass Wissen zwar geschaffen wird, sich die Anforderungen an das Wissen in der Zwischenzeit jedoch wieder geändert haben.

Den Spannungsbogen des Lernens aufrechtzuerhalten, fluide und kristallisierte Kompetenzen zu entwickeln sowie den Wissensentwicklungsprozess zeitnah in Eigenverantwortung und aktiv zu gestalten, gehören zu Employability. Employability kann darüber hinaus durch eine altersspezifische Kompetenz gesteigert werden. Die aus Lebenserfahrung gereifte soziale Kompetenz stellt einen nicht zu unterschätzenden Wert für ein Unternehmen dar. So werden auch heute schon ältere Mitarbeiter gezielt eingesetzt, wenn es darum geht, langjährige Kundenkontakte aufrechtzuerhalten. Meist handelt es sich um Ansprechpartner aus der gleichen Altersgruppe, ein Übergang des Vertrauensverhältnisses auf jüngere Kollegen vollzieht sich erst über Jahre hinweg. Künftig wird diesem Aspekt immer größere Bedeutung beizumessen sein, da sich aufgrund des demografischen Wandels auch die Altersstruktur der externen Kunden verändern wird. Insbesondere im Dienstleistungssektor ist es leicht nachvollziehbar, dass sich dann beispielsweise der Kunde eines Möbelhauses vorzugsweise von einem Ansprechpartner der eigenen Generation bezüglich seiner Wohnungseinrichtung beraten lässt. Des Weiteren kann die soziale Kompetenz zur Entschärfung von Konflikten beitragen.

Bereits heute steigt die Zahl der Ruheständler, die sich ehrenamtlich engagieren oder gar als Studierende an die Hochschulen zurückkehren, beständig an – auf der Suche nach einer sinnvollen Gestaltung der neu gewonnenen Freiheit, vielleicht auch als Ausgleich für als unbefriedigend empfundene letzte Arbeitsjahre. In diesem Kontext würde auch eine Verlängerung der Lebensarbeitszeit nicht als Belastung empfunden werden – vorausgesetzt, die Arbeitnehmer erfahren Wertschätzung und Förderung im Unternehmen unabhängig von ihrem Lebensalter: „Wenn Unternehmen sicherstellen wollen, dass die grenzenlosen Potenziale ihrer Belegschaft eher in betriebliche Leistung münden, müssen sie deren positive Energie als Kraftquelle für Innovationen über kreative Rahmenbedingungen einer Lern- und Gesundheitskultur entdecken, messen und für ihr Wissensmanagement nutzbar machen. Wer mit der Ressource Mensch gut und sinnvoll, vernünftig und effizient umgehen kann, der setzt sich im Wettbewerb durch."[20]

5. Handlungsansätze

Es stellt sich nun die Frage, was ein Unternehmen vor dem Hintergrund des demografischen Wandels tun kann, um die Motivation der Beschäftigten zu erhalten und ihre Employability zu fördern. Einige ausgewählte Handlungsfelder werden im nachfolgenden Abschnitt dargestellt. Bei der Gestaltung der Handlungsfelder ist ein ganzheitliches Vorgehen entscheidend, das einer Gesamtstrategie folgt und die Unternehmenskultur sowie Führung im Blick hat. Darüber hinaus dürfen zwei zentrale Bedingungen nicht außer Acht gelassen werden:

- Die Schaffung eines lernförderlichen Umfeldes.
- Die Eliminierung des Kriteriums „Alter" als Entscheidungs- und Handlungsgrundlage (Employability ist nicht eine Frage des Alters, sondern bezieht sich auf die Lebensphasenorientierung sowie auf den Spannungsbogen des Lernens und Veränderns).

5.1 Personalentwicklung

Vorausgeschickt sei, dass es nicht darum geht, völlig neue Personalentwicklungs-Konzepte für ältere Mitarbeiter zu entwickeln, sondern vielmehr das bestehende Instrumentarium zielgerichteter einzusetzen. Dabei empfiehlt es sich stets, Mitarbeiter in die Planungen einzubeziehen, um nicht „am Bedarf vorbei" zu agieren.

Es gilt zu unterscheiden zwischen dem proaktiven Umgang mit dem Erhalt der Beschäftigungsfähigkeit, der über alle Altersgrenzen hinweg eine Verzahnung von Arbeit und Lernen im Sinne eines lebensbegleitenden Lernens erforderlich macht, und dem reaktiven Ansatz, bei dem es um konkrete Maßnahmen für ältere Mitarbeiter geht. Damit weist der proaktive Ansatz eine Altersunabhängigkeit, wohl aber eine Lebensphasenorientierung auf, während der reaktive Ansatz alters- und alternsabhängig zu gestalten ist.

Wenden wir uns zunächst dem vorausschauenden Ansatz zu, dem eine besondere Bedeutung beigemessen werden kann. Denn die älteren Arbeitnehmern häufig unterstellte geringere Lernbereitschaft und -fähigkeit hat ihren Ursprung in der Regel nicht im Alter der betroffenen Person, sondern vielmehr in deren bisheriger „Lernbiografie". Experten sprechen von einer sogenannten „Lernentwöhnung", die eintritt, wenn über Jahre hinweg keine konsequente Auseinandersetzung mit der persönlichen Weiterbildung stattfindet. Lernen kann auch verlernt werden und vorhandene Fähigkeiten können verloren gehen. Eine so entstan-

---

Vgl.: Baldin, K.-M., S. 279.

dene Lernentwöhnung geht mit Ängsten und einer verringerten Lernmotivation einher (Disuse-Effekt). Konfrontiert man einen derart „entwöhnten" Arbeitnehmer nun mit komplexen Lerninhalten, so verwundert es kaum, dass es ihm schwer fällt, sich für diese zu öffnen und ein Verständnis für sie zu entwickeln.[21]

Eine derartige Entwicklung zu verhindern und die individuelle Beschäftigungsfähigkeit zu erhalten, ist Aufgabe des Einzelnen, fordert jedoch gleichermaßen das Unternehmen, in dem sich seine Erwerbsbiografie gestaltet. Hinter dem Schlagwort eines „lernförderlichen" Umfeldes, das in diesem Zusammenhang immer wieder genannt wird, verbirgt sich zweierlei:

- Zum einen sind darunter Lernanreize zu verstehen, die über den gesamten Erwerbsprozess hinweg – also nicht erst im fortgeschrittenen Alter – am Arbeitsplatz vorhanden sind. Dabei kann es sich beispielsweise um Arbeitszeitregelungen handeln, die gewisse Zeitbudgets für die Weiterbildung berücksichtigen, oder aber um Rotationskonzepte, die Einblicke in unterschiedliche Arbeitsfelder ermöglichen.[22]

- Zum anderen bezieht sich ein „lernförderliches" Umfeld auch auf die Unternehmens- und Führungskultur, durch die der jeweilige Arbeitsplatz geprägt ist.

- Darüber hinaus gehört zu einem „lernförderlichen" Umfeld die Aufgabe selbst. Die Lernhaltigkeit von Arbeitsaufgaben ist vor allem gekennzeichnet durch:[23]

    - Vollständigkeit der Tätigkeiten (zyklische Vollständigkeit, Korrekturanforderungen bei Fehlern, Existenz von Planungsanforderungen).

    - Gelegenheiten zum Entwickeln von Selbstständigkeit (Abwechslungsreichtum der Arbeit, Existenz zeitlicher Freiheitsgrade, Entscheidungs- und Handlungsspielraum).

    - Möglichkeiten zu einem dialogischen Lernen in der Arbeit (Grad der Zusammenarbeit mit anderen Kollegen).

    - Durchschaubarkeit und Beeinflussbarkeit des eigenen Arbeitsinhalts (Umfang der Informationen über die Arbeitsorganisation, Maß an Beeinflussungsmöglichkeiten der eigenen Arbeitsaufgabe).

    - Art der geistigen Anforderungen (Anteil an Problemlöseprozessen).

    - Umfang von Lernen und Grad der Nutzung der erworbenen Qualifikation (Umfang des benötigten Fachwissens, Grad der Nutzung der erworbenen Qualifikation, bleibende Lernerfordernisse).

Zusammenfassend lässt sich sagen, dass eine konsequente Förderung der Beschäftigungsfähigkeit über alle Erwerbsphasen hinweg der Problematik vorbeugt, ältere Arbeitnehmer erst wieder „ins Boot holen zu müssen", was ihre Weiterentwicklung angeht. Ein wichtiger Schritt hin zu einer proaktiven Personalentwicklung sind regelmäßige Entwicklungsgespräche zwischen Mitarbeitern und Führungskräften, in denen Weiterbildungsbedarfe und -interessen abgeklärt, persönliche Entwicklungswege aufgezeigt und Ängste in Bezug auf sich verändernde Anforderungen frühzeitig abgebaut werden können.

---

21 Vgl.: Bertelsmann Stiftung, Bundesvereinigung der Deutschen Arbeitgeberverbände, S. 13 u. 33-34.
22 Vgl.: Bertelsmann Stiftung, Bundesvereinigung der Deutschen Arbeitgeberverbände, S. 70-71.
23 Bertelsmann Stiftung, Bundesvereinigung der Deutschen Arbeitgeberverbände, S. 70.

Trotzdem gilt es auch – insbesondere in Unternehmen, die es bislang versäumt haben, lebensbegleitendes Lernen aktiv zu unterstützen – , über spezielle Personalentwicklungsmaßnahmen für ältere Mitarbeiter nachzudenken. In einem Unternehmen, in dem sich Entwicklungsprogramme und -angebote auf die Altersgruppe der bis zu 45-Jährigen konzentrieren, werden diejenigen, die älter sind, sich mit ihren Bedürfnissen allein gelassen fühlen. Hinzu kommt, dass sie sich häufig selbst nicht mehr zutrauen, neuen Problemstellungen und Entwicklungen zu begegnen – eine Art „self-fulfilling prophecy". In der Konsequenz werden sie eher versuchen, ihre angestammte Position zu verteidigen und Schwächen, die dadurch entstehen, dass sie mit technischen Entwicklungen oder neuen Prozessabläufen nicht mehr vertraut sind, zu verdecken. Daher ist es von besonderer Bedeutung, die Motivation der Beschäftigten zur Verlängerung ihres aktiven Arbeitslebens, zur Weiterentwicklung und zum Beitrag zur Wettbewerbsfähigkeit des Unternehmens zu fördern.[24] Es gilt, eine Balance zu finden, um ältere Mitarbeiter, insbesondere die „lernentwöhnten" gezielt zu fördern, ohne sie jedoch dadurch zu einer Randgruppe zu stigmatisieren, die besonderer Unterstützung bedarf. Einige Leitlinien altersgerechter Didaktik sind nachfolgend aufgeführt:[25]

- **Teilnehmer in die Kurs- und Materialgestaltung einbeziehen**

  Nach dem Verständnis einer Erwachsenenbildung, die die Selbstständigkeit ihrer Teilnehmer als Voraussetzung, Weg und Ziel begreift, sollten die älteren Lernenden als Mitgestalter von Bildungsmaßnahmen einbezogen werden.

- **Vorurteile gegenüber der Lern- und Leistungsfähigkeit Älterer abbauen**

  Vorurteile bezüglich der Lern- und Leistungsfähigkeit Älterer führen häufig zu motivationalen Barrieren und Lernhemmnissen aufgrund von mangelndem Selbstvertrauen in die eigene Lernfähigkeit. Vorurteile wie „Was Hänschen nicht lernt, lernt Hans nimmermehr", sind daher in den Kursen zu diskutieren und durch wissenschaftlich fundierte Gegenargumente abzubauen.

- **Aktivierende Methoden des Lernens und Lehrens verwenden**

  In den Qualifizierungsmaßnahmen sollten vermehrt aktivierende Methoden des Lernens und Lehrens eingesetzt werden. Klassischer dozentenorientierter Unterricht ist weitgehend zu vermeiden, da eine zu starke Steuerung durch den Dozenten und die damit verbundene Schülerrolle von älteren Erwachsenen häufig als störend empfunden werden.

- **Lernstrategien vermitteln**

  Lernungewohnte Ältere müssen häufig erst das Lernen wieder lernen. Die Vermittlung von Inhalten ist gegebenenfalls zugunsten der Vermittlung methodischer Kompetenzen (Lernstrategien) zu reduzieren; d. h., Methoden des Lernens müssen explizit zum Gegenstand der Qualifizierungsmaßnahmen gemacht werden.

---

24 Vgl.: Weinert, P. (Hrsg.)/ Baukens, M./ Bollérot, P./ Pineschi-Gapenne, M./ Walwei, U., S. 111. Bertelsmann Stiftung, Bundesvereinigung der Deutschen Arbeitgeberverbände, S. 65-67.

- **Personale Beratung und Betreuung gewährleisten**

  Ältere wünschen sich verstärkt personale Beratung und Betreuung beim Lernen. Bezogen auf die Kursleitung ist daher „Team-Teaching" zu empfehlen. Die Teilnehmerzahl sollte sechs bis acht Personen pro Dozenten nicht überschreiten.

- **Vorwissen der Teilnehmer einbeziehen**

  Vorwissen spielt beim Lernen eine entscheidende Rolle. Älteren sollte deshalb der Zugang zum Lehrstoff durch die Bildung von Analogien und die Verwendung von Beispielen zu bereits Bekanntem erleichtert werden.

- **Zusammenhänge vermitteln, Lehrstoff strukturieren und Komplexität reduzieren**

  Bei Älteren hat es sich gerade zu Beginn von Qualifizierungsmaßnahmen als notwendig erwiesen, dass ihnen Kenntnisse über den Gesamtzusammenhang vermittelt werden, eine übersichtliche Gliederung an die Hand gegeben wird und eine gute Strukturierung des Lehrstoffes vorgenommen worden ist. Zudem sollte die Komplexität des Stoffes reduziert werden.

Grundsätzlich ist im Hinblick auf die Alterung der Belegschaft in Unternehmen davon auszugehen, dass Employability in erster Linie durch proaktive Personalentwicklung gefördert wird. Reaktive Personalentwicklungsmaßnahmen sollten lediglich einen „reparierenden" Charakter haben. Die Frage des Alters spielt dann erst in zweiter Linie eine Rolle.

5.2 Gesundheitsförderung

Ändern sich die physischen Belastungen am Arbeitsplatz nicht und nimmt die psychische Beanspruchung aufgrund erhöhter Veränderungsgeschwindigkeit und Komplexität zu, ist bei steigendem Durchschnittsalter der Belegschaft damit zu rechnen, dass sich der Anteil der Mitarbeiter, die als leistungsgemindert gelten, vergrößert. Gleichzeitig nimmt die Anzahl der Arbeitsplätze ab, die belastungsreduziert sind und für leistungsgeminderte Beschäftigte zur Verfügung stehen, da hier Rationalisierungspotenzial zu vermuten ist.

Diese Entwicklung ist in der dargestellten Weise sicherlich überzogen, denn sie berücksichtigt den technischen Fortschritt nicht. Es ist davon auszugehen, dass der Anteil der stark körperlich ausgerichteten Tätigkeiten abnimmt, doch aus dem Spektrum möglicher Berufbilder verschwinden sie nicht. Darüber hinaus findet die Veränderung der Lebenseinstellung keine Berücksichtigung. So kann der Abbau der körperlichen Leistungsfähigkeit durch Fitness- und Wellness-Aktivitäten gebremst werden. Schon durch Training im breitensportlichen Rahmen gelingt es einem 60-Jährigen, die Leistungsfähigkeit eines 40-Jährigen zu erhalten.[26]

Dennoch ist zu konstatieren, dass die demografische Entwicklung und ihre Konsequenz des steigenden Durchschnittsalters die Gefahr einer steigenden Zahl von Leistungsgeminderten

---

Vgl.: Lehr, U./ Wilbers, A., S. 205; Ganslmeier, H./ Wollert, A., S. 322.

erhöht. Vor den Hintergrund von Employability ist dies doppelt zu werten, denn zur Entwicklung und zum Erhalt von Employability tragen Gesundheit und Wohlbefinden erheblich bei. Es ist daher unerlässlich, Gesundheitsförderung als personalwirtschaftliches Handlungefeld zu implementieren. Dabei sollte vor allem die präventive Gesundheitsförderung im Vordergrund stehen, so dass Leistungsminderung erst gar nicht entsteht. Die präventive Gesundheitsförderung kann auf vielfältige Weise erfolgen. Zunächst einmal gilt es, bekannte Belastungen an Arbeitsplätzen weitestgehend abzubauen bzw. zu verringern. Dies betrifft nicht nur physische Beanspruchungen, sondern auch psychische Belastungen. Negativer Stress kann zum Beispiel durch adäquates Führungsverhalten und eine konstruktive Arbeitsatmosphäre begrenzt werden. In Fällen körperlicher Belastungen können entsprechende Pausenregelungen sowie systematische Belastungs- und Tätigkeitswechsel dem betroffenen Arbeitnehmer Erleichterung verschaffen. Gruppen- und Teamarbeit ist nahezu ideal dazu geeignet, einseitige Belastungen zu vermeiden, und dient darüber hinaus auch der Vermittlung neuer Kompetenzen und Fertigkeiten. Eine Maßnahme in Bezug auf besonders belastende Bereiche und Tätigkeiten stellt eine Begrenzung der Verweildauer oder eine Reduzierung der Arbeitszeit an solchen Arbeitsplätzen dar.[27] Letzteres setzt allerdings eine konsequente Personaleinsatz- und Qualifizierungsplanung voraus. Des Weiteren gehören zur präventiven Gesundheitsförderung Fitnessangebote und Betriebssport, Programme zur Förderung der gesundheitlichen Kompetenzen sowie Gesundheits-Checks.[28]

5.3 Arbeitsplatzgestaltung

Unter Berücksichtigung der kontinuierlichen Beschäftigungsfähigkeit, der Lebensphasenorientierung und der Zeitnähe bietet eine flexible Arbeitsorganisation vielfältige Möglichkeiten. Sie zeichnet sich durch Offenheit und Mobilität aus, während in der eher starren Arbeitsorganisation der Mitarbeiter mehr oder weniger an sein Tätigkeitsfeld gebunden bleibt – sehen wir von den Aufstiegsmöglichkeiten ab, die meist klassisch vertikal sind.

Eine flexible Arbeitsorganisation ermöglicht am ehesten, die Spezialisierungsfalle zu vermeiden, in die Mitarbeiter geraten können, wenn sie über viele Jahre nur in einem Tätigkeitsfeld und Einsatzgebiet arbeiten. Konzentriert sich die Arbeit langfristig auf bestimmte Inhalte, Verfahren und Abläufe, so kann dies zu einer Einschränkung der Lernfähigkeit führen. In einem solchen Kontext ändern sich nicht nur die Lernmuster mit zunehmendem Alter, sondern es besteht auch die Gefahr, dass sich das Statement: „Ältere Mitarbeiter verlieren ihre Lernfähigkeit" bestätigt.[29]

Eine flexible Arbeitsorganisation ist durch folgende Determinanten gekennzeichnet:

- Herausfordernde Arbeitsinhalte, die von den Mitarbeitern eigenverantwortlich zu bearbeiten sind.

---

[27] Vgl.: Bertelsmann Stiftung, Bundesvereinigung der Deutschen Arbeitgeberverbände, S. 101 ff.
[28] Vgl.: Kapitel „Managing Employability".
[29] Vgl.: Bertelsmann-Stiftung, Bundesvereinigung der Deutschen Arbeitgeberverbände, S. 93 f., 33.

- Projektarbeit und intergenerative Teamarbeit mit hohem Selbstständigkeitsgrad.
- Job Rotation (bereichsintern, unternehmensintern, unternehmensextern).
- Beteiligung der Mitarbeiter an allen Fragen, die die Arbeit betreffen.
- Arbeitszeitflexibilisierung (lebensphasenorientiert).
- Kontinuierliche Überprüfung der Arbeitsplätze nach gesundheitsrelevanten Kriterien (physische Beanspruchung und psychologische Belastung) und eventuell eine entsprechende Umgestaltung.

5.4 Arbeitszeitregelung

War es in der Vergangenheit in erster Linie das Modell der Altersteilzeit, mit dem Unternehmen älteren Mitarbeitern begegneten – auch im Rahmen sozial verträglicher Downsizingprozesse – so gilt es in Zukunft, Arbeitszeitmodelle einzusetzen, die lebensphasenorientiert sind. An dieser Stelle sei anzumerken, dass die Ausgestaltungsmöglichkeiten von lebensphasenorientierten Arbeitszeitmodellen stark vom jeweiligen betrieblichen Kontext beeinflusst werden. Der Aspekt der Übertragbarkeit von Lebensarbeitszeitkonten beim Arbeitgeberwechsel soll an dieser Stelle außer Acht gelassen werden, da er von gesetzlichen Neuregelungen abhängig ist.

Eine Flexibilisierung der Arbeitszeit, die unterschiedliche Lebensphasen angemessen berücksichtigt und darüber hinaus die individuelle Employability fördert, sollte sich insbesondere auf folgende Punkte konzentrieren:[30]

- Möglichkeit, kürzere oder längere Weiterbildungsphasen zwischen die Zeiten der Berufstätigkeit zu legen.
- Ansparen von Zeitguthaben über Arbeitszeitkonten.
- Flexibilisierungsspielräume eröffnen durch Sabbaticals, die der Weiterbildung dienen.
- Gleitende Übergänge beim Einstieg in das Erwerbsleben und beim Übergang in den Ruhestand.

Es scheint insbesondere erforderlich, die Möglichkeit einer Teilzeitbeschäftigung stärker ins Augenmerk von Arbeitnehmern und Arbeitgebern zu rücken. Diese ist noch häufig als minderwertig stigmatisiert und wird fast ausschließlich von Frauen mit Betreuungspflichten in Anspruch genommen. Darüber hinaus findet sie Anwendung im Modell der „Altersteilzeit", das wiederum überwiegend als Blocklösung zum vorzeitigen Ausscheiden aus dem Berufsleben genutzt wird.[31]

Bertelsmann Stiftung, Bundesvereinigung der Deutschen Arbeitgeberverbände, S. 121.
31 Vgl.: Bertelsmann Stiftung, Bundesvereinigung der Deutschen Arbeitgeberverbände, S. 120.

Teilzeitbeschäftigung bietet jedoch weitaus mehr Perspektiven als Frühverrentung und Vereinbarkeit von Beruf und Familie. So lässt sich die Forderung nach lebenslangem Lernen, das letztendlich Garant für die Aufrechterhaltung von Employability bis ins fortgeschrittene Alter ist, durch kombinierte Erwerbs- und Weiterbildungsphasen erfüllen.

Auch sogenannte „Sabbaticals", also der zeitweise Ausstieg aus dem Unternehmen zu Zwecken der persönlichen Weiterentwicklung, sind im Zusammenhang mit Lebensarbeitszeitkonten denkbar. Dem Unternehmen dienen derart flexible Arbeitszeitmodelle dazu, sich besser an die sich immer rasanter verändernden Bedingungen im Wettbewerbsumfeld anpassen und ihre Mitarbeiter entsprechend gezielter einsetzen zu können. Nicht zuletzt können Lebensarbeitszeitkonten oder die Altersteilzeit im Sinne einer „echten" Teilzeitlösung einen gleitenden Ausstieg aus dem Erwerbsleben möglich machen. Die Vorbereitung des Arbeitnehmers auf den bevorstehenden Ruhestand lässt sich damit ebenso fördern wie der Know-how-Transfer im Unternehmen.

6. Fazit

Vor dem Hintergrund der demografischen Entwicklung und den damit verbundenen Konsequenzen des steigenden Durchschnittsalters in Unternehmen spielen lebenslanges Lernen und „Lebenslänglichkeit" eine wichtige Rolle. Employability bedeutet dann, den Spannungsbogen des Lernens aufrechtzuerhalten und verschiedene Lebensphasen und Lernmuster zu berücksichtigen.

Die Verantwortung für Employability liegt in erster Linie bei dem Einzelnen selbst. Dennoch sind auch Unternehmen in der Pflicht, Rahmenbedingungen und Instrumente bereitzustellen, die Employability fördern. Dazu gehören u.a. die Schaffung eines lernförderlichen Umfeldes, die Berücksichtigung unterschiedlicher Lernmuster in der Personalentwicklung, die präventive Gesundheitsförderung, die flexible Arbeitsorganisation sowie die flexible Arbeitszeitgestaltung.

Es gibt kein „Patentrezept" – vielmehr muss jedes Unternehmen seinen ganz individuellen Weg finden, den Bedürfnissen seiner Belegschaft ebenso wie den Markterfordernissen mit einem intergenerativen Ansatz gerecht zu werden.

Literatur

Baltes, P./Mayer, K. U., Die Berliner Altersstudie, Berlin 1996.

Barth, H.-J., Die „Allianz für die Familie" im Kontext volkswirtschaftlicher und demografischer Trends, in: Schmidt, R./Mohn, L. (Hrsg.), Familie bringt Gewinn – Innovation durch Balance von Familie und Arbeitswelt, Gütersloh 2004, S. 26-31.

Baldin, K.-M., Employability für ältere Mitarbeiter, in: Speck, P. (Hrsg.), Employability – Herausforderung für die strategische Personalentwicklung, Konzepte für eine flexible, innovationsorientierte Arbeitswelt von morgen, Wiesbaden 2004 S. 271-310.

Bertelsmann Stiftung, Bundesvereinigung der Deutschen Arbeitgeberverbände (Hrsg.), Erfolgreich mit älteren Arbeitnehmern – Strategien und Beispiele für die betriebliche Praxis, Martina Morschhäuser, Peter Ochs, Achim Huber, Institut für Sozialforschung e.V., Gütersloh 2003.

Böhne, A./Wagner, D., Neue Aufgabenfelder für ältere Mitarbeiter, in: Speck, P. (Hrsg.), Employability – Herausforderung für die strategische Personalentwicklung, Konzept für eine flexible, innovationsorientierte Arbeitswelt von morgen, Wiesbaden 2004, S. 291-298.

Eysenck, H. J., The Inequality of Man, London 1973.

Frieling, E./Fölsch, T./Schäfer, E., Berücksichtigung der Altersstruktur der Bevölkerung in der Arbeitswelt von morgen, in: Speck, P. (Hrsg.), Employability – Herausforderung für die strategische Personalentwicklung, Konzepte für eine flexible, innovationsorientierte Arbeitswelt von morgen, Wiesbaden 2004, S. 311 – 326.

Ganslmeier, H./Wollert, A., Jüngere und ältere Arbeitnehmer – Fähigkeiten und Beschränkungen, Frankfurt a. M. 1997.

IAW, IAW-Kurzbericht 7/2003, Eigenschaften und Beschäftigungschancen älterer Arbeitnehmer sowie betriebliche Maßnahmen für ältere Arbeitnehmer in Baden-Württemberg,in: http://www.arbeitsamt.de/laa_bw/publikationen/IAW_KB_07_2003.pdf,16.10.03, 11.05 Uhr.

Johanson, B., Kreativität und Marketing, 2. Auflage, Bern 1997.

Kruse, A./Lehr, U., Ältere Mitarbeiter, in: Rosenstiel, L. v./Regnet, E./Domsch, M. (Hrsg.), Führung von Mitarbeitern, Handbuch für erfolgreiches Personalmanagement, 3. Auflage, Stuttgart 1995, S. 539 – 548.

Lau-Villinger, D. / Seitz, D. , Der Prozess des Älterwerdens in Unternehmen, Frankfurt a. M. 2002.

Lehr, U., Psychologie des Alterns, Wiesbaden 1996.

Lehr, U./Wilbers, J., Arbeitnehmer, Ältere, in: Gaugler, E./Weber, W. (Hrsg.), Handwörterbuch des Personalwesens, neubearb. und erg. Auflage, Stuttgart 1992, Sp. 204-212.

Linneweh, K., Kreatives Denken, Rheinzabern 1991.

Naegele, G., Zwischen Arbeit und Rente, Augsburg 1992.

Oerter, R./Montada, R., Entwicklungspsychologie, München 1987.

Rump, J./Eilers, S., Ergebnisse einer repräsentativen Befragung zu Employability, Arbeitspapier, Ludwigshafen 2005.

Rump, J./Schmidt, S., Lernen durch Wandel – Wandel durch Lernen, Sternenfels 2004.

Schmitt, K., Neuorientierung: Personalarbeit mit vier Generationen, in: http:// personalmagazin.de/archives/viewArticle.cfm?articleID=9340&CFID=8823187&CFTOKEN=1101d40ad64f6056-5B657080-7E90-58FA-8441C0C4E877847F, 09.12.03, 15.48 Uhr.

Statistisches Landesamt Rheinland-Pfalz, Rheinland-Pfalz 2050, I. Bevölkerungsentwicklung und -struktur, Bad Ems 2002.

Statistisches Landesamt Rheinland-Pfalz, Rheinland-Pfalz 2050, II. Auswirkungen der demografischen Entwicklung, Bad Ems 2004.

Sunter, S., Mitarbeiter über 40: Nicht das Alter zählt, in: http:// personalmagazin de/archives/viewArticle.cfm?articleID=3550&CFID=8823187&CFTOKEN=1101d40a d64f6056-5B657080-7E90-58FA-8441C0C4E877847F,2001, 09.12.03, 15:37 Uhr.

Weinert, P. (Hrsg.)/Baukens, M./Bollérot, P./Pineschi-Gapenne, M./Walwei, U., Beschäftigungsfähigkeit: Von der Theorie zur Praxis (Soziale Sicherheit; Bd. 4), Bern/ Berlin/ Bruxelles/ Frankfurt a. M./New York/Oxford/ Wien 2001.

Employability: Selbstverantwortung fordern – Schlüsselkompetenzen fördern
Eine ganzheitliche Sicht

Ralf Brümmer/Christine Szogas

1. Kompetenzen im Blick – Zukunft sichern
2. Employability – wem nutzt sie?
3. Von der Idee zum Programm
4. Förderung von Employability: Praxisbeispiele
    4.1 Das „Deutsche Bank-Mosaik für Beschäftigung": Von der Begleitung einer Strukturmaßnahme zum umfassenden Ansatz
    4.2 „Job-Allianz Berufswelt transparent": Unternehmenskooperation
    4.3 „In eigener Sache": Förderung von Arbeitsmarktfitness als umfassendes gesellschaftspolitisches Engagement
5. Fazit

1. Kompetenzen im Blick – Zukunft sichern

Employability – übersetzt: Beschäftigungs- oder Marktfähigkeit – setzt sich aus verschiedenen Komponenten zusammen. Die Basis bildet ohne Frage die fachliche Qualifikation, die während einer klassischen Berufsausbildung oder eines Hochschulstudiums erworben und während der Berufstätigkeit on the job bzw. in Weiterbildungsmaßnahmen vertieft wird. Fachkenntnisse und Berufserfahrung reichen jedoch nicht aus, um ein Berufsleben lang „beschäftigungsfähig" zu bleiben. Überfachliche Kompetenzen und die grundlegende Einstellung zu Arbeit und Beruf sind gewichtige weitere Säulen, auf die sich Employability stützt. Diese Komponenten waren zweifellos auch schon für frühere Generationen wichtig, angesichts der kurzen Halbwertzeit des Wissens und der Komplexität in der heutigen Dienstleistungs- und Wissensgesellschaft ist ihr Stellenwert jedoch in den letzten Jahren überproportional angestiegen. Heute gelten sie sogar als *die* Schlüsselkompetenzen der modernen Arbeitswelt.

Der Fokus liegt hierbei auf persönlichen oder sozialen Kompetenzen wie Teamfähigkeit, kommunikative Fähigkeiten im Umgang mit wechselnden Teams, in Kunden-/Lieferantenbeziehungen oder in komplexen Arbeitsbeziehungen, Konfliktfähigkeit. Hinzu kommt ein Kompetenzbündel, das sich unter dem Oberbegriff „Einstellung/Mentalität" zusammenfassen lässt. Neben der Kunden- und Leistungsorientierung zählen hierzu insbesondere Offenheit, Neugierde und der Wille, selbst Verantwortung für den eigenen beruflichen Weg zu übernehmen.

Besondere Bedeutung in diesem Kanon von Kompetenzen haben diejenigen, die Veränderungsbereitschaft und Flexibilität ermöglichen. Und dies gilt nicht mehr nur für „Karrieristen", sondern für alle Erwerbsfähigen. „Wer auf der Sonnenseite bleiben will, muss mit der Sonne wandern" – so heißt es im Volksmund, was die Notwendigkeit treffend beschreibt, sich Veränderungsbereitschaft und Flexibilität im Denken und im Tun dauerhaft zu erhalten. Dazu gehören auch die regelmäßige Reflexion über den beruflichen Standort, die Analyse des Umfeldes und des Arbeitsmarktes sowie die persönliche Zielbestimmung.

Die ganzheitliche Betrachtung des Könnens hat sich noch nicht überall durchgesetzt. Bei vielen Arbeitnehmern, aber auch bei manchen Unternehmen findet man noch eine ausgeprägte Fachorientierung und „Zertifikatsgläubigkeit". Teilweise wird die Weiterentwicklung immer noch in Trainingstagen – oder an absolvierten Lehrgängen – gemessen. Wichtig ist jedoch der individuelle Kompetenzzuwachs, der sich darin zeigt, ob das Gelernte auch angewendet wird. Über den beruflichen Erfolg entscheidet, wie jemand „seine PS auf die Straße bringt". Und dazu gehören eben nicht nur profunde Fachkenntnisse, sondern auch „soft skills" wie Eigeninitiative, Kommunikationsfähigkeit, Offenheit, Flexibilität, um nur einige zu nennen.

Ein Beispiel untermauert das oben Gesagte: In Bewerbungs- bzw. Stellenbesetzungsverfahren entscheidet zwar in erster Linie die fachliche Qualifikation über die Einladung zum persönlichen Gespräch. Wenn diese Hürde genommen ist, sind jedoch die überfachlichen Kompeten-

---

1 Aus Gründen der Lesefreundlichkeit wird auf die weibliche Form verzichtet.

zen und die „richtige" Einstellung die wichtigsten Entscheidungskriterien. Schlüssel zum Erfolg sind also letztlich Persönlichkeitskompetenzen.

Ein Mensch, der sich – aufgrund regelmäßiger Reflexion und Analyse seiner fachlichen und überfachlichen Kompetenzen – seiner beruflichen Fitness bewusst ist, versteht Wandel und Veränderung als Chance für eine (noch) bessere berufliche Zukunft. Er erkennt als Einzelner seine Verantwortung und will folglich mitgestalten. Dazu gehört es, Dinge zu hinterfragen und neue Wege zu gehen, auch wenn dabei der eine oder andere Fehler gemacht wird. Aus dieser Neugier, Veränderungs- und Risikobereitschaft, dem Mut auszuprobieren und der Fähigkeit zur Selbstreflexion entsteht die Innovationsfähigkeit, die Gesellschaft und Unternehmen dringend benötigen.

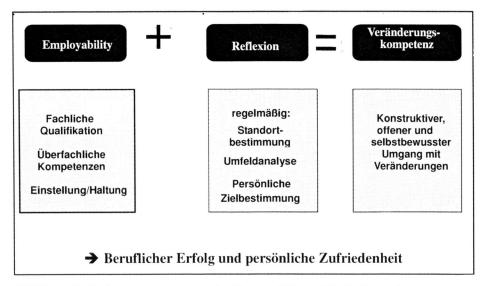

Abbildung 1: Der Zusammenhang zwischen Employability und Veränderungskompetenz

Der in diesem Sinne beschäftigungsfähige Mensch erfährt eine andere Positionierung in der Arbeitswelt; sie ist weniger durch Abhängigkeit von Dritten als vielmehr von Selbstbewusstsein und Selbstbestimmtheit geprägt. Da kein Unternehmen auf Lebenszeit einen Arbeitsplatz garantieren kann, ist es für den Einzelnen wichtig, durch eine unablässig gepflegte und weiterentwickelte Beschäftigungsfähigkeit im Fall des Falles andere Optionen zu haben. Im Idealfall ist er so attraktiv für Partner am Markt, dass hieraus gänzliche Unabhängigkeit resultiert. So definiert sich der Begriff der „Arbeitsplatzsicherheit" völlig neu, nicht mehr als „quasi-Garantie" auf einen bestimmten Arbeitsplatz, sondern als Option auf berufliche Alternativen aufgrund der vorhandenen Beschäftigungs- und Marktfähigkeit.

2. Employability – wem nutzt sie?

Im intensiven nationalen und internationalen Wettbewerb geht es darum, schnell auf Kundenwünsche und Marktgegebenheiten reagieren zu können. Produkte und Dienstleistungen müssen in hoher Qualität und zu günstigen Preisen angeboten werden. Dies erfordert „den richtigen Mitarbeiter zur richtigen Zeit am richtigen Ort", professionelles Ressourcenmanagement und flexible Strukturen. Folglich wird auch der Anteil langfristig an das Unternehmen gebundener Stammbelegschaften zugunsten neuer, flexibler Partnerschaften zurückgehen. Projekt- und netzwerkartig aufgebaute Organisationsformen treten in den Vordergrund; Arbeit wird immer weniger zeit- und ortsgebunden erbracht werden.
Daraus leiten sich völlig neuartige Verhaltens- und Entscheidungsmuster ab, auf die sich alle Beteiligten einstellen müssen. Für den Einzelnen bedeutet dies, dass die langfristig planbare, linear verlaufende Berufslaufbahn bzw. der klassische Karriereweg eher der Vergangenheit angehört. Berufs- und Betriebswechsel, verschiedene Formen der Arbeitszeitgestaltung, Wechsel zwischen selbstständiger und unselbstständiger Arbeit sowie Lern- und Sabbatical-Phasen lassen so genannte Patchwork-Biografien entstehen.

Die ökonomische Notwendigkeit, anpassungsfähige Belegschaftsstrukturen zu schaffen, trifft auf ebenfalls veränderte, stärker lebensphasenorientierte Vorstellungen vieler Arbeitnehmer. Sie wollen ihr Berufsleben so gestalten können, dass die aktuellen privaten Lebensumstände und Bedürfnisse weitgehend Berücksichtigung finden. Hieraus ergeben sich für Unternehmen und Vorgesetzte neue Anforderungen, um dauerhaft „employer of choice" zu sein.
Der Nutzen von Employability liegt in diesem Zusammenhang auf der Hand: Beschäftigungsfähige Mitarbeiter denken perspektivisch und in unterschiedlichen Szenarien, sie richten ihr Handeln danach aus und sind dementsprechend auf Veränderungen vorbereitet. Für Unternehmen und Führungskräfte bedeutet dies, sich bietende Geschäftschancen optimal nutzen zu können.

Für die Unternehmen und ihre Beschäftigten heißt die Herausforderung, gemeinsam „fit für die Zukunft" zu werden. Das zukunftsfähige Unternehmen braucht qualifizierte, engagierte und flexible Mitarbeiter. Der Mitarbeiter braucht zukunftsfähige Kompetenzen und sucht Perspektiven. Unternehmen und Mitarbeiter sind aufeinander angewiesen und unterliegen letztlich den gleichen Marktmechanismen.

Dem Unternehmen erwächst vor diesem Hintergrund die Verantwortung, rechtzeitig sich abzeichnende Entwicklungen zu thematisieren, entsprechende Weichenstellungen für die Belegschaft vorzunehmen und mit den Arbeitnehmervertretern und den Mitarbeitern in einen ehrlichen und vorbehaltlosen Dialog hierüber einzutreten. Die Botschaft für den Einzelnen ist eindeutig: Eine „lebenslange" Arbeitsplatzgarantie kann es nicht geben, wohl aber das Versprechen des verantwortungsbewussten Unternehmens, alles zu tun, um die individuelle Beschäftigungsfähigkeit der Mitarbeiter zu fördern. Angebote zur stetigen Entwicklung und Förderung zukunftsfähiger Kompetenzen für *alle* Mitarbeiter zeichnen den modernen „employer of choice" aus und eröffnen konkrete berufliche Perspektiven für den Einzelnen. Die in der betrieblichen Praxis eingesetzten Personalentwicklungsinstrumente müssen konsequenterweise hierauf abgestimmt sein und ein ganzheitliches – nicht ausschließlich funktionsbezogenes – Kompetenzprofil des Mitarbeiters in den Mittelpunkt stellen.

Die existenzielle Bedeutung lebenslangen Lernens und die Wichtigkeit geistiger wie geografischer Mobilität sind zwar allseits akzeptiert, doch der Mensch – als nicht nur rationales, sondern auch emotionales Wesen – tut sich in der Regel schwer, liebgewordene Gewohnheiten zu durchbrechen und sich angstfrei und selbstbewusst den Anforderungen der Zeit zu stellen. Gefordert ist ein für viele schmerzhafter Bewusstseinswandel, weg vom Anspruchsdenken und der Mentalität des Verharrens in Routinen hin zum engagierten Zupacken und stetigen Investieren in die persönliche Entwicklung. Dabei gelten für den beruflichen wie für den privaten Lebensweg die gleichen Regeln: Jeder bestimmt selbst Ziel und Weg der Reise; er entscheidet und setzt seine Entscheidungen um; Dritte können mit Rat und Tat zur Seite stehen oder alternative Wege und Optionen aufzeigen. Die Verantwortung für die vorausschauende, aktive Gestaltung der eigenen beruflichen Entwicklung kann allerdings nur beim Einzelnen liegen.

3. Von der Idee zum Programm

– Schneller Konsens?

Bei der Erörterung des theoretischen Konzepts der Employability ist in aller Regel schnell Konsens über Zusammenhänge, Nutzen und Bedeutung für den Unternehmenserfolg auf der einen sowie für die persönliche Entwicklung und Marktfähigkeit auf der anderen Seite zu erzielen. Die grundsätzliche Bereitschaft zu eigenen Investitionen wird gerne erklärt, die Schwierigkeit ist, *konkrete* Handlungsfelder und Aktionen abzuleiten und *nachhaltig* Wirkung zu erzielen.

Erste Ernüchterung tritt ein, wenn erkannt wird, dass Employability nicht mathematisch messbar ist und die maßgeblichen Kompetenzfelder nicht kurzfristig, „per Knopfdruck", veränderbar sind. Persönlichkeitskompetenzen spiegeln, wie bereits ausgeführt, grundlegende Verhaltensmuster und Mentalitäten wider. Sie können – und jeder weiß es aus eigenem Erleben – nur sukzessive und mit viel Mühe ausgebaut werden. Die gute Nachricht in diesem Zusammenhang ist, dass diese Schlüsselkompetenzen aufgabenunabhängig bedeutsam sind, keinem so raschen Wandel unterliegen wie viele Fachkompetenzen und – einmal erworben und kontinuierlich gepflegt – dauerhaft Nutzen stiften.

– Vom reaktiven zum proaktiven Verhalten

Damit wird klar, dass es nicht um eine Einmalaktion gehen kann, sondern um stetige Investitionen als Vorleistung für eine erfolgreiche Zukunft. Für den Einzelnen wie für das Unternehmen heißt das auch, nicht nur ad hoc auf Veränderungen zu reagieren, sondern Auswirkungen der Marktgeschehnisse regelmäßig in die Zukunft zu projizieren und sich proaktiv mit den Entwicklungen auseinander zu setzen.

Stehen einschneidende Veränderungen unmittelbar bevor, bleibt meist zu wenig Zeit, Versäumtes nachzuholen. Punktuelle Aktivitäten können dann bestenfalls das Schlimmste verhindern helfen. Die Forderung heißt also „perspektivisch Denken" und immer am Ball bleiben. Die Arbeit an der eigenen Employability soll so selbstverständlich ein Bestandteil des täglichen Lebens werden wie ein regelmäßiges körperliches Fitnessprogramm.

Verantwortungsbewusste Unternehmen verpflichten sich, die entsprechenden Rahmenbedingungen zu gestalten, die nötige Transparenz über Markt- und Unternehmensentwicklung zu schaffen und mit stetigen Impulsen und konkreten Angeboten die Employability-Aktivitäten der Mitarbeiter zu unterstützen. Hierzu bedarf es einer klaren, vorausschauenden Entscheidung und der konsequenten Umsetzung.

Bleibt die Frage nach dem „richtigen" Zeitpunkt für die Implementierung eines unternehmensinternen Employability-Programms. Der Ruf nach Employability und Veränderungskompetenz wird verständlicherweise insbesondere dann laut, wenn größere Umbrüche anstehen. In diesem Kontext ist die Bereitschaft, hierfür Geld auszugeben bzw. Zeit und Mühe zu investieren, besonders ausgeprägt und der Wunsch nach „Allheilmitteln" greifbar. In dieser Situation ist ein konstruktiver Zugang zum Thema jedoch kaum möglich; das notwendige perspektivische Denken wird aufgrund akuter Positionierungserfordernisse erschwert. Dem Unternehmen könnten sogar einseitige Interessen unterstellt werden.

Eine Offensive mit dem Anspruch, nachhaltig Beschäftigungsfähigkeit in allen Belegschaftsgruppen zu fördern, sollte also nach Möglichkeit nicht in direktem Zusammenhang mit Umstrukturierungsmaßnahmen gestartet werden. Damit ist durchaus die latente Gefahr verbunden, dass ein solches Programm immer wieder aufgrund dringender anderweitiger Projekte und Erfordernisse verschoben und nicht strukturiert angegangen wird. Unter Umständen kann es hilfreich sein, die *nach* Umstrukturierungen bei Führungskräften und Mitarbeitern vorhandene höhere Sensibilität für zukunftssichernde Maßnahmen zu nutzen und das Thema unter der Überschrift „lessons learned" einzuführen.

Entscheidend für den Erfolg ist, die Grundgedanken in einem möglichst positiven Kontext einzuführen und die erforderlichen Energien in einem angstfreien Umfeld zu generieren.

– *Die besondere Herausforderung: Sensibilisieren und motivieren*

„Employability" ist ein komplexer, abstrakter Begriff, der sich nicht von selbst erklärt. Zudem wird die Thematik häufig mit einem als potenziell „bedrohlich" empfundenem Szenario wie betriebliche Veränderung oder Arbeitsplatzverlust in Zusammenhang gebracht und gerne verdrängt. Man stößt hier auf ein ähnliches Phänomen wie bei der Gesundheitsvorsorge; zumindest bei näherer Betrachtung ist der Sinn präventiven Handelns zwar einleuchtend, dennoch haben viele am liebsten „nichts damit zu tun", verschließen lieber die Augen, als sich mit den am Horizont erkennbaren Fragen zu befassen. Dieses Verhalten gehört wohl zur menschlichen Natur.

Zunächst muss es daher bei der Sensibilisierung für das Thema Employability darum gehen, den Begriff zu übersetzen. Dazu gehört auch, ihm die „Aura" des Negativen, Unangenehmen zu nehmen und das Streben nach Employability als selbstverständlichen, fortwährenden „Anspruch an sich selbst", der unabhängig von aktuellen Gegebenheiten bedeutsam ist, zu beschreiben. Dazu müssen eine grundsätzliche Offenheit für das Thema und die Bereitschaft, sich mit perspektivischen Fragen des Berufslebens auseinander zu setzen, erzeugt werden. Eine möglichst konkrete Antwort auf die Frage: „Was bringt mir das?" wäre bei der Erreichung dieses Ziels hilfreich. Der wahre Nutzen – fit zu sein für die berufliche Zukunft und damit auch vorbereitet zu sein für alle Eventualitäten – lässt sich erfahrungsgemäß jedoch nur schwer vermitteln. Stattdessen kann ein Lösungsansatz sein, beispielhafte Auswirkungen zu beschreiben – wie größeres Selbstbewusstsein oder klarere Zielsetzung – und für den Berufsalltag nützliche Instrumente anzubieten.

So kann z.B. die Erarbeitung einer Selbstpräsentation empfohlen werden, die das berufliche Profil mit den vorhandenen Stärken und Schwächen zusammenfasst. Der Einzelne erhält damit ein greifbares und vielseitig einsetzbares Instrument für das Selbstmarketing. Auch die Ansprache über die persönliche Neugierde („Wie fit bin ich eigentlich?") mit dem konkreten Angebot eines entsprechenden Analysetools – oder auch nur eines Bogens zur Selbstreflexion – kann motivierend wirken. Weitere Handlungsfelder und Instrumentarien werden in Kapitel 4: „Praxisbeispiele" beschrieben.

– Einbindung aller Interessensgruppen

Eine breit angelegte Employability-Offensive erfordert die Einbindung aller maßgeblichen Kräfte im Unternehmen. Unternehmensleitung, Führungskräfte, Personalverantwortliche und Betriebsräte sollten die Zusammenhänge und den Nutzen verinnerlicht haben und – in ihrer jeweiligen Rolle – das Bestreben des Einzelnen unterstützen.

Aufgabe der Unternehmensleitung ist es dabei in erster Linie, die Bedeutung für den Einzelnen und für den Unternehmenserfolg zu betonen, über den HR-Bereich Employabilityfördernde Instrumente zur Verfügung zu stellen und durch Sponsorenschaften und Testimonials auf ein förderliches Klima hinzuwirken.

Führungskräfte sollten ihre Mitarbeiter bei deren Aktivitäten auf dem Weg zu mehr Employability unterstützen und Employability nicht als Bedrohung verstehen („der Mitarbeiter bereitet seinen Weggang vor"), sondern die darin liegenden Chancen und die positiven Auswirkungen auf die Leistungsfähigkeit und Flexibilität des Teams und den geschäftlichen Erfolg sehen. Gute Führungsleistung vorausgesetzt sind sie die ersten, die von gut ausgebildeten, für alle künftigen Veränderungen gerüsteten Mitarbeitern profitieren.

Die Arbeitnehmervertreter sollten bereits in einem sehr frühen Stadium, möglichst schon bei den ersten Gedanken zur Konzeption, eingebunden werden. So können einerseits möglichst viele, eventuell unterschiedliche Ansätze verknüpft werden und andererseits inhaltliche Missverständnisse vermieden werden. Die frühe Einbindung, gemeinsame Entwicklung und Vermarktung geben außerdem wichtige Signale an die Mitarbeiter, dass es sich um eine Offensive zu ihrem beruflichen „Wohle" handelt, die sie im eigenen Interesse nutzen sollten.

– Employability in speziellen Lebensphasen

Häufig wird der Begriff Employability im Zusammenhang mit älteren Arbeitnehmern diskutiert. Diese Fokussierung ist irreführend; Employability ist per se ein Thema, das in allen (Berufs-)Lebensphasen von Bedeutung ist. „Drive" ist gefragt; die bewusste und aktive Übernahme von Verantwortung für die berufliche und persönliche Entwicklung ist für junge und ältere Mitarbeiter gleich wichtig. Die regelmäßige Reflexion der eigenen Fähigkeiten, Werte und Ziele erleichtert die persönliche Positionierung, die wiederum entscheidend ist für eine selbstbewusste und zielstrebige Kompetenz- und Persönlichkeitsentwicklung. Wer selbst eine realistische berufliche Vision hat, wird in der Regel auch einen Partner im Unternehmen finden, der diese mitträgt und die Zielerreichung begleitet.

Beispiele aus verschiedenen Berufsphasen:

- Die *Suche nach einem Ausbildungsplatz* wird nur dann erfolgreich sein, wenn der Bewerber, neben akzeptablen Schulnoten, auch erforderliche Schlüsselkompetenzen wie Team- und Kommunikationsfähigkeit mitbringt sowie erkennen lässt, dass er über Engagement und Initiative verfügt. Auch der *Berufseinstieg nach Ausbildung oder Studium* wird nur gelingen, wenn neben der erworbenen fachlichen Grundqualifikation das

„Drumherum" stimmt und man sich vorstellen kann, mit dem Bewerber als engagiertes und „passendes" Teammitglied gemeinsam Erfolg zu haben.

- Ähnliches gilt für den *Wiedereinstieg nach einer Berufspause*, sei es aufgrund von Familienzeiten oder sonstigen Gründen. Hier ist daran zu denken, dass man sich sehr schnell dem Berufsleben entfremden und den Anschluss verpassen kann, wenn man nicht aktiv gegensteuert und trotz eventueller anderer Prioritäten das „Ohr am Puls der Zeit" behält. Wichtig ist, in Kontakt mit früheren Kollegen zu bleiben, sich z.B. über den technischen Fortschritt informiert zu halten und seine Fähigkeiten auch im privaten Umfeld bewusst zu pflegen und auszubauen. Hilfreich für den späteren Wiedereinstieg ist es, bereits vor dem zeitlich begrenzten Ausstieg Vorbereitungen zu treffen für den Zeitpunkt der Rückkehr. Dies kann z.B. durch eine Inventur aller vorhandenen Kompetenzen und beruflichen Erfahrung sowie deren Dokumentation in Form eines Kompetenzprofils geschehen.

- Auch *erfahrene Mitarbeiter* wollen Erfolge verbuchen und sich Berufschancen bewahren, unabhängig von ihrem Alter. Sowohl sie selbst wie auch das Unternehmen haben viel investiert, beide wollen daraus auch „Ertrag" generieren. Unternehmen brauchen erfahrene Mitarbeiter, die ihr Können und Wissen motiviert und engagiert zur Verfügung stellen, bis zum letzten Tag vor Eintritt in den Ruhestand und ggf. im Rahmen von flexiblen Übergangsmodellen darüber hinaus. Den „Spannungsbogen" der Mitarbeiter von Anfang bis Ende des Berufslebens zu erhalten, ist die eigentliche Herausforderung an das Personalmanagement. Bildlich gesprochen, darf die Quelle, aus der der Mitarbeiter Schwung und Motivation schöpft, nicht versiegen, der „Schatz der Erfahrung" darf im Laufe des Berufslebens nicht verschüttet werden, sondern sollte sich ganz im Gegenteil stetig vermehren.

Offenheit gegenüber Veränderungen und Bereitschaft zur Flexibilität sind keine Frage des Alters, sondern in erster Linie eine Frage der inneren Grundeinstellung, der Mentalität des Einzelnen. Wer kennt nicht Menschen mit weißen Haaren, die in Wesensart und Leistungsbereitschaft „jünger" sind als manch ein Dreißigjähriger? Mit dem festen Willen der „Älteren", für ihr Unternehmen – und für sich selbst – „beschäftigungsfähig" zu bleiben, wird das Lebensalter des Mitarbeiters kein besonderes – schon gar kein negatives – Merkmal mehr sein. Aktuelles Wissen kombiniert mit reichhaltiger Erfahrung ermöglicht eine gleichberechtigte, faire Partnerschaft mit den Jüngeren und letztlich einen selbst gesteuerten und flexiblen Ausstieg aus dem Berufsleben.

Bei der Konzeption und der Implementierung von Personalentwicklungsmaßnahmen kommt es darauf an, allen Mitarbeitern individuelle Perspektiven aufzuzeigen, bei denen sie ihre individuellen Stärken einsetzen und ihre persönlichen Ziele verwirklichen können. Außerdem muss darauf geachtet werden, dass nicht einzelne Mitarbeitergruppen, z.B. „Ältere" oder Mitarbeiter in Teilzeit, bewusst oder auch unbewusst ausgeschlossen werden, oder sich selbst in die Passivität zurückziehen.

4. Förderung von Employability: Praxisbeispiele

4.1 Das „Deutsche Bank-Mosaik für Beschäftigung": Von der Begleitung einer Strukturmaßnahme zum umfassenden Ansatz

Das „Deutsche Bank-Mosaik für Beschäftigung" (im folgenden DB-Mosaik) wurde 1998 ins Leben gerufen. Erklärtes Ziel war es, kreative und innovative Ansätze zur Beschäftigungssicherung zu finden und den von bevorstehenden Veränderungen betroffenen Kolleginnen und Kollegen möglichst konkrete berufliche Perspektiven zu eröffnen. In diesem Zusammenhang wurden auch erstmals alle Mitarbeiter auf das Themenfeld „Wandel in der Arbeitswelt – Beschäftigungssicherheit – Beschäftigungsfähigkeit" angesprochen und mittels eines Reflexionsbogens sensibilisiert.

Hintergrund für die Gründung eines eigenständigen Personalressorts als „Treiber" dieser Themen außerhalb der operativen Personalorganisation war die erste größere Restrukturierungsmaßnahme, die die Fokussierung auf Kerngeschäftsfelder und eine regionale Neugliederung der Inlandsbank zum Inhalt hatte. Einige tausend Mitarbeiter waren direkt und indirekt betroffen. Für die direkt Betroffenen sollten zunächst alle konzerninternen Platzierungsoptionen ermittelt und genutzt werden, aber auch, wenn nicht vermeidbar, der Gang an den externen Arbeitsmarkt oder in die Selbständigkeit unterstützt werden. Dies spiegelte die Überzeugung wider, dass man mit großzügigen Abfindungsregelungen zwar den „Trennungsschmerz" kurzfristig lindern, aber damit keinesfalls automatisch berufliche Perspektiven und nachhaltige Existenzsicherung bieten kann. Bei den damals nicht direkt Betroffenen sollte der Grundstein für ein nachhaltiges Employability-Bewusstsein und die Förderung von Veränderungskompetenz gelegt werden, was aufgrund des Restrukturierungskontextes zum damaligen Zeitpunkt nur in Ansätzen gelungen ist.

Ziele und Kernelemente des DB-Mosaiks lassen sich wie folgt darstellen:

- *Orientierung:* Systematische Begleitung der Mitarbeiter in Veränderungsprozessen, Hilfestellung zur Standortbestimmung und beruflichen Zielfindung

- *Qualifizierung* zur Erhöhung interner und externer Marktchancen

- *Platzierung:* Unterstützung bei Selbstmarketing und Positionierung; Kontaktanbahnung und Vermittlung

- *Flexibilisierung* des konzerninternen Arbeitsmarktes zur Nutzung aller Beschäftigungsoptionen

- *Employability-Förderung:* Grundlegende, nachhaltige Förderung der Veränderungskompetenz und Beschäftigungsfähigkeit

Abbildung 2: Ziele und Kernelemente

– **Die Bausteine im Überblick**

Im Laufe der Jahre entstand ein vielfältiges Instrumentarium zur Begleitung des Strukturwandels in der Deutschen Bank. Dieses setzt nicht etwa auf „massenfähige" Standardlösungen, sondern zum einen auf die sehr frühzeitig startende professionelle Begleitung des gesamten Veränderungsprozesses – im Sinne einer Hilfe zur Selbsthilfe – und zum anderen auf konkrete Qualifizierungs- und Arbeitsgestaltungsmodelle. Darüber hinaus werden im Rahmen eines umfangreichen Kontaktnetzwerkes zu anderen Unternehmen systematisch Vermittlungsaktivitäten unternommen.

Zum Kernelement des DB-Mosaiks und Ausgangspunkt für die meisten Aktivitäten ist die in einer ersten Ausbaustufe im Jahr 2003 eingerichtete Beratungseinheit DB JobCenter geworden. Hier stehen professionelle Coaches für alle Fragen rund um die berufliche (Neu-) Orientierung und Platzierung – von der Kompetenzanalyse bis zum Bewerbungstraining – zur Verfügung. Durch den neutralen Beratungsansatz und die Garantie absoluter Vertraulichkeit – es bestehen „chinese walls" zu den anderen HR-Bereichen – wird frühzeitig die gedankliche Beschäftigung mit alternativen Szenarien ermöglicht. Noch während beispielsweise die Verhandlungen zu einzelnen Strukturmaßnahmen laufen und ohne dass beim Einzelnen bereits akute Veränderungsnotwendigkeit besteht, bereiten sich die Mitarbeiter gründlich auf „alle Eventualitäten" vor.

Employability: Selbstverantwortung fordern

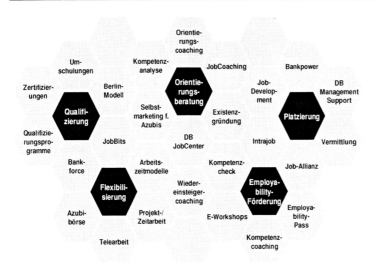

Abbildung 3: Die Bausteine

Die gut strukturierte Auseinandersetzung mit dem individuellen beruflichen Kompetenz- und Erfahrungsprofil und den eigenen beruflichen Zielsetzungen schafft ein höheres Maß an Selbstbewusstsein und Mut, sich den Veränderungen konstruktiv zu stellen. Die verschiedenen Beratungsangebote wurden allein in den ersten drei Jahren von rund 3.000 Mitarbeiterinnen und Mitarbeitern bei äußerst positivem Feedback genutzt. In Kombination mit den anderen Bausteinen sowie den Eigenaktivitäten der Mitarbeiter wurden für nahezu jeden passende Optionen generiert.

Von den übrigen Instrumentarien des DB-Mosaiks seien hier nur einige wenige exemplarisch weiter ausgeführt:

Bankforce ist eine Art konzerninternes „Zeitarbeitsunternehmen", dessen Mitarbeiter im Rahmen von Projekten und Vertretungseinsätzen tätig sind. Dieses Modell ist als Personalentwicklungsinstrument konzipiert. Ziel ist es, den Mitarbeitern mit bundesweiten Einsätzen eine „Orientierungsschleife" mit entsprechendem Zuwachs an Know-how zu ermöglichen und in einem Zeitraum von ein bis zwei Jahren wieder eine Festplatzierung im Konzern zu erreichen.

Bankpower – ein Zeitarbeitsspezialist im Finanzdienstleistungssektor – ist ein Joint Venture mit Manpower. Damit wird aus dem Konzern ausscheidenden Mitarbeitern eine Brücke in ein neues, unbefristetes Arbeitsverhältnis geboten. Durch die hohen Abwerbe- und Übernahmequoten der Zeitarbeitsbranche lassen sich so für alle Altersgruppen neue berufliche Perspektiven in Drittunternehmen eröffnen.

Auch Umschulungs- und Qualifizierungsmodelle, eine Existenzgründungsberatung sowie ein Modell für Interimsmanagement im Rahmen von Altersübergangsregelungen (DB Management Support) stehen den Mitarbeitern zur Verfügung.

– Employability-Offensive

Mit der nächsten großen, Ende 2005 wirksam werdenden Ausbaustufe des DB-Mosaiks wird erstmals in dieser Deutlichkeit ein proaktiver Ansatz in den Mittelpunkt gestellt: Gemeinsam mit den Arbeitnehmervertretern wurde ein Konzept zur nachhaltigen Förderung der Employability und der Stärkung der Veränderungskompetenz der Mitarbeiter entwickelt. In einer fairen „Lastenteilung" zwischen Unternehmen und Mitarbeiter werden die überfachlichen Schlüsselkompetenzen in den Fokus gerückt und ein umfassendes Angebot von der Analyse des Ist-Standes und Unterstützung bei der persönlichen Zielfindung über verschiedene Angebote zur Kompetenzentwicklung und begleitenden Beratung bis hin zu einer „Employability-Card" zur Verfügung gestellt. Die Employability-Offensive unterstützt Mitarbeiter dabei, den rasanten Wandel nicht als Bedrohung, sondern vielmehr als Chance und Herausforderung zu begreifen.

Grundlagen zur Employability-Förderung wurden bereits mit Gründung des DB-Mosaiks gelegt. „Erinnern Sie sich, wie viel sich in den letzten Jahren an den Inhalten Ihrer Tätigkeit, an Arbeitsweisen und Technologien gewandelt hat. Es gibt schon lange keine statischen Arbeitsplätze mehr, sondern nur noch Arbeit, die perfekt und schnell erledigt werden soll. Wer diese Arbeit wo, wie und wann erledigt, dies kann sich im wahrsten Sinne des Wortes von heute auf morgen ändern. Behalten Sie Ihre Beschäftigungsfähigkeit im Auge und denken Sie darüber nach, was Sie dafür an Qualifikationen und Kompetenzen benötigen werden. Ergreifen Sie die Initiative und suchen Sie Ihren eigenen Weg in Ihrer beruflichen Entwicklung. Wir werden alles tun, Sie zu unterstützen, die Verantwortung aber liegt bei Ihnen."

Mit diesen Worten endet eine interne Publikation zur Vorstellung des DB-Mosaiks im Frühjahr 1999, die an alle Mitarbeiter des Konzerns in Deutschland versandt wurde. Dies war zum damaligen Zeitpunkt ein wichtiger erster Schritt, den wachsenden Zukunftsängsten innerhalb großer Mitarbeitergruppen zu begegnen und die Diskussionen um Arbeitsplatzsicherheit und beiderseitige Loyalität zu versachlichen. Der Prozess ist ingangekommen; die Mitarbeiter sind zunehmend bereit, Verantwortung für ihren beruflichen Weg zu übernehmen. Die Employability-Offensive 2005 wird mit ihrem gezielten und strukturierten Ansatz – losgelöst von akuter Veränderungsnotwendigkeit – diesen Prozess beschleunigen und Veränderungskompetenz fördern, im Interesse des Mitarbeiters und im Interesse des Unternehmens.

– *Resümee*

Das ernsthafte Bemühen, für jeden Mitarbeiter die berufliche Existenz sichern zu helfen und – bei Strukturmaßnahmen – nicht nur materiellen Nachteilsausgleich zu bieten, wird ohne Einschränkung honoriert – von den Mitarbeitern wie von den Arbeitnehmervertretern. Das Management ist sich sicher: Der Aufwand und die Mühe lohnen sich. Diese Aktivitäten sind unverzichtbare Maßnahmen und Signale der Wertschätzung für Betroffene wie auch für die im Unternehmen Verbleibenden.

Mit dem DB-Mosaik bietet der Personalbereich eine instrumentelle Plattform und gestaltet Rahmenbedingungen. Ohne den freiwilligen Mitarbeiterbeitrag jedoch bleiben die Ansätze wirkungslos, denn tatsächlich muss jeder Einzelne ein großes Maß an Bereitschaft zur Weiterbildung, Entwicklung und Veränderung aufbringen. Für die Akzeptanz im Unternehmen war und ist die Einbindung und konzeptionelle Mitarbeit der Arbeitnehmervertreter ebenso von zentraler Bedeutung wie die einvernehmlich formulierte Handlungsmaxime für die Bewältigung von Veränderungen: Gemeinsam soll alles getan werden, die Beschäftigung der Mitarbeiter möglichst innerhalb des Konzerns zu sichern und – falls dies nicht erreichbar ist – die Arbeitsmarktfähigkeit der Arbeitnehmer zu fördern, konkrete individuelle Perspektiven zu eröffnen und damit Arbeitslosigkeit zu vermeiden.

Trotz der gemeinschaftlichen Entwicklung durch Management und Betriebsrat setzte sich der für den Erfolg notwendige individuelle Umdenkprozess nur langsam durch. Die neuen Bausteine wurden zuerst kritisch beäugt. Weiterhin standen für die Mitarbeiter materielle Fragestellungen eher im Vordergrund als berufliche Perspektiven.

Im Laufe der Zeit haben sich die Denkmechanismen aller Beteiligten verändert. Mit den potenziellen Auswirkungen der strukturellen Krise des Bankensektors wuchs auch das Verständnis, dass jeder Einzelne etwas dafür tun muss, um seine Beschäftigungsfähigkeit auch am externen Markt zu gewährleisten.

Diese Veränderung des Blickwinkels der Betroffenen hat auch das DB-Mosaik beeinflusst. Die Intensivierung des individuellen Beratungsangebotes, weg von standardisierten Lösungen , trägt dieser Entwicklung Rechnung. Losgelöst von der Situation beruflicher Veränderung beinhaltet die Beratung durch das DB JobCenter im Sinne der Zieldimension „Employability-Förderung" auch das Bemühen, Schlüsselkompetenzen der modernen Arbeitswelt in allen Mitarbeitergruppen proaktiv zu entwickeln.

4.2 „Job-Allianz Berufswelt transparent": Unternehmenskooperation

„Job-Allianz: Berufswelt transparent" heißt das Gemeinschaftsprojekt, zu dem sich in der Region Rhein-Main fünf bekannte Unternehmen im Interesse ihrer Mitarbeiter zusammengefunden haben. Degussa, Deutsche Bank, Lufthansa, FES Frankfurter
Entsorgungs- und Service GmbH und Fraport wollen damit für mehr Transparenz über Anforderungen der modernen Arbeitswelt sorgen und ihre Beschäftigten bei der eigenverantwortlichen Gestaltung der beruflichen Zukunft unterstützen. Mit der Job-Allianz gehen die fünf Unternehmen seit September 2001 gemeinsam neue Wege in der Mitarbeiterentwicklung. Durch die Kooperation soll die Förderung der Beschäftigungsfähigkeit der Mitarbeiter intensiviert und ausgeweitet werden. Die Angebote stehen allen Mitarbeitergruppen offen. Entstanden ist das Projekt im Rahmen der bundesweiten „Initiative für Beschäftigung"[2].

Das Angebot richtet sich an vier Zielfeldern aus:

„Mitarbeiter sensibilisieren": Es zeigt sich immer wieder, dass die Notwendigkeit, die Beschäftigungsfähigkeit eigenverantwortlich zu pflegen, von vielen Arbeitnehmern noch nicht erkannt wird. In ihren Erwartungen lebt das alte „paternalistische Modell" fort, bei dem der Arbeitgeber für Beschäftigungssicherheit sorgt und den beruflichen Weg bestimmt. Um hier

---

2 Gegründet wurde die Initiative für Beschäftigung 1998 von Jürgen Strube (BASF), Reinhard Mohn (Bertelmann) und Hubertus Schmoldt (IG BCE). Mit über 400 Unternehmen und rund 2.500 Aktiven aus Wirtschaft, Politik und Gesellschaft gilt sie als größte konzertierte Aktion der deutschen Wirtschaft zum Thema Beschäftigung.

ein Umdenken zu erreichen, muss das Thema über einen längeren Zeitraum platziert werden, am besten im Rahmen unternehmensübergreifender Aktionen.

„*Mitarbeiter informieren*": Zum Angebot der Job-Allianz gehören Informationen über Veränderungen in der Arbeitswelt und verschiedene Austauschmöglichkeiten mit Mitarbeitern der Partnerunternehmen wie z.B. im Rahmen gemeinsamer, themenbezogener Großveranstaltungen und entsprechender Themenhefte.

„*Kompetenzen analysieren*": Um die eigenen Kompetenzen bewerten und ggf. zielgerichtet ausbauen zu können, brauchen Mitarbeiter Klarheit über den eigenen Standort. Hierzu bietet die Job-Allianz verschiedene Angebote. Kerninstrument ist ein umfassender Test zu überfachlichen Kompetenzen.

„*Kompetenzen ausbauen*": Damit die Notwendigkeit der eigenen Weiterentwicklung erkannt wird, sind oft Impulse von außen notwendig. Die Job-Allianz bietet für diesen „Blick über den Tellerrand" vielfältige Möglichkeiten. Unternehmensführungen und ein Business-Praktikum, bei dem Mitarbeiter bis zu vier Wochen in einem Partnerunternehmen hospitieren können, ermöglichen einen Einblick in Strukturen und Arbeitsabläufe anderer Unternehmen. Seminare und Beratungsangebote helfen den Mitarbeitern, ihre Kompetenzen gezielt im Kreise Gleichgesinnter aus den Partnerunternehmen weiterzuentwickeln.

Die Mitarbeiter finden alle Informationen zu Zielen und Angeboten sowie Aktuelles rund um die Job-Allianz auf der gemeinsamen Intranethomepage bzw. im regelmäßig erscheinenden Newsletter. Natürlich stehen auch die Ansprechpartner in den Unternehmen sowie eine neutrale Koordinationsstelle für Fragen zur Verfügung. Wichtige Multiplikatoren sind zunehmend auch begeisterte „Stammnutzer".

– *Resümee*

Eine Unternehmenskooperation in diesem Themenfeld hat viele Vorteile:

Zum einen ermöglicht sie den Blick über den Tellerrand der Unternehmensgrenzen hinweg. Einblicke in andere Unternehmen, deren Anforderungen und Arbeitsprozesse sowie der Austausch mit Kollegen aus anderen Branchen geben den Mitarbeitern unmittelbare Impulse, die eigenen Kompetenzen zu überprüfen und weiterzuentwickeln. Berührungsängste werden abgebaut, der Blick geweitet. Durch den Vergleich wird auch die eigene Arbeit in einem neuen Licht gesehen, sei es durch die Erkenntnis „das ist ja bei anderen genauso" oder „so kann man das also auch machen".

Zum anderen ist auch die Umsetzung des Vorhabens im Verbund einfacher: Gebündelte Kompetenzen und Ressourcen erleichtern die Konzeption und ermöglichen auch aufwändigere Angebote. Das gilt z.B. für die Entwicklung von Kompetenztests und Themenheften, die durch die Kombination aus gesammeltem Know-how und geteilten Kosten möglich ist. Ein positiver Nebeneffekt ist, dass der Investition in die eigene Beschäftigungsfähigkeit von den Mitarbeitern mehr Bedeutung beigemessen wird, wenn sich mehrere namhafte Unternehmen diese Thematik auf die Fahnen geschrieben haben.

4.3 Aktion „In eigener Sache": Förderung von Arbeitsmarktfitness als umfassendes gesellschaftspolitisches Engagement

Fit für den Arbeitsmarkt und attraktiv für den Arbeitgeber – wer möchte das nicht sein? Der schnelle Wandel in der Arbeitswelt erfordert von Arbeitnehmern wie Arbeitsuchenden, die eigenen Fähigkeiten selbstverantwortlich auszubauen und sie den Anforderungen kontinuierlich anzupassen.

Bisher gibt es nur wenige Aktivitäten, die das Individuum direkt ansprechen und bezüglich Beschäftigungsfähigkeit sensibilisieren sowie motivieren, selbst daran zu arbeiten. Das Projekt „In eigener Sache" zielt in diese Richtung. Durch die Bereitstellung von Informationen und Instrumenten soll zu einem individuellen und letztlich gesellschaftlichen Bewusstseinswandel hin zu mehr Eigenverantwortung für Beschäftigung und berufliche Zukunft beigetragen werden.

Hervorgegangen ist das Projekt aus der „Initiative für Beschäftigung!", die in regionalen Netzwerken innovative Beschäftigungsprojekte realisiert und auf Bundesebene in verschiedenen Themenkreisen Impulse zur Gestaltung und Flexibilisierung des Arbeitsmarktes gibt.

Das Projekt „In eigener Sache" wurde initiiert von der Deutsche Bank AG und dem Institut für Beschäftigung und Employability der Fachhochschule Ludwigshafen. Partner bei der Umsetzung sind das Geva-Institut, die Bildungswerke der Wirtschaft und die Volkshochschulen. Namhafte Unternehmen und Institutionen der deutschen Wirtschaft unterstützen das Projekt materiell und ideell.

„In eigener Sache" bietet Orientierungshilfen für die proaktive Gestaltung beruflicher Zukunft und stellt Werkzeuge zur Entwicklung individueller Beschäftigungsfähigkeit zur Verfügung. Um eine Breitenwirkung zu erzielen, wird das Projekt von einer groß angelegten Kampagne begleitet.

Die zentralen Handlungsfelder sind:

- *Sensibilisierung und Motivation* u. a. durch Artikel und Kurztests in ausgewählten Medien sowie diverse Aktivitäten

- *Analyse des eigenen Standortes* durch Tests und Reflexionsangebote

- *Aktion* mit Handlungsempfehlungen, Workshops und Telefon-Coaching

- *Erfolgssicherung* durch Dokumentation der Aktivitäten und Ergebnisse im „Kompetenz-Pass"

Das Projekt und die Kampagne wollen verdeutlichen, wie wichtig es für den Einzelnen ist, seine individuelle Situation zu analysieren, sich Ziele zu setzen, sich auf den Weg zu machen und das Ganze als kontinuierlichen, „immerwährenden" Prozess zu sehen.

Die Haupt-Adressaten des Projektes und der Kampagne „In eigner Sache" sind Beschäftigte, Arbeitsuchende, Berufsrückkehrer/innen sowie Unternehmen, Medien und weitere Multiplikatoren.

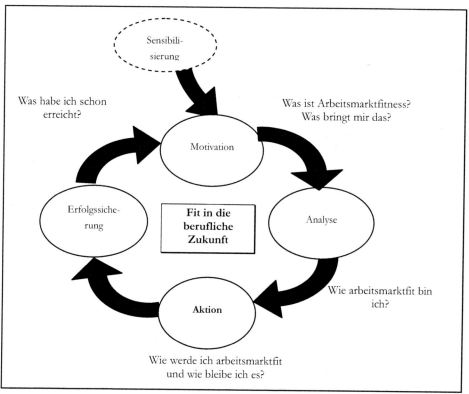

Abbildung 4: Die Handlungsfelder

5. Fazit

Aus gesamtwirtschaftlicher Sicht ist die Employability der Erwerbstätigen unabdingbar für die nachhaltige Konkurrenzfähigkeit der Unternehmen und des Wirtschaftsstandortes Deutschland. Will ein Unternehmen bestehen, benötigt es Mitarbeiter, die nicht nur fachlich gut qualifiziert sind, sondern sich verändernden Anforderungen ohne Vorbehalte stellen und vielfältig einsetzbar sind. Für den Einzelnen dient Employability im beschriebenen Sinne der Zukunftssicherung. Gefordert sind also zum einen Politik und Unternehmen und zum anderen der Einzelne. Politik und Unternehmen müssen entsprechende Rahmenbedingungen gestalten, der Einzelne muss aktiv sein und Selbstverantwortung übernehmen.

Qualitätsstandards für professionelles Personalmanagement

Silke Eilers

1. Leitgedanken und Motivation
2. Einführung und Etablierung von Qualitätsstandards
   2.1 Hintergrund
   2.2 Wege zur Professionalisierung und Profilierung des Personalmanagements in der Wissensgesellschaft
      2.2.1 Personalmanagement antizipiert Zukunft
      2.2.2 Personalmanagement ist Beziehungsmanagement
      2.2.3 Personalmanagement erfordert eine eigene Profession
3. „Heilsame Ohrfeigen" für die Personaler
   3.1 Der Arbeitskreis „Qualitätsstandards" der Initiative „Wege zur Selbst-GmbH"
   3.2 Interview mit Thomas Sattelberger, Personalvorstand der Continental AG
4. Der HR-Check
5. Fazit

Literatur

1. Leitgedanken und Motivation

Der Arbeitsmarkt zu Beginn des neuen Jahrtausends ist gekennzeichnet durch eine Vielzahl von Umwälzungen und Spannungsfeldern. Die beständig ansteigende Arbeitslosigkeit ist verbunden mit einem Käufermarkt für bestimmte Berufsgruppen, Branchen und Regionen. Diese Tendenz wird durch die zunehmende Verlagerung insbesondere gering qualifizierter Tätigkeiten in Niedriglohnländer noch verschärft.

Demgegenüber steht ein ebenso beständig ansteigender Bedarf an hoch qualifizierten Arbeitskräften, die dem Trend zur Wissensgesellschaft gerecht werden. Dieser Bedarf kann über den Arbeitsmarkt nur unzureichend gedeckt werden, so dass neben dem oben genannten Käufermarkt wiederum für bestimmte Berufsgruppen, Branchen und Regionen ein Verkäufermarkt existiert. Die demografische Entwicklung wird nicht nur dazu beitragen, dass sich der Wettbewerb auf diesem Verkäufermarkt weiter verstärkt, sondern darüber hinaus auch das Durchschnittsalter der Belegschaften in deutschen Unternehmen ansteigen lassen.

Diese rasch voranschreitenden Arbeitsmarkt-Szenarien stellen eine nicht zu unterschätzende Herausforderung für Unternehmen jeglicher Branche und Größenordnung dar. Einen unerlässlichen Baustein zum Erhalt der Wettbewerbsfähigkeit stellt in diesem Zusammenhang die Forderung und Förderung der Beschäftigungsfähigkeit von Mitarbeitern[1] im betrieblichen Kontext dar. Zur Bedeutung und Ausgestaltung von Beschäftigungsfähigkeit im Unternehmen sei auf die Ausführungen in Teil I dieses Buches verwiesen.

Es liegt auf der Hand, dass insbesondere das Personalmanagement als Schnittstelle zwischen Unternehmensleitung und einzelnem Mitarbeiter seine Aktivitäten neu ausrichten muss, um den vielfältigen Herausforderungen, die die beschriebenen Szenarien mit sich bringen, begegnen zu können. Eine wichtige Basis für eine derartige Neuausrichtung stellen verbindliche Qualitätsstandards dar, die der Personalprofession Orientierungshilfe und Leistungsmaßstab zugleich bieten.

2. Einführung und Etablierung von Qualitätsstandards

2.1 Hintergrund

Wie definiert ein Personalmanager sich und seine Rolle gegenüber den unterschiedlichen „Kunden" im Unternehmen? Was kann er tun, um das häufig existierende negative Image der

---

[1] Aus Gründen der Lesefreundlichkeit und Vereinfachung wird im Folgenden auf die zusätzliche weibliche Ausdrucksform im Sinne Mitarbeiter/-innen verzichtet.

Personalarbeit als „Sozialromantik" umzukehren? Wodurch kann er einen strategischen Beitrag zur Bewältigung der künftigen Herausforderungen in Wirtschaft und Gesellschaft leisten?

Diese und ähnliche Fragestellungen bewegen bereits seit Gründung der Initiative „Wege zur Selbst-GmbH" im Jahr 1999 zahlreiche Mitglieder. In unterschiedlichen Arbeitskreisen wurde diese Thematik immer wieder aufgegriffen und schließlich wurden Standards erarbeitet, die es jedem engagierten Personalverantwortlichen erleichtern sollen, seinen Weg hin zu einer qualitativ hochwertigen und als professionell anerkannten Personalarbeit zu beschreiten. Dabei wurde besonderer Wert auf ein solides Fundament gelegt, auf dem die definierten Qualitätsstandards aufbauen – sowohl die Personal-Profession selbst als auch Adressaten professioneller Personalarbeit im Unternehmen wurden einer eingehenden Betrachtung unterzogen, um so zu einem praxisnahen und bedarfsorientierten Katalog an Qualitätskriterien zu gelangen.

Nur wenn klar definiert ist, für wen die besagte Professionalität angestrebt wird, kann diese auch bedarfsorientiert umgesetzt werden.

Personalverantwortliche sollten für ihren individuellen Unternehmenskontext die relevanten „Kunden" identifizieren und sich über deren Erwartungen und Forderungen klar werden. Auf dieser Basis lässt sich eine Strategie entwickeln, wie sich das Personalmanagement den Kunden und ihren Anforderungen gegenüber positionieren möchte, und schließlich die Zielrichtung für eine zunehmende Professionalisierung der Personalarbeit festlegen.

2.2 Wege zur Professionalisierung und Profilierung des Personalmanagements in der Wissensgesellschaft[2]

Um Personalmanagement professioneller zu gestalten und dadurch auch die Anerkennung von außen zu steigern, bedarf es in einem zweiten Schritt einer intensiven Auseinandersetzung mit der Personal-Profession selbst. Dieser Blick nach innen dient der Reflektion darüber, wie Personalverantwortliche sich selbst und ihre Rolle im Unternehmen in Zukunft definieren und wie sie sich positionieren möchten. Erst wenn ein klares Selbstverständnis darüber herrscht, worin das Personalmanagement seinen Auftrag sieht und in welchen Feldern es Professionalität anstrebt, lassen sich tragfähige Kriterien entwickeln, um die Qualität der täglichen Arbeit und des strategischen Beitrags zu messen.

2.2.1 Personalmanagement antizipiert Zukunft

Wirtschaft und Gesellschaft in Deutschland befinden sich im Übergang von der Industriegesellschaft zur Informations- und Wissensgesellschaft. In immer stärker werdendem Maße

---

2 Arbeitsergebnis eines Teamprozesses von Jürgen Fuchs und Siegfried Mauch im Jahr 2000.

bildet die geistige Leistung die Grundlage für Produktion und Beschäftigung. Zur entscheidenden Ressource für unternehmerische Produktivität wird die Gestaltungskraft des menschlichen Gehirns. Wissen und Lernen werden wertvolles Betriebskapital. Damit wird das Potenzial der Mitarbeiter zum wertbestimmenden Faktor. Doch wettbewerbsfähiges Mitarbeiterpotenzial entsteht nur dort, wo Menschen nicht durch administrativen Zwang behindert werden, sondern auf Grund freiwilliger Entscheidungen handeln können. Ökonomischer Erfolg stellt sich verstärkt dort ein, wo es gelingt, Mitarbeiter zu bewegen, ihr Potenzial zu Gunsten des Unternehmens oder der Institution optimal zu entfalten, und wo die richtigen Strukturen geschaffen sind.

Diese Entwicklung zu verstehen und beizutragen, dass menschliche Potenziale als Vermögenswerte in produktive Leistungen überführt und dysfunktionale Strukturen beseitigt werden, wird die zentrale Herausforderung des Personalmanagements im beginnenden 21. Jahrhundert. Dies erfordert ein Personalmanagement, das sich als Gewährträger des Humanvermögens versteht, das personale Entwicklungen vorausdenkt und damit frühzeitig die organisationale Wirklichkeit konfrontiert.

Dies bedeutet für das Personalmanagement:

- Wissen und Lernen sind Vermögenswerte.
- Menschen sind selbst Träger ihres Humanvermögens.
- Personalführung ist Vermögensberatung.
- Personalentwicklung ist Vermögensentwicklung.
- Personalmanagement ist Vermögenssteuerung.

– Menschen sind selbst Träger ihres Humanvermögens

Humanvermögen unterscheidet sich vom Sachkapital wesentlich dadurch, dass sich an ihm kein Eigentum erwerben lässt und es unabhängig von Raum und Zeit verfügbar ist. Damit verändern sich die Rollen von Mitarbeiter und Unternehmen sowie die Machtpositionen von Arbeit und Kapital. Arbeitgeber ist nicht mehr derjenige, der den Arbeitsplatz zur Verfügung stellt, sondern derjenige, der Ergebnisse von Wissensarbeit abgibt. Arbeitnehmer ist nicht mehr derjenige, der den Arbeitsplatz beansprucht, sondern derjenige, der Wissensarbeit entgegennimmt. Ist der Beschäftigte als Träger seines Humanvermögens sein eigener Arbeitgeber, ist er für die Pflege seines Eigentums mitverantwortlich. Damit ist Personalentwicklung vorrangig Selbstentwicklung, unabhängig davon, in welcher Organisation sie stattfindet. Lebenslanges Lernen wird zum Wettbewerbsfaktor.

– Personalführung ist Vermögensberatung

In Dienstleistungs- und Wissensunternehmen funktionieren traditionelle Machtpyramiden nicht mehr: Oben wird geplant, unten wird ausgeführt. Um erfolgreich sein zu können, müssen Kundenbedürfnisse unmittelbar befriedigt werden. Dies können nur diejenigen leisten, die über die erforderlichen Informationen, Qualifikationen und Fähigkeiten verfügen. Aufgaben von Personalführung sind dann nicht mehr Planung, Anweisung und Kontrolle der Beschäftigten, sondern ihre Beratung und Unterstützung sowie die Koordination ihrer Leistungen. Die Führungsleistung besteht dann im Wesentlichen darin, Wirkungen bei den eigenen

Mitarbeitern zu erzielen. Dazu geben Führungskräfte Orientierungen und schaffen Lernsituationen, damit die Mitarbeiter selbst ihr Humanvermögen vermehren können. Daher ist es nur konsequent, auch in der Gehaltsfindung der Personalführung Variablen zu berücksichtigen, die an den Lern- und Leistungserfolg der eigenen Mitarbeiter anknüpfen.

Dies bedeutet für das Personalmanagement:

- Personalmanagement muss gegenläufige Ordnungen aufheben. Fallen Sach- und Entscheidungskompetenz auseinander, ergeben sich zwei gegenläufige Ordnungen: die Hierarchie der Macht und die Hierarchie des Wissens. Das Personalmanagement hat für die Auflösung dieses strukturellen Dilemmas und die Einführung dezentraler Verantwortung einzutreten.

- Personalmanagement muss Leadership fördern. Um diesen Führungsanforderungen entsprechen zu können, ist ein neues Selbstverständnis in der Personalführung umzusetzen. Führungskräfte müssen sich als Trendscout und Visionär bezüglich Entwicklungen und als Befähiger der eigenen Mitarbeiter sehen. Sie sind nach diesem Profil auszuwählen und zu qualifizieren.

– Personalentwicklung ist Vermögensentwicklung

Adressaten der Personalentwicklung sind die Beschäftigten, und die Personalvertretung. Ihr Ziel ist die Steigerung des unternehmerischen Nutzens durch den Aufbau lernfördernder Strukturen und kooperativer Zusammenarbeit. Personalentwicklung schafft Humanvermögen, indem es eine das Lernen fördernde Umgebung aufbaut, intrinsische und extrinsische Anreize anbietet und Bedingungen gestaltet, damit die individuelle Qualifikation verbessert und Handlungskompetenz aufgebaut, genutzt und eingefordert werden. Sie zeigt den Beschäftigten wichtige unternehmerische Entwicklungen und Wege auf, wie sie sich darin selbst entwickeln können. Der individuelle Nutzen für die Mitarbeiter ist dabei die Sicherung ihrer eigenen Beschäftigungsfähigkeit.

Dies bedeutet für das Personalmanagement:

- Personalmanagement muss Anker setzen. Wissen ist im Fluss. Das Personalmanagement muss Instrumente und Methoden anbieten, wie Wissenslücken bedarfsbezogen partizipativ identifiziert und strategisch notwendige Wissensbedarfe konkretisiert, arbeitsnah befriedigt und Lernerkenntnisse angewandt werden können.

- Personalmanagement muss Laufstege für Selbstentwicklungen schaffen. Der Wert von Wissen und Können wird wesentlich vom Einzelnen selbst über den zurückgekoppelten Nutzen erfahren. Damit Einschätzungen des eigenen Potenzials möglich sind, sind mit Hilfe von Mitarbeiter-Vorgesetzten-Gesprächen und Führungskräftefeedback sowie Maßnahmen des Job Enrichment und Enlargement Rückkopplungsprozesse sicherzustellen. Gleichzeitig sind virtuelle Marktplätze zu schaffen, auf denen individuelle Kompetenz mit betrieblichen Anforderungen selbst abgeglichen werden kann.

– Personalmanagement ist Vermögenssteuerung

Personalmanagement hat eine Doppelfunktion. Es leistet Service und Support genauso wie strategische Rahmensetzung. Es greift nur ausnahmsweise auf die Arbeitsebene durch. Sein eigentlicher Vermögensbeitrag besteht darin, Prozesse und Programme entsprechend der unternehmerischen Zielsetzung zu synchronisieren und den Rahmen für individuelle Entwicklungsmöglichkeiten zu gestalten und aufzuzeigen. Dazu arbeitet es mit Sensoren, die Entwicklungen und Veränderungen aufspüren und abbilden, genauso wie mit identitätsbildenden und kulturprägenden Programmen, virtuellen Marktplätzen und Bedingungen, die ein Lernen am Arbeitsplatz fördern, fordern und honorieren.

Dies bedeutet für das Personalmanagement:

- Personalmanagement schafft marktwirtschaftlich orientierte Rahmenbedingungen. Es gestaltet auf der Grundlage der Unternehmensziele Rahmenbedingungen für die personale Entwicklung der Beschäftigten. Es gestaltet die Zukunftsfähigkeit des Unternehmens über eine marktwirtschaftliche Ausrichtung des betrieblich strukturellen Arrangements.

- Personalmanagement ist in der Unternehmenssteuerung präsent. Sind Wissen und Lernen als Humankapital wichtige betriebliche Potenziale, müssen sie in der Unternehmensteuerung präsent sein. Daher sind wissens- und lernbezogene Kennzahlen zu erfassen und als Unternehmensleistung abzubilden. Das Personalmanagement vertritt die Interessen des Humanvermögens in der Unternehmensleitung.

2.2.2 Personalmanagement ist Beziehungsmanagement

Personalmanagement ist nicht nur innen-, sondern auch außen-orientiert. Seine Adressaten sind daher auch der Arbeits- und Kundenmarkt sowie die Gesellschaft und die Shareholder. Es muss dazu beitragen, dass das Unternehmen wettbewerbsfähig ist und als attraktiver Arbeitgeber wahrgenommen wird. Die Beschäftigten müssen erkennen, dass nur die Begeisterung beim Kunden langfristig unternehmerischen Erfolg gewährleistet, das Unternehmen in der Gesellschaft als Ganzheit existiert sowie nur schlanke Strukturen und engagierte und lernbereite Menschen kritische Abläufe beherrschen.

Dies bedeutet für das Personalmanagement:

- Personalmanagement muss die Außenwahrnehmung verbessern. Dazu müssen die Innenwelt und das Außensollbild übereinstimmen. Trifft das nicht zu, müssen kulturstiftende Maßnahmen initiiert und verhaltensändernde Strukturen geschaffen werden. Werden ganzheitliche Ansätze vernachlässigt, können Werbemaßnahmen allzu leicht als eine teure Mogelpackung enttarnt werden.

- Personalmanagement muss Loyalität sichern. Wissen und Lernfähigkeit sind ubiquitäre Vermögenswerte. Ein Unternehmen muss daher Mittel und Wege finden, wie es Beschäftigte – auch wenn sie in einem lockeren Beschäftigungsverhältnis stehen – bindet und wie es sich vor Abwanderung schützt.

2.2.3 Personalmanagement erfordert eine eigene Profession

Das Personalmanagement in Deutschland ist bereit, die Herausforderungen der Wissensgesellschaft aufzunehmen und Verantwortung zur Sicherung des betrieblichen Erfolgs, zur Stärkung des Wirtschaftsstandortes Deutschland sowie zur Wahrung des sozialen Friedens zu übernehmen. Es ist nicht mehr bereit, die klassische Funktion des „sozialen Mülleimers" für alles Störende in Unternehmen und Verwaltungen zu tragen, ohne an der Ursachenbeseitigung nachhaltig mitwirken zu können. Dazu müssen jedoch die Beschäftigten im Personalmanagement in Deutschland entsprechend den interdisziplinären Anforderungen eines modernen Personalmanagements professionell ausgebildet und ausgewählt werden. Dann kann es gelingen, das Personalmanagement nicht länger als bloßen Wurmfortsatz der Personalbewirtschaftung zu sehen, sondern als Partner bei der betrieblichen und volkswirtschaftlichen Vermehrung des Humanvermögens.

Zusammenfassend lassen sich folgende Empfehlungen formulieren:

- Personalmanager ist als ein eigenständiges Berufsbild in der privaten und öffentlichen Betriebswirtschaft anzuerkennen.
- An Universitäten und Hochschulen sind entsprechende Studiengänge einzurichten.
- Von den Unternehmens- und Verwaltungsleitungen ist zu akzeptieren, dass nicht jedermann im Wege einer beliebigen Personalauswechslung zu einem Personalmanager gemacht werden kann.
- Das Personalmanagement ist an der strategischen Unternehmenssteuerung gleichwertig zu beteiligen.
- Das Personalmanagement ist im politischen Bereich in die Bewältigung der großen gesellschaftlichen Fragestellungen wie die Schaffung, Gestaltung und Sicherung von Beschäftigung einzubeziehen.

3. „Heilsame Ohrfeigen" für die Personaler

3.1 Der Arbeitskreis „Qualitätsstandards" der Initiative „Wege zur Selbst-GmbH"

Aufbauend auf den in vorangegangenen Arbeitskreisen der Initiative „Wege zur Selbst-GmbH" erarbeiteten Grundlagen bezüglich des Selbstverständnisses von Personalverantwortlichen, wurde im Jahr 2001 der Arbeitskreis „Qualitätsstandards für professionelles Personalmanagement" ins Leben gerufen[3].

Das grundlegende Ziel dieses Arbeitskreises bestand darin,

- interessierten Personalmanagern einen qualifizierten Input für ganzheitliches Personalmanagement geben zu können,

---

3 Der Arbeitskreis wurde auf Initiative von Thomas Sattelberger, Personalvorstand der Continental AG, gegründet.

- Orientierung über den Stand eigener Arbeit und über Felder des Besser-Werdens zu ermöglichen,
- die Güte von Personalarbeit messbar und damit im Vergleich bewertbar zu machen,
- konkret Ziele zu definieren und Maßnahmen (Soll-Ist-Vergleiche) planen zu können,
- zusätzliche Argumente und Legitimationen gegenüber Fachbereichen zu haben,
- eine robuste Positionierung auch in der Öffentlichkeit zu erleichtern,
- (vielleicht einmal) Gütesiegel vergeben zu können.

Angestrebt wurde eine Arbeit „von Praktikern für Praktiker", die niemals die Intention verfolgte, eine Methode zur Erhebung statistischer Daten bereitzustellen, sondern vielmehr im Fokus hatte, Transparenz in Personal-Aktivitäten und Beiträge von Personalverantwortlichen zu bringen. Ein Kreis von 25 Personalmanagern aus namhaften deutschen Unternehmen stellte sich über einen Zeitraum von fast zwei Jahren hinweg immer wieder intensiven Diskussionen um relevante Messkriterien, praxisnahe Fragestellungen und einem regelrechten Ringen um die verständlichste und präziseste Formulierung.

Das Ergebnis ist ein Instrumentarium, das Personalverantwortlichen aus Unternehmen jeder Größenordnung und Branche eine konkrete Orientierungshilfe an die Hand gibt, die dazu beiträgt, anhand praxisnaher Qualitätsstandards die eigene Arbeit und das Selbstverständnis der Personalprofession kritisch zu reflektieren, der sogenannte HR-Check.

Als Rahmen zur Identifizierung der „Stützpfeiler" eines zu erarbeitenden Katalogs an Qualitätskriterien diente dem Arbeitskreis das Michigan-Kompetenzmodell von Dave Ulrich.[4] Ulrich, der als Vorreiter auf dem Gebiet der Qualitätsstandards zukünftiger Personalarbeit gilt, identifiziert folgende Kernkompetenzen für den HR-Bereich:

Diese Kernkompetenzen sind wie folgt definiert: [5]

Strategischer Beitrag:
In erfolgreichen Unternehmen ist der Personalmanager auf der strategischen Ebene beteiligt. Er gestaltet die Unternehmenskultur mit, unterstützt rasche Veränderungsprozesse, ist an der Strategieentwicklung beteiligt und schafft die Verbindung zwischen dem Unternehmen und den Märkten („market connectivity").

Persönliche Glaubwürdigkeit:
Der Personalmanager muss glaubwürdig sein. Er braucht effektive Beziehungen zu Schlüsselpersonen innerhalb und außerhalb des Unternehmens. Er muss sowohl ziel- als auch mitarbeiterorientiert sein. Außerdem muss er mündlich und schriftlich gut kommunizieren können.

---

[4] Seit mehr als fünfzehn Jahren führt die University of Michigan Business School regelmäßig eine Studie zum Thema HR-Kompetenzen unter der Leitung von Dave Ulrich durch. Im Laufe der Jahre nahmen an den Studien der University of Michigan insgesamt 27.000 Personalexperten teil. Die Ergebnisse der Studie aus dem Jahr 2002 dienten als Basis für das Grundgerüst des Arbeitskreises „Qualitätsstandards für professionelles Personalmanagement".

[5] Vgl.: SHRM Online (2003).

HR-Handlungsfelder:
Der HR-Manager muss insbesondere in vier klassischen Bereichen aktiv sein und Ergebnisse erbringen:

- Personalentwicklung
- Staffing
- Struktur und Steuerung der Effektivität und Effizienz von personalwirtschaftlichen Aktivitäten
- Performance Management

Geschäftsverständnis:
Um eine Schlüsselrolle einnehmen zu können, muss der Personalmanager das Geschäft und die Branche verstehen. Dazu gehört insbesondere das Verstehen der integrierten Wertschöpfungskette wie auch des Geschäftsmodells.

HR-Technologie:
HR-Technologie wird immer wichtiger, um personalwirtschaftliche Dienstleistungen zu erbringen. Der Personalmanager muss diese Technologie verstehen und einsetzen können.

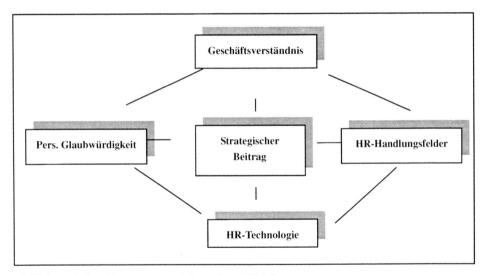

Abbildung 1: *Das Kompetenzmodel von Dave Ulrich*

3.2 Interview mit Thomas Sattelberger, Personal-Vorstand der Continental AG

In der Ausgabe 3/2005 der Zeitschrift „Personalführung" sprach Thomas Sattelberger mit Rainer Spies über die Professionalität deutscher Personalmanager, über die Zielsetzung des HR-Check der Initiative „Wege zur Selbst-GmbH" sowie über den strategischen Beitrag, den Personalarbeit im Unternehmen leisten sollte.

Herr Sattelberger, warum haben Sie „HR-Check" entwickelt?

Als wir in unserem Netzwerk vor gut zwei Jahren den Arbeitskreis „Qualitätsstandards der Personalarbeit" gegründet haben, wollten wir zum einen in unserer Mitgliedschaft einen heilsamen und sicherlich auch manchmal schmerzhaften Lernprozess zur Qualität unserer eigenen Personalarbeit anstoßen. Zum anderen wollten wir politisch ein Zeichen setzen, dass deutsche Personalbereiche sich nicht nur an international gebräuchlichen Standards messen, sondern sich auch entlang dieser Benchmarks verbessern wollen.

Inwieweit mangelt es an Professionalität in der Personalarbeit deutscher Unternehmen?

Mit Sicherheit ist die Professionalität nicht so ausgeprägt, wie es Einschätzungen, in denen Personalverantwortliche über ihre eigene Praxis urteilen, vorgaukeln. Professionalität hat sowohl eine technisch-funktionale Komponente im Sinne eines „Gebrauchswertes" als auch eine wahrgenommene Komponente auf der Grundlage von „Wertschätzung". Wertschätzung vermittelt sich über die Einschätzungen unserer Business-Partner. Und hier können wir uns alle nicht auf die eigene Schulter klopfen. Auch ich selbst nicht. Die Despektierlichkeit, mit der vielerorts zumindest hinter vorgehaltener Hand über Personalarbeit gesprochen wird, steht in einem auffälligen Gegensatz zu der Selbstbeweihräucherung in den Personal-Gazetten und auf -Kongressen. Daneben haben sich Personaler die Frage gefallen zu lassen, ob sie ein Nischenprodukt für wenige oder im guten Sinne ein Massenprodukt für viele hervorbringen. Wahrgenommene Güte von Personalarbeit spiegelt sich letztendlich auch darin wider, ob der Fabrikarbeiter, die Büroangestellte oder der Ingenieur die Personalarbeit und ihre Konsequenzen praktisch überhaupt erlebt. Die Frage ist, ob Personalarbeit für die breite Masse der Mitarbeiter überhaupt sichtbar ist, und wenn ja, ob sie bei ihr ein gutes Ansehen genießt oder ob dies nur für eine hervorgehobene Gruppe im oberen Bereich der Hierarchie gilt.

Der HR-Check konzentriert sich auf vier Kernfelder und 17 wichtige Aufgaben des Personalmanagements. Wie haben Sie die Aufgabengebiete abgeleitet?

Wir wollten ein Instrument schaffen, das nicht nur weltweit eine verständliche Sprache spricht, sondern das auch in der internationalen HR-Welt auf Akzeptanz stößt. Dazu muss man sich entweder der Malcom Baldrige-Nomenklatur, der EFQM-Systematik oder den Forschungsarbeiten der University of Michigan Business School anschließen. Wir haben Letzteres getan. Wir wollten also keinen konzeptionellen und terminologischen „deutschen Sonderweg" beschreiten, sondern einen Beitrag zur Standardisierung gerade in international tätigen Unternehmen leisten.

Was kann ein Unternehmen lernen, wenn die Fragen des Checks wie vorgesehen mit Ja oder Nein beantwortet werden? Wie kann so die Qualität der Personalarbeit gesteigert werden?

Durch die simple Ja-Nein-Beantwortung ohne Zwischentöne wollten wir bewusst ein pädagogisch hartes Instrument schaffen, so dass durch ehrliches Bewerten „heilsame Ohrfeigen" ausgeteilt werden. Durch die Polarität der Antworten wird das „Drumherummogeln" entlang von Mittelwerten unmöglich, außer man liebt den Selbstbetrug. Und das Instrument ermöglicht im Rahmen einer Fremdbewertung zudem ein schnelles 360°-Feedback. Der HR-Check ist vor allem ein Instrument der Organisationsentwicklung, denn vom Messen, Zählen und Wiegen alleine ist noch keine Sau fetter geworden. Die größten Stärken zu verstärken und die größten Defizite ein wenig zu verringern – damit fängt die Arbeit an.

Viele der Fragen beziehen sich auf das HRM-Kernfeld „strategischer Beitrag". Was erwarten Sie in diesem Punkt von guter Personalarbeit, und was kann der HR-Check hier an Selbsterkenntnis liefern?

Bei diesem Kernfeld sind – den Ergebnissen der Michigan-Studie zufolge – die Abweichungen zwischen Selbstbild und Fremdbild am gravierendsten. Und dieses Kernfeld ist neben der Glaubwürdigkeit der Personalarbeit und ihrer Akteure das wichtigste. Echte strategieverzahnte Personalpraxis ist vielerorts mehr Imagination als Realität. Konstanter Einsatz für solides Umsetzungs-und Veränderungsmanagement muss her, statt unverständlicher Faseleien über „systemisches Management". Personaler und insbesondere Personalentwickler sind häufig strategische Wissensriesen und praktische Realisierungszwerge. Was hilft ein innovatives, das Unternehmensrisiko verringerndes Altersvorsorgesystem, wenn sich nur 17 Prozent der Mitarbeiter daran beteiligen? Was nutzen strategische Personalentwicklung und Corporate Universities, wenn sie vor dem Produktionsarbeiter, der Verkäuferin, dem Flugbegleiter, dem Sachbearbeiter Halt machen? Was bezweckt eine neue Mitarbeiterbefragung, wenn auf der Basis der vorausgegangenen nur die Hälfte der Befragten Verbesserungen der Arbeitswelt beziehungsweise Unternehmenskultur bescheinigen? Beim strategischen Beitrag geht es übrigens nicht darum, vieles zu tun und dies dann oft nur halbherzig, sondern weniges perfekt zu tun. Konzentration, Durchdringungsgrad und breitflächige Umsetzung – neudeutsch: Focus, Excellence in Execution sowie reproduzierbare und reproduzierte Qualität – sind gerade im Personalbereich Nadelöhr für das, was wir strategisch beabsichtigen und planen.

Welche Kompetenzen sollten HR-Mitarbeiter abdecken und wo sehen Sie Defizite?

Erstens statt HR-Jargon die Sprache des Geschäfts sprechen, zweitens selbst den unternehmerischen Mut aufbringen, den sie anderen in Corporate Universities beibringen wollen, drittens sich dem Urteil der Business-Partner und Mitarbeiter konsequent stellen und schlussendlich charakterlich geradlinig handeln und nicht den Buckel krümmen.

Auch andere Organisationen entwickeln Standards für die Personalarbeit, so etwa die DGFP mit dem Personalmanagement-Professionalisierungs-Index (PIX). Gibt es Gemeinsamkeiten zwischen Ihrem und anderen Ansätzen, und halten Sie es für sinnvoll, die verschiedenen Initiativen zusammenzuführen?

Da beide Instrumente nebeneinander her entwickelt wurden, sind etliche inhaltliche Ähnlichkeiten wohl in einer stillschweigend vorhandenen, generell akzeptierten Grundauffassung von Personalarbeit begründet. Wir in der Selbst-GmbH wollten kein opulentes, sondern ein schnellfüßiges, rasch auch international handlungsanleitendes Handwerkszeug für Rundum-Assessment und Organisationsverbesserung schaffen – also Schnellboot statt Ozeandampfer. Außerdem schadet ja ein guter Wettbewerb um Standards nicht.

Ein wichtiges Element anderer Ansätze sind Indizes, mit denen der Beitrag der Personalarbeit zum Unternehmenserfolg gemessen und quantifiziert wird. Was halten Sie von einem solchen Messansatz?

Wenn es denn gelänge, was seit Jahren vollmundig rhetorisch beschworen wird, und dies noch dazu nicht nur bei den altbekannten Akteuren der Szene Akzeptanz fände! Ich persönlich – und als früher Vorreiter des Human Capital Measurement sage ich das auch sehr selbstkritisch – bin inzwischen eher desillusioniert und auch ein wenig gesättigt, was die verbale Measurement-Ideologie angeht. Aber einmal davon abgesehen: Wer hartes Arbeitskostenmanagement nicht anpackt, braucht zu Humankapital nicht den Mund aufzumachen. Das sind zwei Seiten einer Medaille. Und es gilt bescheiden zu bleiben: Flankierend und zur internen Steuerung einige Humankapital-Messgrößen ermitteln und verwenden – ja, aber letztendlich zählt die personale Wirkung der Personal-Profis und die wahrgenommene Durchschlagskraft der Personalarbeit. Aber das ist meine sehr persönliche Einschätzung.

4. Der HR-Check

Der HR-Check besteht aus einem Quick-Check für den ersten Überblick und einem Self Assessment für eine detaillierte und fundierte Einschätzung. Nachfolgend ist der Quick-Check dargestellt, der aus 17 Punkten besteht.

HR-Quick-Check: Wie professionell ist Ihr HR-Management?

1. HR macht seinen Beitrag zu Wertschöpfung und Unternehmenserfolg sichtbar.   Ja ☐   ☐ Nein

2. Innerhalb der Gesamtstrategie ist eine mit der Unternehmensleitung abgestimmte HR-Strategie formuliert.   Ja ☐   ☐ Nein

3. HR ist wirkungsvoll in die Vorbereitung und Umsetzung strategischer Entscheidungen eingebunden.   Ja ☐   ☐ Nein

4. HR gestaltet Unternehmenskultur und trägt damit zum Geschäftserfolg bei.   Ja ☐   ☐ Nein

5. HR stellt die Fähigkeit und die Bereitschaft des Unternehmens zu Veränderungen sicher.   Ja ☐   ☐ Nein

6. HR trägt durch Steuerung und Optimierung der Arbeitskosten zur Wirtschaftlichkeit des Unternehmens bei.   Ja ☐   ☐ Nein

7. HR stellt die Fähigkeit und die Bereitschaft des Unternehmens zur Vernetzung mit seinen Stakeholdern sicher. Ja ☐   ☐ Nein

8. HR positioniert das Unternehmen am Arbeits- und Bewerbermarkt als attraktiven Arbeitgeber. Ja ☐   ☐ Nein

9. HR verantwortet den Prozess, dass der richtige Mitarbeiter mit den richtigen Fähigkeiten zum richtigen Zeitpunkt am richtigen Ort ist. Ja ☐   ☐ Nein

10. HR stellt ein leistungsförderndes, an den Unternehmenszielen ausgerichtetes „Performance Management System" sicher. Ja ☐   ☐ Nein

11. HR stellt sicher, dass Mitarbeiter bedarfsgerecht an das Unternehmen gebunden werden. Ja ☐   ☐ Nein

12. HR stellt eine systematische Personalentwicklung sicher, die sich an den Unternehmenszielen und der Beschäftigungsfähigkeit (Employability) der Mitarbeiter ausrichtet. Ja ☐   ☐ Nein

13. HR sorgt für eine faire Transfer- und Trennungskultur sowie angemessene Hilfestellungen. Ja ☐   ☐ Nein

14. HR gestaltet seine Prozesse und Strukturen mit Hilfe von modernen IT-Lösungen kundenorientiert, wirtschaftlich und flexibel und misst deren Beitrag/Qualität mit Kennzahlen. Ja ☐   ☐ Nein

15. HR setzt IT zur Effizienzsteigerung und Kundenorientierung ein. Ja ☐   ☐ Nein

16. HR-Mitarbeiter sind mit dem Geschäft, der Geschäftsstrategie, den Geschäftsprozessen und dem Marktumfeld des Unternehmens vertraut und beherrschen betriebswirtschaftliche Methoden. Ja ☐   ☐ Nein

17. HR und die HR-Mitarbeiter werden als glaubwürdig und integer wahrgenommen. Ja ☐   ☐ Nein

Das komplette, 20 Seiten umfassende, Self-Assessment mit ergänzenden Hinweisen zum Ausfüllen des Fragebogens sowie einem umfassenden Glossar kann unter www.selbst-gmbh.de oder direkt unter der E-Mail-Adresse selbst-gmbh@t-online.de bezogen werden.

5. Fazit

Ob und wann das Personalmanagement in einem Unternehmen von seinen Kunden und auch in der Selbstreflexion als professionell empfunden wird, unterliegt sicherlich äußerst subjektiven Einschätzungen. Trotzdem ist es für Personalverantwortliche unterlässlich, die eigene Professionalität immer wieder kritisch zu überprüfen und in Frage zu stellen, gerade vor dem Hintergrund immer komplexer werdender Herausforderungen im betrieblichen Kontext. Die Forderung nach einer konsequenten Aufrechterhaltung der Employability der Mitarbeiter, die proaktive Bewältigung der demografischen Entwicklung und die zielgerichtete Suche nach neuen Potenzialträgern sind hier nur einige Beispiele.

Der vorliegende HR-Check kann daher nicht darauf abzielen, Personalmanagern eine eindeutige Antwort darauf zu geben, ob ihre Arbeit professionell ist oder von externen Betrachtern als professionell eingestuft wird. Er kann ihnen jedoch sehr wohl als Instrument dienen, um Schritt für Schritt den Weg zu zukunftsweisender Unternehmens- und Personalpolitik zu beschreiten.

Literatur

Spies, R., „Heilsame Ohrfeigen" für die Personaler, in: Personalführung 38. Jahrgang, Heft 3, 2005, S. 6 – 7, 2005.

SHRM Online, New Study Identifies Key Competencies Necessary For HR, in: http://www.shrm.org/press_published/CMS_004834.asp, 05.09.2005, 16.57 Uhr, 2003.

Karriere zur Employability – wie man im 21. Jahrhundert Karriere macht

Jürgen Fuchs

1. Einleitung
2. Die Macht der Statussymbole
3. Hierarchie und Karriere werden entkoppelt
4. Die neue Karriere: Kompetenzentwicklung
5. Statt Lauf-Bahn der Werde-Gang: Gehen und dadurch werden
6. Karriere als Fitnessprogramm für den Weltmarkt der Arbeit
7. Fazit

Literatur

1. Einleitung

Die vielbenutzte Karriereleiter hat ausgedient. Die Know-how-Karriere gewinnt an Bedeutung. Kompetenz und Persönlichkeit werden wichtiger als Rang und Titel. Karriere bei CSC Ploenzke heißt deshalb: wertvoller werden für die Kunden, größere Komplexität gestalten können. Dieses Modell wird in immer mehr Unternehmen praktiziert, die mit dem Wissen der Mitarbeiter ihr Geld verdienen müssen. Die Employabilty ihrer Mitarbeiter ist für sie überlebenswichtig.

2. Die Macht der Statussymbole

Die Zeremonie ist schon beeindruckend: Fünf honorige Herren in dunklen Anzügen vollziehen eine heilige Weihe an einem noch nicht so honorigen Mann, heute auch in Dunkel: Der Vorstand ernennt einen Manager. Der Vorsitzende des Vorstands (er darf sitzen, während die anderen stehen) erhebt sich und überreicht dem vor Ehrfurcht erblassenden Kandidaten die Beförderungsurkunde. Er überträgt ihm Personalverantwortung. Er gibt ihm Macht über andere. Jetzt hat er Menschen unter sich. Man befördert ihn nach oben in den Adelsstand der Manager. Man schlägt ihn sozusagen zum Ritter. Der Kandidat glüht vor Aufregung und Stolz. Denn hinter dem Ritual steckt Methode. Man appelliert an den männlichen Instinkt, im Rudel über anderen zu stehen, einen höheren Status zu haben – mit allen Statussymbolen.

Das Ritual ist seit Jahrhunderten unverändert. Einst vergaben Könige Lehen an ihre Kronvasallen und diese an ihre Nachkommen. Die Vasallen schuldeten für diese Lehen Kriegsdienste, Abgaben und ewige Treue. Der Aufstieg in den Adelsstand bedeutete damals wie auch heute „Karriere". Früher bekam man Grund und Boden als Lehen, samt der dazugehörigen Leibeigenen. Heute erhält man eine Abteilung, samt der dazugehörigen Untergebenen – die sind unten und geben.

Die „Berufung an Hofe" macht stolz. Endlich ist man Leiter – aber noch unten auf der Leiter. Diese Frustration durchlebt jeder neue Chef nach seinem Ritterschlag. Oben ist er noch nicht, aber unten ist er nicht mehr. Für seine ehemaligen Kollegen ist er jetzt Hierarch. Man begegnet ihm mit etwas Respekt, aber auch Distanz. Für seine neuen Kollegen, die altgedienten Manager, ist er der Neue, der zu ihnen aufsteigen und ihnen den Platz streitig machen will.

Eigentlich war er ein toller Fachmann, ein beliebter Kollege, den jeder fragte und fragen konnte. Er war gefragt, weil er viel zu sagen hatte. Jetzt macht man ihn zum Manager, weil man seine fachlichen und menschlichen Leistungen honorieren wollte und weil er mehr Geld bekommen sollte. Die neue Gehaltserhöhung war aber laut Tarifvertrag nicht mehr für „produktive" Menschen vorgesehen, sondern nur für Führungskräfte. Ein verrücktes System. Nur, damit gute Leute ein angemessenes Gehalt bekommen können, macht man sie zu Managern. Die Mannschaft verliert dabei einen tollen Kollegen, das Unternehmen einen hochproduktiven Fachmann, und viele solcher Führungskräfte wären besser Fachleute geblieben.

So aber wächst der Wasserkopf. Und wohl fühlt sich der neue Manager auch nur kurz. Er ist zwar stolz auf seinen neuen Besitz, seine neuen Statussymbole: den größeren Schreibtisch, den Stuhl mit Armlehnen und das Einzelzimmer. Aber die menschliche Isolation und der Verlust an fachlicher Kompetenz machen ihm zu schaffen. Dagegen jedoch gibt es ein probates Mittel: den Aufstieg in die nächste Hierarchieebene. Mehr Geld, größeres Zimmer, Nennung des Namens im Konzern-Organigramm, eine eigene Sekretärin und noch mehr Mitarbeiter.

Die Größe des Zimmers, des Dienstwagens und der „Truppen" vermitteln Rang und den Eindruck von Macht wie beim Militär. Statussymbole machen abhängig. Die Menschen werden Gefangene des Systems. Das Verfahren hat Methode und erinnert daran, wie man in Afrika Affen fängt: An den Fuß eines Baumes legt man leere Flaschen und bindet sie fest. Die Öffnung ist so groß, dass der Affe seine Hand hinein-, aber auch wieder herauszwängen kann. In diese Flasche legt man Nüsse. Die Affen sehen die Nüsse, greifen in die Flasche und umklammern die Nuss. Aber mit der Faust kommen sie nicht mehr los. Sie sind Gefangene, weil sie nicht loslassen.

3. Hierarchie und Karriere werden entkoppelt

Bisher hatte die Hierarchie eine Doppelrolle. Zum einen war sie als Organisationsmittel für die ungelernten Menschen am Fließband bei Ford oder in den Söldner-Heeren notwendig. Zum zweiten war sie für die Darstellung von Lebenskarriere ge- und missbraucht worden, zumindest bei der Lehnsherrschaft und beim Militär. Für die Bauern war es der entscheidende Karriereschritt, „Meier" zu werden, das heißt von der Leibeigenschaft zum Pachthof, der Meierei. Der Name Meier leitet sich aus dem Lateinischen ab von „major" (der Größere) und stufte sich in Halbmeier, Meier und Vollmeier. Der Vergleich zu den heutigen Stufen „Stellvertretender Direktor", „Abteilungsdirektor" und „Volldirektor" bietet sich an. Bei den Soldaten wollte man „Major" werden, mit allen Macht- und Statussymbolen.[1]

In Zukunft wird Karriere entkoppelt werden von der organisatorischen Rolle. Karriere wird nur der machen, der gefragt ist, der seine Kompetenz marktfähig hält – für den externen und internen Markt. Karriere heißt dann nicht mehr, viele Menschen „unter sich haben", sondern mit vielen Menschen in Verbindung stehen: nicht „Ein-Druck" machen, sondern „Ein-Fluss" nehmen. Dazu sind aber Bezahlung und Statussymbole nicht mehr an der Hierarchiestufe auszurichten, sondern an der Kompetenz-Entwicklung einer Person als Persönlichkeit. Die Doppelrolle der Hierarchie muss aufgelöst und der Mensch danach bezahlt werden, was übrig bleibt, wenn Titel, Dienstwagen, Büromöbel und das Amt weggezogen werden. Heute spielt man noch viel zu häufig den „Hauptmann von Köpenick": Der Mantel zählt, nicht der Mensch.

---

1 Aus Gründen der Lesefreundlichkeit wird auf die weibliche Form verzichtet.

4. Die neue Karriere: Kompetenzentwicklung

Die Hetzjagd der Innovationsgeschwindigkeit verkürzt heute die Halbwertzeit des Wissens. Die Karriere als Aufstieg in der Machthierarchie wird deshalb zum gefährlichen Abenteuer. Denn der Aufstieg der Manager, die sogenannte „Schornsteinkarriere", führt leicht zur Blindheit gegenüber der sich schnell wandelnden Realität an der sogenannten Basis. Und die Karriere im Elfenbeinturm der Spezialisten führt leicht zum „Fachidiotenturm". In beiden Fällen ist der Absturz programmiert.

Die Vorstellung, die hinter herkömmlichen Karrieremodellen steht, ist geprägt vom Bild der Leiter, auf der Berufstätige im Laufe ihres Berufslebens Sprosse für Sprosse nach oben steigen. Dem neuen Karrieremodell entspricht eher die Metapher der Fläche: Die Entwicklung vom Spezialisten zum Multi-Experten bedeutet „Fläche gewinnen".

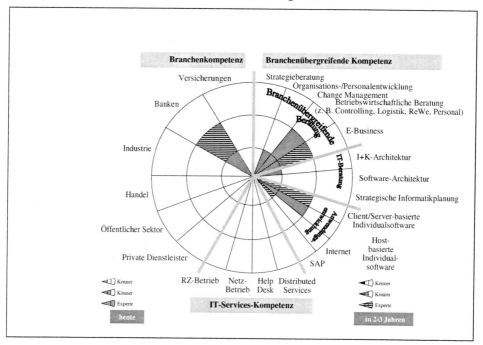

Abbildung 1: „Karriere mit dem Kompetenzrad" am Beispiel der CSC Ploenzke

Karriere ist in Zukunft als Kompetenzentwicklung zu verstehen, als Wachstum durch Mehrfachqualifikation und kommunikative Kompetenz. Bei einem solchen Verständnis von Karriere bedarf es keines Stellenkegels mehr, denn jeder Einzelne kann seine individuelle Karriere im Lauf seines Werde-Gangs machen, durch den er wertvoller wird: Gehen und dadurch Werden!

In Zukunft zählt nicht die Höhe des Ranges, sondern die Breite des Wissens und der Erfahrung. Wichtig wird es, mehrere Sprachen zu sprechen: Fremd-Sprachen und Fach-Sprachen.

Karriere heißt nicht aufsteigen, sondern gefragt sein: von seinen externen und internen Kunden. Karriere bedeutet in diesem Sinne: viel vermögen, nicht viel besitzen (auf vielem sitzen).

5. Statt Lauf-Bahn der Werde-Gang: Gehen und dadurch werden

Wie kann ich dieses Vermögen entwickeln, wie kann ich es weiterentwickeln? Wie kann ich Karriere machen? Die Antwort gibt uns ein altes Sprichwort: „Wer rastet, der rostet!" Ich muss schon mein Leben selbst in die Hand nehmen und nicht nur die Akten. Schließlich hat ja jeder Personalverantwortung – für sich selbst! Jedem von uns ist bewusst, dass sich Muskeln abbauen, wenn wir sie nicht benutzen und trainieren. Dies gilt im gleichen Maße für unsere geistigen und sozialen Fähigkeiten. Für diese Karriere als Werde-Gang müssen allerdings die Manager „ihre" Mitarbeiter auch loslassen. Lern- und Wandeljahre werden gefordert und gefördert. Der Personalbereich und die Manager befördern dann die Menschen nicht mehr nach oben, sondern in das nächste Projekt, in den Nachbarbereich oder in das andere Vorstandsressort. So erweitern die Menschen ihren Gesichtskreis – nicht durch Aufstieg, sondern durch Bewegung.

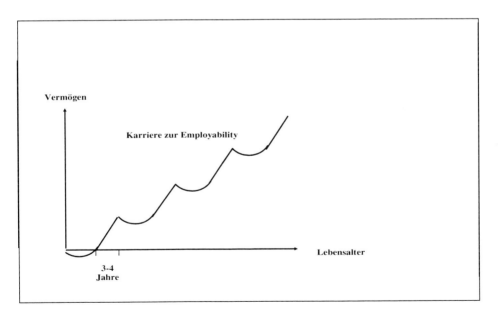

Abbildung 2: „Neues Karriere-Muster"

Neues Karriere-Muster:

- Man fragt Sie.
- Man holt Ihren Rat.
- Man gibt Ihnen Informationen.
- Man lässt Ihnen viel Spielraum (Räume um zu Spielen).
- Man weiß, dass Sie etwas bewegen und man lässt Sie etwas bewegen.
- Man vertraut Ihnen und traut Ihnen viel zu.

Fazit: Sie sind gefragt, bei Kollegen, bei Kunden und bei Führungskräften – nicht wegen Ihres Ranges, sondern wegen Ihrer Kompetenz und Ihrer Persönlichkeit.

Job Rotation als Jogging fürs Gehirn. Menschen bereisen gerne neue Länder. Sie sind neugierig – gierig auf Neues. Reisen bildet! Denn es gibt Sicherheit. Je mehr man gesehen und erlebt hat, desto weniger Angst hat man vor dem Unbekannten. Nutzen wir doch diese Erkenntnisse und lassen die Menschen auch innerhalb der Unternehmen reisen. Reisen bildet – auch im eigenen Unternehmen! Reisen dient der Völkerverständigung – auch im eigenen Unternehmen mit seinen feindlichen Lagern, die ängstlich über ihre Zuständigkeiten wachen.

Viele Menschen wollen nach altem Muster Karriere machen und können dann auch nicht mehr loslassen: ihren Status, ihre Statussymbole, ihr Amt und ihren Besitz. Aus Angst, den Posten zu verlieren, gehen sie kein Risiko mehr ein. Nur keine Experimente, Verwalten statt Gestalten, Anpassen und Passen, Unterlassen statt Unternehmen. Das Ergebnis ist der Verlust des persönlichen Vermögens und die Beförderung bis zur Inkompetenz.

Alte Karriere:

- Macht haben als Machthaber.
- „Personalverantwortung" haben.
- Menschen unter sich haben.
- Status haben.
- Statussymbole haben.
- Titel haben.
- Informationen haben.
- Alles im Griff haben.
- Immer mehr haben: wovon, wofür?

Fazit: Karriere als Besitz macht süchtig. Viele Menschen können dann auch nicht mehr loslassen: ihren Status, ihre Statussymbole, ihr Amt und ihren Besitz. Karriere nach dem alten Verständnis fördert so den Aufstieg bis zur Inkompetenz.

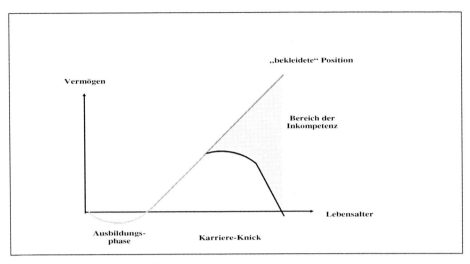

Abbildung 3: Alte Karriere: Über den Aufstieg zum Abstieg

6. Karriere als Fitnessprogramm für den Weltmarkt der Arbeit

Lebenslange Beschäftigung können Unternehmen in Zukunft nicht mehr zusichern. Aber sie können und müssen bei ihren Mitarbeitern für „lifelong employability" sorgen – natürlich nicht allein, sondern gemeinsam mit den ihnen anvertrauten Menschen, die ihrerseits die Personalverantwortung für sich selbst auch wirklich übernehmen. Dieser Prozess kann unterstützt werden, wenn wir Karriere nicht länger als „Aufstieg" definieren, sondern als „Wertvoller-werden" am Weltmarkt der Arbeit.

Stelle oder Titel werden den Menschen in Zukunft keine Sicherheit und keinen Status mehr gewähren. Auf ein marktfähiges Know-how wird es ankommen sowie auf menschliche Netze, die helfen, das individuelle Wissen und Können produktiv einzusetzen und weiterzuentwickeln.

Die Manager bekommen jetzt auch eine neue Rolle. Sie werden zum Dienstleister für ihre Mitarbeiter:

„Ich bin dafür verantwortlich, dass die mir anvertrauten 25 Mitarbeiter ihr teures Gehalt in Stuttgart wert sind und auch wert bleiben", sagte ein Meister in der Produktion bei der Porsche AG. „Meine Aufgabe ist es, dafür zu sorgen, dass meine Mitarbeiter auf dem Weltmarkt der Arbeit auch langfristig überleben können." Der Chef der Zukunft ist kein „Dompteur", sondern ein „Animateur", der den Menschen Mut macht zu wachsen – über sich hinaus und über *ihn* hinaus.

7. Fazit

Karriere hieß früher: Groß werden durch Aufstieg auf einer Leiter zu Lasten anderer.

In traditionellen Unternehmen gab es für Karriere nur *eine* Richtung – nach oben, auf einer Leiter mit vielen Sprossen und Teilsprossen, damit man in seinem Leben möglichst viele Beförderungserlebnisse generieren konnte. Man musste Menschen unter sich bekommen – und zwar möglichst viele. Gute Fachleute wurden in Führungsaufgaben gezwängt, damit man ihnen ein angemesseneres Gehalt geben konnte. Denn für produktive Aufgaben war per Tarif nicht so viel Geld vorgesehen. Das Ergebnis waren häufig Menschen, die nicht als echte Führungskräfte und auch nicht mehr als Fachexperten ihr Geld wert waren und dann den Lean-Prozessen zu tausenden zum Opfer fielen und fallen.

Karriere heißt in Zukunft: Groß werden durch Wachsen der persönlichen Kompetenz zum Nutzen anderer.

Das Ziel einer Know-how-Karriere ist, wertvoller zu werden durch marktfähige Kompetenz, d. h. durch Mehrfachqualifikation, kommunikative Kompetenz und Bereitschaft zur Eigenverantwortung. Die Mitarbeiter müssen einsehen, dass die einzige Arbeitsplatzsicherung ihr marktfähiges Know-how und ihre Teamfähigkeit sind. Alt wird man von selbst – es gilt, wertvoller zu werden. Dazu genügt es nicht mehr, eine Ausbildung zu machen und dann seinen Job darauf auszurichten. Das Leben ist jetzt zu lang geworden für *einen* Beruf. In Zukunft wird jeder drei bis sechs Berufe oder komplexere Berufskombinationen während seines Lebens erlernen und erleben müssen.

Die Unternehmen können im Zeitalter von Dynamik und Wandel keine Sicherheit mehr geben für einen lebenslangen Arbeitsplatz. Sie sind aber verpflichtet, Rahmenbedingungen zu schaffen für lebenslanges Lernen und eine Know-how-Karriere: „Lifelong Employability" statt „Lifelong Employment".

Literatur

Fuchs, J., Wege zum vitalen Unternehmen – Die Renaissance der Persönlichkeit, 2. Auflage, Wiesbaden 1999.

Fuchs, J., Das Märchenbuch für Manager – Gute-Nacht-Geschichten für Leitende und Leidende, 6. Auflage, Frankfurt 2005.

Fuchs, J., Die Neue Art Karriere in schlanken Unternehmen, in: Harvard Business Manager, Heft 4/1998.

Das Menschenbild in der Ökonomie - ein dogmengeschichtlicher Abriss

Ulli Guckelsberger

1. Einleitung
2. Der *homo oeconomicus*
3. Das Menschenbild in vorklassischer Zeit
   3.1 Antike
   3.2 Mittelalter
   3.3 Renaissance und Absolutismus
4. Das Menschenbild der Aufklärung und der Klassik
5. Das Menschenbild des Marxismus
6. Das Menschenbild in der Neoklassik
7. Das Menschenbild im Ordoliberalismus und in der sozialen Marktwirtschaft
8. Fazit

Literatur

1. Einleitung

Employability ist ein in der ökonomischen Diskussion nicht unumstrittener Begriff. Während JUTTA RUMP vom „*Menschenbild eines selbstständigen, eigenverantwortlichen Arbeitnehmers*"[1] spricht, zu dessen Ganzheitlichkeit auch Ängste und Befürchtungen gehören,[2] sieht JOHANO STRASSER *Employability* als eine Instrumentalisierung des Menschen dahingehend, dass der Mensch seine eigene Person, seine Lebensweise, seine Qualifikation den Markterfordernissen unterordnen müsse. Eine gewisse Notwendigkeit hierzu wird von ihm nicht bestritten, aber die heute verbreitete Interpretation des Begriffes verlange vom Einzelnen, „*auf ein Leben nach eigenen Vorstellungen zu verzichten.*"[3] „*Was ist der Mensch?*" fragt STRASSER, um die Frage gleich zu beantworten: „*Der Mensch ist mehr als ein homo oeconomicus. Die „Trivialanthropologie des egoistischen Tauschmenschen", wie der Philosoph Werner Plumpe kürzlich das Menschenbild der Ökonomisten charakterisiert hat, ist nicht nur in ihren Konsequenzen höchst fragwürdig, sie ist auch unrealistisch.*"[4]

Die Frage nach dem Wesen des *homo oeconomicus* ist die Frage nach einem Menschenbild. Ein **Menschenbild** ist eine abstrakte Vorstellung dessen, was das **Menschsein** ausmacht. Ein umfassendes Menschenbild kann es nicht geben. Es hängt ab von der **Kultur** und dem **Stand des Wissens**. Es ist **raum- und zeitabhängig**.[5]

Die Frage nach dem Menschenbild weist zwei Aspekte auf. Es ist erstens die Frage danach, **wie der Mensch ist** und zweitens, **wie er sein sollte**. Die zweite Frage ist ein **normatives**, mit wissenschaftlicher Methode nicht lösbares Problem. Die erste Frage lässt sich beantworten, wobei wir in traditionellem wissenschaftlichem Verständnis zwischen einem, hier allenfalls in Ansätzen zu behandelnden, naturwissenschaftlichen und einem sozialwissenschaftlichen Ansatz unterscheiden müssen. Missverständnisse treten in erster Linie auf, weil beide Fragekomplexe nicht immer sauber getrennt werden. Der Mensch ist ein **soziales** Wesen, also ist die Frage nach dem Menschenbild auch gleichzeitig – vielleicht sogar vorrangig – die Frage nach der Stellung des Menschen in einer **Gesellschaftsordnung.**

In den letzten fünf Jahrtausenden hat sich das Menschenbild – vor allem das normative – mehrfach und stark gewandelt. Auch heute gibt es sicherlich kein eindeutiges Bild des Menschen, nicht einmal in den christlich geprägten Industriestaaten, geschweige denn im Vergleich zur asiatischen oder orientalischen Welt. Das spätestens seit der Neoklassik vorherrschende Menschenbild in der Ökonomie ist nach gängiger Meinung das des *homo oeconomicus*. Es soll zunächst geklärt werden, was mit diesem Begriff gemeint ist, bevor in kurzen Zügen die historische Entwicklung des Menschenbildes in der Ökonomie präsentiert wird.

---

[1] Rump, J., S. 1.
[2] Rump, J./Schmidt S., S. 12.
[3] Strasser, J., S. 79.
[4] Strasser, J., S. 81.
[5] So haben heute die meisten aufgeklärten Menschen aufgrund neuerer genetischer Forschung kein Problem mehr damit, den Mensch biologisch als Tier zu sehen.

2. Der Homo Oeconomicus

Der Begriff *homo oeconomicus* geht vermeintlich auf EDUARD SPRANGER (1882-1963) zurück, der eine **Psychologie der Typenlehre** begründete und 1914 in seinem Buch „Lebensformen" den *homo oeconomicus* neben anderen Typen als eine Form des *homo sapiens* definierte: „*Der ökonomische Mensch im allgemeinen Sinne ist also derjenige, der in allen Lebensbeziehungen den Nützlichkeitswert voranstellt. Alles wird für ihn zu Mitteln der Lebenserhaltung, des naturhaften Kampfes ums Dasein und der angenehmen Lebensgestaltung.*"[6] HAYEK gibt als Quelle des *homo oeconomicus* JOHN STUART MILL (1806-1873) an: „*Es wäre kaum übertrieben zu sagen, dass in den Augen jener britischer Philosophen [der frühen Klassik, U. G.] der Mensch von Natur aus faul und lässig, sorglos und verschwenderisch ist und dass er nur durch die Macht der Umstände dazu gebracht wurde, sich wirtschaftlich zu verhalten, und gelernt hat, seine Mittel seinen Zwecken sorgsam anzupassen. Der homo oeconomicus wurde neben vielem anderen, das eigentlich der rationalistischen und nicht der evolutionären Überlieferung angehört, erst vom jüngeren Mill in die Nationalökonomie eingeführt.*"[7]

Die dem *homo oeconomicus* unterstellte **Rationalität** bedeutet hier, von zwei (oder mehr) Alternativen stets die günstigere im Sinne der Nutzenmaximierung zu wählen. Es ist ein striktes Handeln nach dem **ökonomischen Prinzip**! Es wird also unterstellt, dass der *homo oeconomicus* eine **Zielfunktion** definieren kann und in der Lage ist, diese Zielfunktion, ggf. unter bestimmten Nebenbedingungen, zu optimieren.

Dieses Prinzip setzt etwas voraus, was häufig übersehen wird, nämlich die Möglichkeit, ökonomisch überhaupt **frei entscheiden** zu können. So weist KIRCHGÄSSNER darauf hin, dass die Wirtschaftssubjekte gemäß *ihrer eigenen* Präferenzen entscheiden.[8] Insofern ist das Konzept des *homo oeconomicus*, durchaus **klassisch/neoklassischen Paradigmen** entsprechend, ein **liberales Konzept**. Daraus den Schluss zu ziehen, jedes liberale Ordnungssystem, oder etwa der sogenannte Neoliberalismus, würde kritiklos dem Leitbild des *homo oeconomicus* anhängen, ist falsch![9]

ULRICH VAN SUNTUM wirft die Frage auf: „*Und war der rationale, nur auf Gewinn- und Nutzenmaximierung ausgerichtete homo oeconomicus nicht in Wirklichkeit ein Monstrum, das weder den simpelsten moralischen Ansprüchen noch der Realität gerecht wurde?*"[10]

Ein gewisses „Verdienst" an der negativen Interpretation des *homo oeconomicus* kommt sicherlich KARL MARX und FRIEDRICH ENGELS zu, die im 1848 erschienenen kommunistischen Manifest ein Zerrbild des Kapitalismus darstellen: „*Die Bourgeoisie, wo sie zur Herrschaft gekommen, hat alle feudalen, patriarchischen, idyllischen Verhältnisse zerstört. Sie hat*

---

6   Spranger, E., S. 148.
7   von Hayek, F. A (1), S. 76; Hayek verweist auf Mill: Essays on some unsettled Questions of Political Economy, London 1844.
8   Kirchgässner, G., S. 16.
9   Vgl.: hierzu insb. Abschnitt 2.7.7.
10 van Suntum, U., S. 11.

die buntscheckigen Feudalbande, die den Menschen an seinen natürlichen Vorgesetzten knüpften, unbarmherzig zerrissen und kein anderes Band zwischen Mensch und Mensch übrig gelassen, als das nackte Interesse, als die gefühllose „bare Zahlung". Sie hat die heiligen Schauer der frommen Schwärmerei, der ritterlichen Begeisterung, der spießbürgerlichen Wehmut in dem eiskalten Wasser egoistischer Berechnung ertränkt. Sie hat die persönliche Würde in den Tauschwerth aufgelöst und an die Stelle der zahllosen verbrieften und erworbenen Freiheiten die Eine gewissenlose Handelsfreiheit gesetzt. Sie hat, mit einem Wort, an die Stelle der mit religiösen und politischen Illusionen verhüllten Ausbeutung die offene, unverschämte, direkte, dürre Ausbeutung gesetzt."[11]

Der *homo oeconomicus* ist sicherlich kein umfassendes, sondern nur ein partielles Menschenbild. KERBER weist darauf hin, dass *„es den einheitlich definierten „homo oeconomicus" gar nicht gibt, sondern nur eine Vielzahl von mehr oder weniger ähnlichen Auffassungen darüber."*[12] Für ihn definiert sich der *homo oeconomicus* wie folgt: *„Die beschreibende Wirtschaftswissenschaft braucht einen **Handlungsbegriff**, um menschliche Verhaltensweisen in die Theorie einzuführen. Dieser sollte möglichst breit definiert sein, um alle Handlungsmöglichkeiten erfassen und umfassen zu können. Er darf also kein eigentliches „**Menschenbild**" zugrunde legen, das bestimmte denkbare Verhaltensweisen oder Selbstentwürfe des Menschen von vornherein ausschließen würde. Die Denkfigur, die diesen Minimalanforderungen entspricht, innerhalb der ökonomischen Theorie den handelnden Menschen zu vertreten, sei „homo oeconomicus" genannt."*[13]

Auch andere Ökonomen weisen auf das verzerrte und unrealistische Bild des *homo oeconomicus* hin. KIRCHGÄSSNER verweist etwa auf die Kritik durch MILTON FRIEDMAN und RALF DAHRENDORF.[14] Bei aller gebotenen Abstraktion eines ökonomischen Modells darf die Entfernung von der Realität nicht zu groß werden. So ist der „neue" *homo oeconomicus* nur ein eingeschränkt rational handelndes Wesen und nicht der permanente Optimierer, den die Neoklassik teilweise unterstellte. Ein Unternehmer unter Wettbewerbsdruck wird sicherlich stärker zur Optimierung gezwungen sein, als ein Monopolist, der sich mit einer „guten" Lösung zufrieden gibt und so Informationskosten einspart.[15] Der Mensch ist als handelndes Wirtschaftssubjekt durch rechtliche Normen eingeschränkt und unterwirft sich gesellschaftlichen Normen (oder eben auch nicht!).[16] Wenn die Kosten der Befolgung von Regeln die erwarteten Kosten der Missachtung übersteigen, kann es rational sein, gegen die Regeln zu verstoßen. Als Beispiel hierfür führt KIRCHGÄSSNER die Schattenwirtschaft an.[17]

Mit der Entwicklung der Spieltheorie ist auch eine Veränderung des Modellbildes vom *homo oeconomicus* verbunden. Er wird nun zum strategisch handelnden Wirtschaftssubjekt,

---

[11] Marx K./Engels F.: Das kommunistische Manifest, in: Reiß, S. 116.
[12] Kerber, Walter: Homo oeconomicus – Zur Rechtfertigung eines umstrittenen Begriffs; in: Bievert/Held, S. 58.
[13] Kerber, Walter, S. 59.
[14] Kirchgässner, G., S. 28 f.
[15] Kirchgässner, G., S. 32.
[16] Vgl.: Kirchgässner, G., S. 32 ff.
[17] Kirchgässner, G., S. 35.
Die Spieltheorie wurde begründet durch John von Neumann und Oskar Morgenstern in ihrem 1944 erschienenem Werk „The Theory of Games and Economic Behaviour". Die Theorie untersucht das Verhalten

das ggf. auch kurzfristige Verluste in Kauf zu nehmen bereit ist, wenn die Verfolgung eines langfristigen strategischen Ziels dieses erfordert.[19] Seit der Klassik wird Eigennutz als ein Hauptmotiv menschlichen Verhaltens in der Ökonomie – und nicht nur da – unterstellt. Wie die Spieltheorie zeigen konnte, muss dieses Verhalten nicht immer zum größtmöglichen Nutzen führen.[20] Ein weiteres Beispiel ist Verhalten, welches zu negativen externen Effekten, also externen Kosten führt. Der Einzelne sieht keine Veranlassung, sein Verhalten so einzurichten, dass er diese Kosten, beispielsweise eine Verschmutzung der Umwelt, vermeidet. Die Folgen der Umweltverschmutzung können aber jeden Einzelnen, vielleicht erst langfristig, treffen, so dass umweltschonendes Verhalten eigentlich rational wäre. Fehlverhalten ist hier wahrscheinlich in dem zeitlichen Auseinanderfallen von Ursache und Wirkung begründet.

Um das Menschenbild *homo oeconomicus* einordnen zu können, soll in den folgenden Abschnitten untersucht werden, wie sich das Menschenbild im Zuge der **Dogmengeschichte** ökonomischer Theorien entwickelt hat. Dabei soll der Schwerpunkt auf die Klassik und das Menschenbild der Aufklärung gelegt werden.[21] Welches Menschenbild vertrat der wissenschaftliche Sozialismus, der als der große Gegenspieler der Neoklassik gelten kann? Und welches Menschenbild vertraten die Begründer des **Ordoliberalismus** und der auf diesem basierenden **sozialen Marktwirtschaft**?

3. Das Menschenbild in vorklassischer Zeit

3.1 Antike

Der **Mensch** in der Antike ist vor allem der **freie, erwachsene Mann**. Frauen, Kinder und Sklaven waren politisch keine vollwertigen Menschen. Nach römischem Recht waren Sklaven Sachen.

Der antike Mensch ist eingebunden in eine **Ständeordnung,** wobei PLATO (428-348) oder sein Schüler ARISTOTELES (384-322) unterschiedlich rigide Zuordnungen trafen.

PLATO vertritt einen Ständestaat mit klarer Aufgabenverteilung:

---

rationaler „Spieler" in einer sozialen Konfliktsituation, wobei der Begriff auf die Untersuchung von Verhaltensweisen bei strategischen Gesellschaftsspielen (z.B. Schach, Go, Poker) zurück geht. Insbesondere beschäftigt sich die Spieltheorie mit den Wechselwirkungen und Konflikten zwischen den Zielen der verschiedenen Spieler. Anwendung findet sie bei strategischen Fragestellungen im militärischen und politischen Bereich ebenso wie in den Wirtschaftswissenschaften und in den Feldern Biologie und Soziologie. Vgl.: Institut für Theoretische Informatik der Universität Lübeck; manalex.de

19 Kirchgässner, G., S. 37.
20 So verweist Kirchgässner in diesem Zusammenhang auf das Gefangenendilemma; Kirchgässner, G., S. 49 ff.
21 Es ist überflüssig, darauf hinzuweisen, dass Aufklärung und klassische Ökonomie untrennbar miteinander verbunden sind.

Der einzelne hat, egal in welcher Funktion, dem Staat zu dienen. Der Einzelne ist nichts, die *Polis* ist alles. Dieses Menschenbild wird auch in modernen Zeiten vom totalitären Regiment vertreten, etwa vom Kommunismus oder vom Nationalsozialismus.

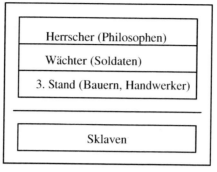

Abbildung 1: Der Ständestaat

Auch ARISTOTELES sieht als Gesellschaftsordnung einen **Ständestaat**, seiner trägt aber eher nach modernem Verständnis demokratische Züge. In seiner Philosophie der **Ökonomie**, die er zur praktischen Philosophie zählt („*Das was sein soll*") und die **Teil der politischen Philosophie** ist, lehnt er **Gewinnstreben** ab.²² So hat der Handel nur dem Tausch notwendiger Dinge zu gelten, die man selber nicht erzeugen kann. Handel nur um des Gelderwerbs willen lehnt er ab. **Reichtum** ist legitim, soll aber der **sozialen Verantwortung** dienen. Durch Handel erworbener Reichtum ist anzulehnen, da er die Ordnung der *Polis* gefährden könnte. Händler und Kaufleute rangieren in der gesellschaftlichen Stellung folglich ganz hinten. ARISTOLTELES' Ideal ist – modern ausgedrückt – eine stationäre Wirtschaft, eine Wirtschaft der – um mit MARX zu sprechen – einfachen Reproduktion. Die kapitalistische, auf Wachstum gerichtete Wirtschaft wird abgelehnt, da sie, wie gesagt, die Stabilität der *Polis* gefährdet.²³

Für ARISTOLTELES sind ökonomische Fragen, genauso wie in den nächsten zwei Jahrtausenden, **Gerechtigkeitsfragen.** Zielgerichtetes Handeln ist nur in der *Ökonomie*, nicht aber in der *Chrematistik* gefragt.

Ein einheitliches Gesellschaftsbild gibt es in der Antike nicht, wie beispielhaft in Unterschieden zwischen PLATO und ARISTOTELES deutlich gemacht werden kann.²⁴

---

22 Kruse, A., S. 9.
23 Priddat, B., S. 19.
24 Breilmann, U., S. 10.

PLATO	ARISTOTELES
Autoritäres Recht	Naturrecht
Unterwerfung des Einzelnen unter den Staat	Der Staat ist ein Schutzverbund für Individuen
Kollektivismus	Individuelles Streben nach Glück
Regierung durch Männer	Regierung durch Gesetz
Kommunismus der Wächter[25]	Privateigentum/Familie aller Stände
Nur Herrscher und Wächter ehrenvoll	Auch der dritte Stand ist ehrenvoll (Ausn. s. o)

Abbildung 2: Gesellschaftsbilder von Plato und Aristoteles

3.2 Mittelalter

Das mittelalterliche Weltbild ist christlich-religiös geprägt. Der Mensch ist Teil der göttlichen Schöpfung (Natur), er nimmt aber, da er das **Ebenbild Gottes** ist, eine Sonderstellung ein („*Macht Euch die Erde untertan!*"). Die menschliche Gesellschaft ist eine **Ständegesellschaft** („*Jeder lebe nach seinem Stande!*"). Das irdische Leben ist unwichtig. Alle Handlungen sollen nach christlich-ethischen Vorschriften auf das **Jenseits** ausgerichtet sein. Das mittelalterliche Menschenbild ist ein **teleologisches**.

Auch wenn die mittelalterliche Gesellschaft eine **Ständegesellschaft** ist, in der es Unfreie gibt, so sind Letztre doch anders einzuordnen als die antiken Sklaven. Der Unfreie hat eine Seele und das Recht und die Aussicht auf göttliche Erlösung, ist also ein vollwertiger Christ und damit Mensch.

Weltlicher Adel; Hoher Klerus
Bürgertum
Unfreie

Abbildung 3: Ständegesellschaft im Mittelalter

---

25 Letztlich bleibt die Eigentumsverteilung (auch des dritten Standes) den Herrschern vorbehalten; Baloglu, Ch./ Peukert, H., S. 40.

Die Blüte christlicher Philosophie war die Zeit der **Scholastik,** der Versuch, die Ethik ARISTOTELES' mit der christlichen Heilslehre zu verknüpfen. Herausragende Vertreter der Scholastik waren ALBERTUS MAGNUS (1193-1280) und sein Schüler THOMAS VON AQUIN (1225-1274).

Während die **Kirchenväter** noch in strenger Anlehnung an das Neue Testament **Gütergemeinschaft** den Vorzug gaben, rechtfertigen die Scholastiker das **Privateigentum,** das sich nach ihrer Überzeugung aus dem christlichen **Naturrecht** ableiten lässt.

Das Naturrecht ist das Recht, das der **Natur des Menschen** entspricht. Da der Mensch Gottes Ebenbild ist, entspricht es dem göttlichen Gesetz, das über dem positiven Recht steht. Daraus folgt, dass eine Abschaffung des Privateigentums nicht Sache des Staates sein kann. THOMAS argumentiert, dass Eigentum

- zu Leistung motiviert,
- zur Verantwortung erzieht,
- sozialverpflichtend ist. [26]

„*Gott hat den Reichtum, hat das über das standesgemäße Auskommen Hinausgehende nur zu dem Zweck zugeteilt, damit der Besitzer sich stets durch gutes Austeilen der Güter ein Verdienst erwerben könne. Was über das necessarium*[27] *hinausgeht, darf nicht für sich selbst verwendet werden, und andererseits darf auch wieder nicht so viel hergegeben werden, dass der Lebensstandard des Schenkers unter das necessarium sinkt.*"[28]

Die Thomassche Ökonomie ist eine **Caritas-Ökonomie.**[29] Der Gewinn- oder Nutzenmaximierer hat hier keinen Platz. Die Arbeitsteilung und die Berufsgliederung der Gesellschaft ist Teil eines göttlichen Plans.[30] Der Mensch ist aber im Prinzip **frei,** er kann sich gegen Gott oder Gottes Gebot wenden. Die **Vernunft,** d.h. die richtige Auslegung der Bibel, soll den Menschen in seinen Handlungen leiten. Im Übrigen hilft ein System von Strafen (z.B. Exkommunikation oder die Androhung göttlicher Gerechtigkeit am jüngsten Tag) ein wenig nach.[31]

In dieser Caritas-Gesellschaft „*...geht es bei der distributionspolitischen Frage i. w. S., wie die Menschen miteinander umgehen sollen, nicht um die Abgrenzung individueller Rechtsansprüche, sondern um die Ableitung eines alle Menschen umfassenden und einbindenden, alle Menschen, alle Immanenz übersteigenden Zusammenhangs gegenseitiger Verpflichtungen und Versorgung. Aus dem gesellschaftlich-überindividuellen Ordo lassen sich nach Stand und Herkunft die Rechte und Pflichten der Menschen ablesen, nicht aber konstituiert sich das Gemeinwesen aus einzelnen Individuen, nicht aber bauen sich die Gestaltungsformen des*

---

[26] Auslöser für den Sinneswandel kann der hohe Finanzbedarf der Kreuzzüge gewesen sein. Aber sicherlich hat auch der Einfluss Aristoteles gewirkt.
[27] Das *necessarium* kann das Existenzminimum, aber auch der standesgemäße Mindestkonsum sein.
[28] Steuer, G., nach: Priddat, S. 23.
[29] Priddat, B., S. 24.
[30] Weber, M. (1), S. 172.
[31] Noch Luther sieht die Verpflichtung des Einzelnen, in der ihm durch Gottes Willen zugewiesenen Stellung in der Gesellschaft zu verharren. Weber (1), S. 87, auch 173.

Gemeinwesens von den individuellen Rechtsansprüchen der Mitglieder auf. Der gesellschaftliche Ordo begründet die Rechte des Menschen und damit die Verpflichtung seines Nachbarn ihm gegenüber und vice versa; nicht aber bilden die Rechte des autonomen Individuums den Maßstab, an dem die Ordnung des Gemeinwesens auszurichten ist."[32] Der einzelne Mensch definiert sich also über die Zugehörigkeit zu einem Stand,[33] den Sinn seiner Existenz erhält er aus dem Bezug auf das Jenseits.

Die mittelalterliche Gesellschaft war keine Leistungsgesellschaft.[34] Die Feudalordnung basierte auf einem System gegenseitiger Verpflichtungen, nicht auf freiwilligem Tausch. Es ist in einer göttlichen Ordnung bestimmt, wer Herr und wer Vasall ist. Aber: Jeder ist verpflichtet, dem anderen etwas zu geben.[35]

3.3 Renaissance und Absolutismus

Die **Renaissance**, die von ca. 1350 bis 1600 datiert wird, stellt den **Übergang vom Mittelalter in die Neuzeit** dar. Sie war geprägt durch revolutionäre **Umwälzungen** auf praktisch allen Gebieten. Die Menschen erhielten ein neues Verständnis von der Natur und von sich selbst. Es begann der Prozess der Loslösung vom mythisch und religiös bestimmten Weltbild, der in der **Aufklärung** seinen Abschluss fand. Die Renaissance gipfelte in der Ablösung der Scholastik durch die von HUGO GROTIUS (1583-1645) neu begründete **Naturrechtphilosophie**.[36] Es beginnt die Formulierung der **Menschenrechte**, d.h. bestimmter, dem Menschen mit seiner Geburt gegebenen Rechte.

---

32 Kirsch, G., S. 19.
33 Bei Karl Marx wird später der Stand durch die Klasse ersetzt; in der Tat hat das marxistische Menschenbild mehr Ähnlichkeit mit dem scholastischen als mit dem modern-liberalen.
34 Kirsch, G., S. 38.
35 Kirsch, G., S. 36.
36 Schon in der Antike haben sich Philosophen auf die Natur des Menschen berufen, um positives Recht zu begründen und zu legitimieren. Das Naturrecht ist das Recht, das der Natur des Menschen entspricht. Das positive Recht, also das vom Menschen in Form von Gesetzen erarbeitete Recht, soll zu diesem nicht im Widerspruch stehen. Das Naturrecht hängt aber seinerseits vom Welt- und Menschenbild ab. Mit dem Verständnis der Natur hat sich auch das Naturrecht geändert. So entsprach die Sklavenhaltung antikem Naturrecht. *„Um den Inhalt des Naturrechts bestimmen zu können, müssen die aus dem Naturgesetz abzuleitenden Regeln ermittelt werden, die für das ordnungsgemäße Zusammenleben der Menschen in der staatlichen Gemeinschaft bestimmt sind."*
In der christlichen Philosophie war Gott die ewige Natur. Gott hat in einem Willensakt die nicht ewige Natur geschaffen. Der Mensch ist Teil dieser Natur, hat aber als Ebenbild Gottes eine Sonderstellung. Das Naturrecht (Selbsterhaltung, Reproduktion) lässt sich aus dem göttlichen Gesetz, das dem Menschen durch die Heilige Schrift offenbart ist, ableiten.

Darüber hinaus traten politische Umwälzungen bis dahin ungekannten Ausmaßes ein. An die Stelle der **Reichsidee** trat der **Nationalstaat**. NICOLÒ MACCHIAVELLI (1469-1527) begründet in seinem Werk „*Il Principe*" (1513) das Bild des über der Religion und Sittlichkeit stehenden Fürsten. Es begann das Zeitalter des **Absolutismus**.

Mit THOMAS HOBBES (1588-1679) nahm die Begründung des **Individualismus** ihren Anfang.[37] In seinem „*Lviathan*"[38] entwarf er 1651 eine Gesellschaftsordnung, in der das **Individuum als Träger des Rechts** auftritt. Der Mensch ist unbeherrscht und unersättlich in seiner Gier. An die Stelle der einbindenden, überindividuellen göttlichen Ordnung des Mittelalters trat die Einsamkeit der Freiheit und des Individualismus.[39] Das Individuum ist eine Gefahr für sich und andere (*homo homini lupus est*). Die scholastisch geprägte gesellschaftliche Bindung ist verloren gegangen. An ihre Stelle muss etwas anderes treten, nämlich der Staat. Dieser ist laut HOBBES Ergebnis eines **Gesellschaftsvertrags**. Der einzelne Mensch verzichtet freiwillig auf individuelle Freiheit, um durch die so erreichte Stabilität individuelles Glück und gesellschaftliche Wohlfahrt zu erreichen: „*Um der privaten Gewalt zu entgehen, unterwerfen sie [die Menschen U. G.] sich dem staatlichen Zwang; damit der starke Nachbar die Freiheit verliere, sie zu vergewaltigen, geben sie ihre Freiheit zugunsten des Leviathan auf.*"[40] Insoweit ist auch HOBBES Vertreter des **Absolutismus**.

Die Wandlung der Gesellschaftsordnung war auch durch gewisse **äußere Ereignisse** verursacht und beschleunigt worden. Nach der Eroberung Ost-Roms durch die Türken (1453) und der Absperrung der traditionellen Handelswege nach Osten begann das europäische **Zeitalter der Seefahrer**. Die **Entdeckung Amerikas** (1492), die Erfindung des Chronometers (Navigation), neue Schiffstechniken ermöglichten es, Fernreisen immer schneller und sicherer zu machen. **Handel**, im Mittelalter noch als eines Christenmenschen unwürdig verpönt, wurde zur wichtigsten Einnahmequelle der absoluten Fürsten. Der **Merkantilismus** wurde zum **ökonomischen Leitbild des Absolutismus**. Der Franziskanermönch LUCA PACIOLI (1445-1514) entdeckte das Prinzip der **doppelten Buchführung**[41] und erleichterte damit die Entstehung der großen Handelshäuser.[42] JOHANNES GUTENBERG (ca. 1399-1468) bereitete mit der Erfindung des **Buchdrucks** den Weg zur **Massenkommunikation**. Geschriebenes Wissen, vormals esoterisch einer kleinen Gruppe vorbehalten, wurde zum Allgemeingut. **Technische**

In der Neuzeit (GROTIUS) wird das Naturrecht neu begründet. An die Stelle von Gott und der Offenbarung tritt die Vernunft als Quelle des Wissens. So wie der Mensch Naturgesetze erkennen kann, soll er auch das Naturrecht erkennen. Eine ähnliche Position wie GROTIUS nimmt HOBBES ein, während HUME und SMITH das Naturrecht eher als Ergebnis eines Entwicklungsprozesses (Konvention) sehen: „*Kein vernünftiger Mensch wird bestreiten, dass es einen natürlichen Unterschied zwischen Verdienst und Verfehlung, Tugend und Laster, Weisheit und Torheit gibt. Es ist jedoch offensichtlich, dass wir bei der Zuordnung jener Begriffe, die unsere Zustimmung oder unseren Tadel ausdrücken, im Allgemeinen mehr durch Vergleiche beeinflusst werden als durch irgendwelche festgelegten und unveränderlichen Maßstäbe in der Natur dieser Dinge.*"

[37] Vgl.: Kirsch, G., S. 20 ff.

[38] Leviatan (hebr.) ist ein altorientalischer Meeresdrache, der auch im A. T. erwähnt wird; für Hobbes ist es die Bezeichnung für den totalitären Staat.

[39] Kirsch, G., S. 40.

[40] Kirsch, G., S. 23.

[41] Auch wenn die Urheberschaft umstritten ist und Ansätze der doppelten Buchführung schon 100 Jahre vor Paciola zu beobachten sind. Vgl., Hoffman, W., S.8.

[42] Walter Eucken führt den Bedeutungsverlust der deutschen Hansestädte darauf zurück, dass sie es versäumt hätten, rechtzeitig die doppelte Buchführung einzuführen.

Erfindungen steigerten die Produktivität in allen Bereichen. Die kleinen Handwerksbetriebe wurden teilweise durch **Manufakturen,** den Vorläufern moderner Industriebetriebe verdrängt. An die Stelle der alten Ständeordnung trat das **Wettbewerbsprinzip.** Und schließlich muss die durch MARTIN LUTHER (1483-1546) 1517 ausgelöste **Reformationsbewegung** genannt werden, die insbesondere durch JEAN CALVIN (1509-1564) auch starke ökonomische Bedeutung erhielt. Äußerlich zeigt sich der Bruch mit der Scholastik darin, dass nicht mehr in der für das ganze Christentum geltenden lateinischen Sprache, sondern in **Nationalsprache** veröffentlicht wurde.

Der **Merkantilismus** war keine **Wirtschaftstheorie,** er war ein **Verwaltungsregelwerk** mit der Zielsetzung, die Schatzkammer der Fürsten möglichst schnell zu füllen. Das trotzdem auch **wirtschaftstheoretische Zusammenhänge** entdeckt wurden (Quantitäsgleichung[43], Greshamsches Gesetz[44], Zahlungsbilanztheorie[45]), war nur ein Nebenprodukt. An die Stelle des einem Ethos verpflichteten Handwerkers trat der nüchtern kalkulierende Kaufmann. **Ethik wurde durch Zweckmäßigkeit ersetzt.** Der *homo oeconomicus* wird geboren, zwar noch schemenhaft, doch in den Grundzügen erkennbar.

Der Staat weist dem Einzelnen seinen Platz in der Gesellschaft zu. Der **Merkantilismus** ist eine frühe Form der **Zentralplanwirtschaft,** wie wir sie im Nationalsozialismus und in den kommunistischen Systemen des vormaligen Ostblocks wiederfinden.[46] Der einzelne Mensch wurde, wenn es sein musste, mit Zwangsmaßnahmen in den Produktionsprozess eingegliedert (Zwangsarbeit, Arbeitshäuser, Zuchthäuser), die Zahl der kirchlichen Feiertage wurde eingeschränkt, der „blaue Montag" wurde bekämpft. Aus dem Bettler wurde der Lump, aus dem Vaganten der Vagabund: *„Und war ehedem die Armut ein Zeichen göttlicher Gnade, so wurde nun in der sich ausbreitenden protestantischen Ethik der leistungsbedingte Geschäftserfolg zum Zeichen des Erwähltseins."*[47]

Die **Reformation** hatte also einen entscheidenden Einfluss auf das neue Menschenbild. MAX WEBER (1864-1920) stellte 1904 in seinem Buch *„Die protestantische Ethik und der Geist des Kapitalismus"* die Hypothese auf, dass die **kalvinistische Ethik** der Wegbereiter des modernen **Kapitalismus** war.[48] [49] CALVIN predigte die **Prädestination,** d.h., nur die Seelen der vorher Auserwählten werden gerettet. Da der Einzelne nicht weiß, ob er ein Auserwählter ist, versucht er, sich der Gnade Gottes durch Arbeitsfleiß als würdig zu erweisen. Vulgo: Reichtum ist das sichtbare Zeichen der Gnade Gottes. Da der Calvinismus Askese predigt, ist der **Reichtum** aber vor allem **Verpflichtung, wohltätig zu sein.** Reichtum darf nicht zur Schau gestellt werden, also wird der nicht für wohltätige Zwecke verwandte Teil des Vermögens reinvestiert.

---

43 JEAN BODIN (1530-1596).
44 THOMAS GRESHAM (1519-1579).
45 THOMAS MUN (1571-1641).
46 Allerdings ist zu bedenken, dass es verschiedene Spielarten des Merkantilismus gab, etwa den **Bullionismus** in England, den **Colbertismus** in Frankreich oder den **Kameralismus** deutscher Prägung.
47 Kirsch, G., S. 40.
48 Weber verweist seinerseits auf ältere Quellen mit entsprechenden Aussagen; Weber (1), S. 27 ff.
49 Der neue Geist entspringt nicht nur dem Kalvinismus; Weber (1), S. 84.

Die Lehre CALVINS ist ein Beispiel gesellschaftlicher **Hysterese**. Die Lehre als solche hatte nicht lange Bestand (die Idee der Prädestination war einfach unattraktiv).[50] Ihre Auswirkung, was die Verhaltensweise im Zuge der neuen Wirtschaftsethik anbelangte, hatte aber durchaus lange Bestand. Der Protestantismus brachte eine neue Art von Geschäftsmann hervor. Arbeit und Fleiß wurden die neuen Tugenden. Der damit verbundene Wohlstand war nicht das Ziel, wurde aber als angenehme Begleiterscheinung angenommen.[51] Eine Reformation, die dieses Ergebnis beabsichtigte, hatte Calvin wohl nicht im Sinn. Auch ihm ging es, wie anderen Reformatoren, um das Seelenheil der Christenmenschen.[52]

Fragt man, wieso England im 16. und 17. Jahrhundert den Aufschwung zur führenden See- und Handelsmacht schaffte – allenfalls bedroht durch die Konkurrenz der ebenfalls protestantischen Niederlande – während ein ehemals blühendes Land wie das erzkatholische Spanien in die Bedeutungslosigkeit versank (man denke an 1588!), so könnte dies ein empirischer Beleg der These WEBERS sein.

Die Theorie WEBERS ist umstritten, LANDES stimmt ihr aber aus zwei wesentlichen Gründen zu. Zum einen habe die kalvinistische Ethik den Menschentyp geprägt, den wir heute als Unternehmertyp bezeichnen würden. Zum anderen standen die protestantischen Länder der Bildung, vor allem auch der Bildung von Frauen, viel aufgeschlossener gegenüber als katholische Länder: *„Mütter, die schreiben und lesen können, machen viel aus."*[53]

4. Das Menschenbild der Aufklärung und der Klassik

Die mit der Naturrechtsphilosophie GROTIUS' begonnene Entwicklung gipfelte schließlich in der **Aufklärung** des 17. und 18. Jahrhunderts. Die **Aufklärungsphilosophie** wurde in England durch HOBBES, LOCKE, NEWTON und HUME begründet und in Frankreich fortgeführt. In Deutschland wurde sie vor allem durch LESSING vertreten.

Die **Aufklärungsphilosophie** wendet sich gegen **Autoritätsgläubigkeit** und **Traditionsverbundenheit**. Der Mensch kann die Natur erkennen, doch muss er zuerst lernen, Vorurteile und Aberglaube abzustreifen. Er muss lernen, methodisch seine **Sinne** und seinen **Verstand** zu gebrauchen. Nur dadurch kann der Mensch individuelles Glück und persönliche Selbstentfaltung erfahren. **Religion** und der **Glaube an Übernatürliches** stehen dieser Entwicklung im Wege. Ähnlich wie die moderne Naturrechtsphilosophie ist die Aufklärung eng mit der Entwicklung der **Naturwissenschaften** und der damit verbundenen **Erkenntnistheorie** verknüpft.

---

50 So herrschte in Holland nur sieben Jahre ein strikter Kalvinismus. Weber (1), S. 193.
51 Landes, D., S. 194.
52 Weber M., (1), S. 82.
53 Landes, D., S. 196.

Wesentliche Prinzipien der Aufklärung sind **Individualismus** und **Toleranz**. Politisch wird der Ruf nach demokratischer Selbstverwaltung laut. **Gewaltenteilung, Meinungs- und Pressefreiheit** sowie die **Anerkennung der Menschenrechte** waren allgemein verbreitet, wurden allerdings nicht von allen Philosophen vertreten. So stand HUME der Demokratie ebenso skeptisch gegenüber, wie etwa in Deutschland anstelle von Demokratie der **aufgeklärte Absolutismus** propagiert wurde. Am radikalsten wurden die politischen Forderungen in Frankreich vertreten, wo sie schließlich 1789 zur Revolution führten. Ebenso muss aber die amerikanische Revolution von 1776 als Ergebnis aufklärerischer Gedanken gesehen werden. So sind sowohl die „*Virginia Bill of Rights*" von 1776 als auch die amerikanische Unabhängigkeitserklärung aus dem gleichen Jahr beeindruckende Dokumente der Aufklärung. Deutlicher als in der amerikanischen Unabhängigkeitserklärung sind die Forderungen nach Demokratie wohl nie formuliert worden: „*We hold these truths to be self-evident, that all men are created equal, that they are endowed by their Creator with certain unalienable Rights, that among these are Life, Liberty and the Pursuit of Happiness. – That to secure these rights, Governments are instituted among Men, deriving their just powers from the consent of the governed, – That whenever any Form of Government becomes destructive to these ends, it is the Right of the People to alter or abolish it, and to institute new Government, laying its foundations on such principles and organising its powers in such form, as to them shall seem most likely to effect their Safety and Happiness.*"[54]

Die Aufklärungsphilosophie war von einem starken **Fortschrittsglauben** getragen. Man erwartete das goldene Zeitalter, in dem Toleranz, Frieden und Menschlichkeit herrschen würden. Kritik an der Aufklärungsphilosophie kündigte sich bereits bei ROUSSEAU und seinem **Fortschrittspessimismus** an. Der Verdruss an der Überbetonung der Vernunft führte gegen Ende des 18. Jahrhunderts zur Entwicklung der **Romantik**. Der Mensch hat nicht nur einen Verstand, er hat auch ein Herz.

Bei aller Gleichheit in vielen Ideen gab es kein einheitliches Menschenbild. Insbesondere im Bereich der Erkenntnistheorie lagen Welten zwischen den **Empiristen** (LOCKE und HUME) und den **Rationalisten** (DESCARTES, LEIBNITZ). Um das Ziel nicht aus den Augen zu verlieren, nämlich das Menschenbild in der Ökonomie zu betrachten, konzentrieren wir uns auf einen englischen Philosophen, nämlich DAVID HUME (1711-1776). Auch soll hier nicht HUMES Erkenntnistheorie, sondern sein Bild des Menschen in Wirtschaft und Gesellschaft diskutiert werden. Die Bedeutung HUMES im gegebenen Kontext liegt vor allem in der Vorarbeit, die er für ADAM SMITH leistete.

HUME grenzt sich klar von merkantilistischen Vorstellungen ab. Nicht der Reichtum des Staates, sondern der Reichtum der Individuen ist Ziel des Wirtschaftens. Quelle des Reichtums ist nicht, wie die Merkantilisten überwiegend glaubten, das Geld, sondern die Arbeit: „*Alles in der Welt wird durch Arbeit erkauf, und nur unsere Leidenschaften sind der einzige Anlass zu arbeiten.*"[55]

HUMES Ethik ist auf Erfahrung gegründet, nicht auf Religion und nicht auf die Vernunft: „*Es erscheint einleuchtend, dass die letzten Zwecke der menschlichen Handlungen sich nie und nimmer durch die Vernunft erklären lassen, sondern dass für sie ausschließlich die Gefühle und Neigungen der Menschen, ganz unabhängig von den intellektuellen Fähigkeiten, maßge-*

---

54 American Historical Documents, S. 81f.
55 Hume, D., S. 183.

*bend sind."*⁵⁶ Moral basiert auf natürlichen Neigungen, HUME zeigt sich hier also als Anhänger einer Naturrechtsphilosophie. Daraus leitet er ab, dass Moral für eine Gesellschaft **nützlich** ist, so dass Moral letztlich utilitaristisch begründet ist: *„Es scheint so ein selbstverständlicher Gedanke, das Lob, das wir den sozialen Tugenden spenden, auf ihre Nützlichkeit zurückzuführen, dass man erwarten solle, bei ethischen Schriftstellern dies Prinzip überall als die Hauptgrundlage ihres Denkens und Forschens wiederzufinden."*⁵⁷ Nützlichkeit allein reicht aber nicht aus als Moralbegründung. Daneben tritt die **Sympathie** bzw. die **Empathie**. Der Mensch ist in der Lage, Glück oder Unglück anderer Menschen nachzuvollziehen. Erst die Ähnlichkeit der Affekte unter Menschen führt zur Moral. Dieses Prinzip der Sympathie wird dann bei ADAM SMITH, stark beeinflusst durch seinen Freund HUME, zur Säule seiner eigenen Moralphilosophie.

Letztes Motiv jeden menschlichen Handelns ist die Eigenliebe: *„Was halten Sie von natürlicher Zuneigung, füge ich hinzu, ist das auch eine Art der Eigenliebe? Jawohl, alles ist Eigenliebe. Ihre Kinder werden nur geliebt, weil es die Ihren sind, für Ihren Freund gilt das Gleiche, und Ihrem Land fühlen Sie sich nur verpflichtet, sofern Sie selbst betroffen sind. Sie würden von nichts mehr berührt, wenn die Idee des Ich fehlte, Sie wären völlig träge und unempfindlich, ..."*⁵⁸

ADAM SMITH (1723-1790) wendet sich mit seiner Moralphilosophie gegen das durch HOBBES, MANDEVILLE und ROUSSEAU vertretene Bild des egoistischen, ausschließlich auf Eigennutz bedachten Menschen.⁵⁹ Besonders plastisch hat dieses Bild BERNARD DE MANDEVILLE (1670-1733) in seiner **Bienenfabel** geschildert.

MANDEVILLE vertritt die Hypothese, dass die Tiere der Wildnis ausschließlich der eigenen Bedürfnisbefriedigung folgen, ohne nach guten oder schlechten Konsequenzen ihres Tuns zu fragen. Je genügsamer und arm an Verstand Tiere sind, umso wahrscheinlicher ist ein friedvolles Zusammenleben. Aus eben diesem Grund ist der Mensch ohne harte Regierung genau dazu nicht in der Lage: *„Nun ist er [der Mensch U.G.] aber jedenfalls ein außerordentlich selbstsüchtiges und widerspenstiges sowie auch schlaues Tier. Wie sehr er sich daher sonst auch mag überlegener Stärke unterwerfen müssen: Es ist doch unmöglich, ihm mit Gewalt alleine beizukommen und all die Vervollkommnung, derer er fähig ist, angedeihen zu lassen."*⁶⁰ Der kluge Gesetzgeber wird daher versuchen, den Menschen davon zu **überzeugen,** dass die Unterdrückung der Leidenschaften und die Verfolgung des Gemeinwohls für den Einzelnen weit besser seien als die Verfolgung der eigenen Interessen. Nur so lasse sich eine auf Dauer stabile Ordnung herstellen.

SMITH greift dagegen den Gedanken HUMES von der Sympathie auf, räumt aber ein, dass auch das von HOBBES und ROUSSEAU betonte Prinzip des Eigennutzes eine starke menschliche Triebkraft ist. In diesem Spannungsfeld zwischen Eigennutz und Sympathie unterwirft

---

56 Hume, D., Eine Untersuchung über die Prinzipien der Moral, Hamburg 1972, S. 144 f, zitiert nach Doering, S. 27.
57 Hume, D., S. 165, zitiert nach Doering, S. 30 f.
58 Hume, D., S. 92.
59 In seiner berühmten Schrift „The Theory of Moral Sentiments", die erstmals 1759 veröffentlicht wurde.
60 Mandeville, B., S. 94.

sich das menschliche Gewissen dem Urteil eines unbeteiligten Zuschauers.[61] [62] Die Disziplinierung erfolgt also nicht, wie bei MANDEVILLE durch Druck oder Überredung, sondern ist eine natürliche **Selbstdisziplinierung.** Möglicherweise ist SMITH hier auch von der Idee CALVINS, der strengen Selbstprüfung, beeinflusst.[63]

Zwanzig Jahre später scheinen sich im „Wohlstand der Nationen" (1776) für SMITH die Dinge anders darzustellen. Das **Eigeninteresse** scheint hier einen höheren Stellenwert zu bekommen: *„Nicht vom Wohlwollen des Metzgers, Brauers und Bäckers erwarten wir das, was wir zum Essen brauchen, sondern davon, dass sie ihre eigenen Interessen wahrnehmen. Wir wenden uns nicht an ihre Menschen-, sondern an ihre Eigenliebe, und wir erwähnen nicht die eigenen Bedürfnisse, sondern sprechen von ihrem Vorteil."*[64] Und an anderer Stelle: *„Solange der Einzelne nicht die Gesetze verletzt, lässt man ihm völlige Freiheit, damit er das eigene Interesse auf seine Weise verfolgen kann und seinen Erwerbsfleiß und sein Kapital im Wettbewerb mit jedem anderen oder einem anderen Stand entwickeln oder einsetzen kann."*[65] SMITH verweist auf HUME, bei dem sich schon ähnliche Gedanken finden: *„ ... die Handwerke und Berufe in einem Staat zumeist so beschaffen sind, dass sie, während sie das Wohl der Allgemeinheit fördern, gleichzeitig auch einzelnen Personen nützlich oder angenehm sind. In diesem Falle sollte für die Obrigkeit stets die Regel gelten, die Profession sich selbst zu überlassen, und die Förderung jenen, die den Nutzen daraus ziehen, vielleicht mit einer Ausnahme, nämlich dann, wenn ein Gewerbe gerade eingeführt wird."*[66]

Lässt sich aus diesen Aussagen das Bild eines völlig egoistischen, nur auf den eigenen Vorteil bedachten Menschen ableiten? Mit Sicherheit nicht, dieses hätte auch niemals dem Menschenbild SMITH' entsprochen. Es wird ja nicht ausgeschlossen, dass der Bäcker Menschenliebe empfinden kann. Aber um sein Brot zu bekommen, müssen wir eine materielle Gegenleistung bieten. Lediglich ein Bettler könnte auf die Menschenliebe des Bäckers hoffen. Würde der Bäcker sein Brot aber allgemein aus Menschenliebe hergeben, wäre er schnell selbst ein Bettler. Nichts anderes will SMITH uns hier sagen. KIRCHGÄSSNER weist völlig zu Recht darauf hin, dass der in der deutschen Sprache negativ besetzte Begriff des Egoismus nicht dem Original entspricht. Im Englischen wird von *self interest* gesprochen, was eine völlig andere Bedeutung als *selfishness* hat.[67] Egoismus in diesem Sinne ist nicht per se unmoralisch. Dies wird er erst, wenn Betrug oder Übervorteilung durch List oder Täuschung als Mittel zum Zweck eingesetzt wird.[68] Als Beispiel eines solchen den Leistungswettbewerb verzerrenden Verhaltens ist Doping im Sport. Ein solches Verhalten wird aber im Allgemeinen von der Gesellschaft geächtet und bei Entdeckung sanktioniert.

---

61 Man könnte sagen, dass hier Kants kategorischer Imperativ vorweggenommen wird. Vgl. Ross, I. S., S. 288 ff.
62 Ross, I. S., S. 250.
63 Ross, I. S., S. 250.
64 Smith, A., S. 17.
65 Smith, A., S. 582.
66 Smith, A., S. 670.
67 Kirchgässner, G., S. 46.
68 Vgl.: Kirchgässner, G., S. 48 f.

SMITH ist in seinen Gedankengängen offensichtlich durch die physiokratische Forderung nach „*laissez faire*" nicht unbeeinflusst geblieben.[69] Die Forderung nach dem *laissez faire*[70] entsprang der Kritik am übermächtigen, merkantilistischen französischen Staat. Dieser engte die Gewerbetreibenden mit einer Flut an Vorschriften ein. Das *laissez faire*-Prinzip war die Kernforderung der physiokratischen Schule in Paris, die von SMITH so allerdings nie geteilt wurde. Auch findet der Begriff bei ihm keine Erwähnung.[71]

SMITH ist der festen Überzeugung, dass das von ihm beschriebene freiheitliche System einer Marktwirtschaft (*unsichtbare Hand*) effizient ist und von daher allen nutzt, solange es nur **Wettbewerb** gibt. Das Prinzip des Wettbewerbs stellt er immer wieder heraus, weil Wettbewerb **Machtbegrenzung** bedeutet.[72] Wettbewerb wird aber durch den Staat zerstört. Diese Schlussfolgerung zogen liberale Ökonomen aus den Erfahrungen des Merkantilismus. Dass sie selber mit ihrem Harmonieglauben irrten, erkannte man erst einhundert Jahre später.

Das System der **Arbeitsteilung** ist effizient, kann aber zu sozial unerwünschten Nebenerscheinungen führen: „*Jemand, der tagtäglich nur einige einfache Handgriffe ausführt, die zudem immer das gleiche oder ein ähnliches Ergebnis haben, hat keinerlei Gelegenheit, seinen Verstand zu üben. ... So ist es ganz natürlich, dass er verlernt, seinen Verstand zu gebrauchen, und so stumpfsinnig und einfältig wird, wie ein menschliches Wesen eben nur werden kann. ... Dies aber ist die Lage, in welche die Schicht der Arbeiter, also die Masse des Volkes, in jeder entwickelten und zivilisierten Gesellschaft unweigerlich gerät, wenn der Staat nichts unternimmt, sie zu verhindern.*"[73] Konkret fordert SMITH vom Staat, Schulen vor allem für die „unteren" Gesellschaftsschichten einzurichten.[74] Diese Schulen sollten die Kinder in Lesen und Schreiben, Arithmetik und Geometrie ausbilden. Dies hält er für wichtiger, als den Kindern in Sonntagsschulen ein paar Brocken Latein beizubringen. SMITH sieht in **Bildung** einen Weg, einen tugendhaften, eigenverantwortlichen Menschen zu schaffen, und zwar in allen gesellschaftlichen Schichten!

SMITH, der als Begründer der modernen Ökonomie gilt, war also nie ein Verfechter eines grenzenlosen Kapitalismus, wie man ihn im so genannte Manchester-Kapitalismus in seiner elendsten Ausprägung erlebte, ein System, das nicht nur von Sozialisten aufs schärfste kritisiert wurde. Der Eigennutz ist eine wichtige, aber nicht die einzige Triebfeder menschlichen Handelns.

Es wird zu leicht vergessen – oder verdrängt –, dass SMITH nicht nur den *Wohlstand der Nationen*, sondern auch die *Theorie der ethischen Gefühle* geschrieben hat. Es ist eben **nicht nur Eigennutz**, was den Menschen antreibt, **sondern auch Empathie**! Beides gehört zum klassisch-liberalen Denken. HAYEK schreibt hier sehr klar: „*Die beste Illustration für die*

---

[69] Smith lernte die herausragenden Vertretern der Physiokratie in Paris 1766 persönlich kennen und erwähnte insbesondere Quesnay lobend; Vgl. Ross, S. 402.

[70] Es gibt verschiedene Quellen dieses Ausdrucks. So soll der Kaufmann LeGendre auf die Frage des Finanzministers Colbert, was denn die französische Regierung für die Kaufleute und Gewerbetreibenden tun könne, die Forderung „laisser nous faire" gestellt haben.

[71] Ross, I. S., S. 393.

[72] Kurz, H., S. 12.

[73] Smith, A., S. 662 f.

[74] Smith, A., S. 665; Smith verweist darauf, dass es in Schottland solche Schulen in Kirchensprengeln bereits gibt.

übliche falsche Vorstellung vom Individualismus des ADAM SMITH *und seiner Gruppe ist wohl der verbreitete Glaube, dass diese das Gespenst des ‚homo oeconomicus' erfunden haben und dass deren Schlussfolgerungen wegen der Annahme eines streng rationalen Verhaltens, oder ganz allgemein, durch eine falsche rationalistische Psychologie, ihre Gültigkeit verlieren."*[75]

Bereits mit CALVIN beginnt der **Wandel** von der mittelalterlichen **Caritas-Ökonomie** zur modernen **Beschäftigungsökonomie,** der mit der Klassik abgeschlossen ist. Zwar ist Mildtätigkeit eine Tugend, doch Arbeit, um seinen Lebensunterhalt zu verdienen, ist es ebenso. GEORG W. F. HEGEL (1770-1831) drückt diesen Wandel so aus: „*Ein Mann von Reichtum in alten Zeiten unterstützte andere direkt; er speiste Arme und tränkte sie, kleidete die Nackten. Die andere Verwendung des Reichtums ist, wenn derselbe zum Luxus verwendet wird. Diese Verwendung hat die höhere Wirkung, daß die anderen die Befriedigung ihrer Bedürfnisse nur erhalten unter der Bedingung, daß sie tätig sind. Den reichen Mann, der viel auf sich und seinen Genuß verwendet, kann man vom moralischen Standpunkt aus tadeln und sagen, er solle seinen Überfluß den Armen zukommen lassen; dies tut er auch, aber auf eine vermittelte, vernünftige Weise.*"[76] Genau dies war der **Kern klassischen Denkens.** Indem man seine eigenen Ziele verfolgt, tut man Gutes für die Gesellschaft. **Hedonismus** ist die Quelle allgemeinen Wohlstands. **Die Tugend der Mildtätigkeit ist nicht effizient.** Die Effizienz kann gesteigert werden, wenn der Reiche seinen Überfluss investiert. Armut wird nicht durch Mildtätigkeit, sondern durch Konsum oder die unmittelbare Schaffung von Arbeitsplätzen beseitigt.[77] Dies ist die eigentliche Botschaft von SMITH, der so weit über HEGEL hinausging. In dieser Interpretation zeigt sich, dass die Marktwirtschaft eine ethische Dimension hat. **Der Eigennutz schafft Arbeitsplätze und überwindet die Armut!**[78]

Die Marktwirtschaft ist effizient im Sinne der Zielsetzung einer hohen materiellen Wohlfahrt. Sie ist die Antwort auf den Absolutismus eines THOMAS HOBBES. Der Tausch bringt allen nur Vorteile. Er setzt allerdings für sein Funktionieren *a priori* Regeln voraus.[79] Das *Nullsummenspiel* der absolutistischen Gesellschaft, die eine Kommando- und Verteilungswirtschaft war, wird durch eine *win-win-Situation* in der Wettbewerbsgesellschaft ersetzt.[80]

Der Beitrag zur Klassik soll und muss abgeschlossen werden mit JOHN STUART MILL (1806-1873), der letzte bedeutende Vertreter der klassischen Theorie, der oben als Begründer der Idee des *homo oeconomicus* genannt wurde. Wirft man einen Blick auf MILLS Kindheit, der von seinem Vater, dem ebenfalls bedeutenden Ökonomen JAMES MILL (1773-1836), äußerst streng zu Höchstleistungen getrieben wurde, so könnte hier eine Erklärung für diesen Ansatz liegen. Bereits im Alter von drei Jahren musste der Sohn Griechisch lernen. Als 13-Jähriger musste er Vorlesungen über politische Ökonomie über sich ergehen lassen. Für Freizeit und Freundschaften blieb keine Zeit.[81]

---

75 von Hayek, F. A., (2), S. 22.
76 Hegel (Vorlesungen), zitiert nach Priddat, B., S. 41.
77 Priddat, B., S: 44 f.
78 Nichts anderes hat Ludwig Ehrhard in seinem Buch „Wohlstand für alle" propagiert.
79 Kirsch, G., S. 34.
80 Kirch, G., S. 25.
81 Jarre, N./van Suntum, U., S. 706 f.

MILL vertrat ähnlich wie JEREMY BENTHAM (1748-1832) eine **utilitaristische Position,** modifizierte den Utilitarismus aber.[82] Während BENTHAM einen **quantitativen Hedonismus** vertrat – er glaubte also, Glück und Unglück anhand von Kriterien wie Dauer, Intensität oder Grad der Gewissheit exakt messen zu können –, vertrat MILL einen **qualitativen** Hedonismus. Es gibt verschiedene, hierarchisch geordnete Qualitäten der Lust. Die Hierarchien werden durch die Erfahrung festgestellt. Im Grunde zeigt sich mit diesen Überlegungen bereits der Übergang von der objektivistischen Wertlehre der Klassik zur subjektivistischen der Neoklassik.

Eingangs wurde darauf verwiesen, dass HAYEK MILL als Begründer des *homo oeconomicus* nennt. In der Tat schreibt MILL in einem Aufsatz von 1836 „Über die Definition der Politischen Ökonomie und die ihr angemessene Forschungsmethode": „*Sie [die Politische Ökonomie, U. G.] behandelt nicht die Gesamtheit der menschlichen Natur ... Sie beschäftigt sich mit dem Menschen lediglich in seiner Eigenschaft als ein Wesen, das Reichtum besitzen möchte und das die relative Effizienz der Mittel zum Erreichen dieses Ziels beurteilen kann. ... Sie abstrahiert völlig von allen anderen Leidenschaften oder Motiven des Menschen mit Ausnahme solcher, die als dem Streben nach Reichtum entgegengesetzte Grundsätze angesehen werden können, nämlich Abneigung gegen Arbeit und dem Wunsch nach der sofortigen Befriedigung kostspieliger Bedürfnisse. ... Die Politische Ökonomie begreift den Menschen als einzig und allein mit dem Erwerb und Konsum von Reichtum beschäftigt. ...*"[83]

Aber kann ein Mann, von dem der Satz stammt: „*Es schafft nur geringe Befriedigung, eine Welt zu betrachten, in der nichts mehr der spontanen Aktivität der Natur überlassen bleibt; wo jeder Flecken Erde kultiviert wird ..., jede nichtnutzbare Pflanze oder natürliche Wiese untergepflügt wird, sämtliche Vierbeiner oder Vögel, die nicht für menschliche Zwecke domestiziert werden können, als Nahrungsmittelrivalen ausgerottet werden ... Wenn die Erde so viel von ihrer Lieblichkeit verlieren muss ..., dann hoffe ich ernsthaft, dass man mit einem stationären Zustand zufrieden sein wird, lange bevor die Notwendigkeit dazu zwingt.*"[84], ein Mann, der dem Sozialismus nicht unbedingt ablehnend gegenüberstand, ernsthaft an den *homo oeconomicus* als Repräsentant des Menschen geglaubt haben?

Und tatsächlich heißt es weiter bei MILL: „*Nicht, dass jemals ein politischer Ökonom jemals so töricht gewesen wäre, anzunehmen, die Menschheit sei wirklich so beschaffen, sondern vielmehr, weil dies die Art und Weise ist, wie eine Wissenschaft zwangsläufig vorgehen muss. Wenn eine Wirkung von der gleichzeitigen Wirksamkeit mehrerer Ursachen abhängt, so müssen diese Ursachen einzeln nacheinander untersucht und ihre Gesetze voneinander getrennt analysiert werden, ...*"[85] Wir sehen also, dass die Konstruktion des *homo oeconomicus* für MILL nichts anderes ist als ein methodischer Kunstgriff im Rahmen der *ceteris paribus*-Methode.

---

82 Jarre, N./van Suntum, U., S. 708.
83 Mill, J. S., S. 161 f.
84 Zank, W., S. 24.
85 Mill, J. S., S. 162.

5. Das Menschenbild des Marxismus

Es soll hier keine Betrachtung vormarxistischer (von Marxisten **utopisch** genannten) sozialistischer Menschen- und Gesellschaftsbilder angestellt werden, sondern ausschließlich das von KARL MARX (1818-1883) vertretene Menschenbild in Kürze präsentiert werden.

Zunächst bedarf der Begriff „**Marxismus**" einer Klärung. *Den* Marxismus gibt es nicht.[86] Wir wollen hierunter die auf dem **Historischen Materialismus** aufbauende Radikalkritik am Kapitalismus verstehen.[87]

Nach dem **Historischen Materialismus** ist die Entwicklung der Menschheit in Stufen abgelaufen, die eine Geschichte der Klassenkämpfe darstellt. Jede Stufe zeichnet sich aus durch zunehmende Konflikte zwischen den **Produktivkräften** (den Produktionsfaktoren) und den **Produktionsverhältnissen** (dem Eigentum an bzw. der Verfügungsgewalt über die Produktivkräfte):[88]

- In der **Urgesellschaft** herrschte noch Übereinstimmung zwischen den Produktivkräften und den Produktionsverhältnissen.

- Nach der Inbesitznahme der Böden entstand Privateigentum, welches mit Sklaven bewirtschaftet wurde. Die Begründung von Eigentum führte zu dialektischen Widersprüchen, die letztlich zur Überwindung der **Sklaverei** führten.

- An ihre Stelle trat der **Feudalismus**. Die Klasse der Bodenbesitzer beutete die mehr oder weniger rechtlosen Fronarbeiter aus. Aus dem Stand der Handwerker und Kaufleute entwickelten sich die Kapitalisten.

- Der **Kapitalismus** führte zur revolutionären Überwindung der Feudalsysteme, schuf aber als Widerpart den besitzlosen Arbeiter.

- Die Lösung der hier entstehenden Dialektik führt zur **klassenlosen kommunistischen Gesellschaft,** welche die Vorteile der hohen Produktivität des Kapitalismus mit der Auflösung der dialektischen Eigentumsverhältnisse garantiert. Produktivkräfte und Produktionsverhältnisse sind wieder in Harmonie.

- Ethik und Moral sind nicht naturgegeben, sondern werden durch die materiellen Gegebenheiten und die Machtverhältnisse in einer Gesellschaft bestimmt. Die materielle **Basis** bestimmt den **Überbau**.[89] Dies ist eine klare Absage MARX' an die **Naturrechtsphilosophie**.

Der Mensch definiert sich also über die Zugehörigkeit zu einer Klasse („*das Sein bestimmt das Bewusstsein*"). Das Menschenbild des Sozialismus ist durch **Kollektivismus** geprägt. Dies gilt insbesondere für das auf dem Marxismus basierende System des realen Sozialismus,

---

[86] Philosophie Lexikon, Stichwort Marxismus; s. auch Dobias, Peter: Sozialismus – Marxismus, in Issing, S. 107 ff.
[87] Philosophie Lexikon.
[88] Marx, K./Engels, F.: Das kommunistische Manifest, zitiert nach Reiß, S. 114 ff.
[89] Wie B. Brecht es ausdrückte: „Erst kommt das Fressen, dann die Moral."

wie er in der Sowjetunion und nach dem Zweiten Weltkrieg in deren Satellitenstaaten vertreten wurde. „*Der Mensch als Idee, als mit Hoffnung besetzte Chiffre, als Volk oder Proletariat oder Klasse, auch Fixpunkt für Erbarmen und Mitleid – dieser Mensch kommt bei Marx vor; der Mensch als je **eigenes** Universum, **eigene** Hoffnung, **eigene** Grenze aber auch und **eigene** Endlichkeit – dieser Mensch kommt bei* MARX *nicht vor.*"[90]

Im kommunistischen Manifest von 1848 heißt es: „*Die Proletarier haben nichts von dem Ihrigen zu sichern. Sie haben alle bisherigen Privatsicherheiten und Privatversicherungen zu zerstören.*"[91]

Zwar lehnt MARX das Natur**recht** ab, doch ist der Mensch ein Natur**wesen**: „*Der Arbeitsprozess, ..., ist zweckmäßige Tätigkeit zur Herstellung von Gebrauchswerten, Aneignung des Natürlichen für menschliche Bedürfnisse, allgemeine Bedingung des Stoffwechsels zwischen Mensch und Natur, ewige Naturbedingung des menschlichen Lebens und daher unabhängig von jeder Form dieses Lebens, vielmehr allen seinen Gesellschaftsformen gleich gemeinsam.*"[92] Freiheit wird von MARX nur in einer eingeschränkten Bedeutung gesehen. Es ist vor allem die Freiheit vom Zwang zur Arbeit: „*Das Reich der Freiheit beginnt in der Tat erst da, wo das Arbeiten, das durch Not und äußere Zweckmäßigkeit bestimmt ist, aufhört; es liegt also der Natur der Sache nach jenseits der Sphäre der eigentlichen materiellen Produktion.*"[93]

Ein dominanter Wesenszug des Kapitalismus ist für KARL MARX die **Entfremdung**[94] des Menschen, des Arbeiters wie des Kapitalisten mit seiner Tätigkeit und dem Produkt daraus. Der Einzelne erlebt seine Beziehung zu den übrigen Gesellschaftsmitgliedern, den Dingen, nicht als gestaltende, sondern als zu erleidende.[95] In der Analyse von Kirsch liest sich das so: „*Der Einzelne, ob Kapitalist oder Proletarier, ist dem Produkt seiner Arbeit entfremdet, indem – so Marx – der Wert der Arbeitsprodukte nicht das Ergebnis souveräner, individueller Schätzung, sondern die Resultante eines beherrschenden, aber nicht beherrschten Tauschsystems ist, das alles und jedes dem Prinzip einer allgemeinen Venalität unterwirft.*"[96] Und MARX schreibt: „*Das Individuum A dient dem Bedürfnis des Individuums B vermittels der Ware a, nur insofern und weil das Individuum B dem Bedürfnis des Individuums A vermittels der Ware b dient und vice versa. Jedes dient dem anderen, um sich selbst zu dienen. Jedes bedient sich des anderen wechselseitig als seines Mittels.*"[97] „*das Kaufen und Verkaufen wird zur allgemeinen Begegnung des Menschen mit seinesgleichen; nicht mehr was gut, schön, richtig ist, steht zur Frage, sondern nur was käuflich und verkäuflich ist.*"[98] Der Kapitalismus, so die Schlussfolgerung, ist „*ein gesellschaftliches System, das nur vom Markt her zu verste-*

---

90 Raddaz, F., S. 315.
91 Marx, K./Engels, F.: Das kommunistische Manifest, zitiert nach Reiß, S. 123.
92 Marx, K., Band I, S. 198.
93 Marx, K., Band III, S. 828.
94 Das Thema der Entfremdung spielte seit Marx auch in der Kunst lange Zeit eine große Rolle, angefangen von H. G. Wells´ Roman *The Time Machine* bis zu Fritz Langs Film *Metropolis*.
95 Kirsch, G., S. 5.
96 Kirsch, G., S. 6.
97 Marx, K., Grundrisse der Kritik der politischen Ökonomie, Frankfurt, Wien o.J., S. 155, zitiert nach Kirsch, G., S. 7.
98 Kirsch, G., S. 8.

*hen ist; der Kapitalismus als Gesellschaftssystem **hat** nicht einen Wirtschaftssektor, sondern ist eine Wirtschaftsgesellschaft.*"99

Kirsch sieht in MARX einen romantischen Schwärmer, der dem mittelalterlichen Menschenbild wesentlich näher steht als dem liberalen. SMITH ist Realist. Er sieht menschliches Verhalten durch widersprüchliche Prinzipien, nämlich, wie an anderer Stelle bereits betont,100 durch Egoismus und Empathie bestimmt. Kirsch zitiert SMITH, der darauf hinweist, dass ein Mensch sich glücklich schätzen könne, wenn er im Laufe seines Lebens eine Handvoll Freunde habe, er aber im Laufe seines Lebens auf tausende von anderen Menschen angewiesen ist.101 MARX formt sich dagegen den idealen Menschen, der im Kollektiv seine Erfüllung findet und streng nach dem Prinzip „*Jeder nach seinen Fähigkeiten, jedem nach seinen Bedürfnissen*" handelt.102 Der marxistische Mensch pflegt keine individuellen Freundschaften. Er umarmt die ganze Welt, ganz so, wie es F. Schiller in seiner Ode „An die Freude" zum Ausdruck bringt: „*Seid umschlungen, Millionen.*" Er träumt von einer „säkularen Form der Gesellschaft der Heiligen."103 Dieser neue Mensch zerstört die individuelle Freiheit, sich die Menschen auszusuchen, zu denen er sympathische Nähe pflegt, in Abgrenzung zu denen, welchen er mit kühler, sachlicher Distanz begegnet.104

6. Das Menschenbild in der Neoklassik

LIONEL ROBBINS (1898-1984) umreißt klar die neoklassische Sicht der Ökonomie: „*Economics is the science which studies human behaviour as a relationship between ends and scarce means which have alternative uses.*"105 Es wird **rationales Verhalten** unterstellt, was bedeutet, dass der Mensch aus mehreren Alternativen immer die, gemessen an einer gegebenen Zielfunktion, optimale auswählt. Dieses Verhalten wird als evolutorisch interpretiert: „*Evolutionary Theories explain the way things are by showing that this is the way they have to be in order for the organism to survive.*"106 Und weiter: „*There is no goal, only a process of searching and ameliorating. Searching is the end.*"107 Hier wird endgültig

---

99 Kirsch, G., S. 10.
100 Kirsch, G., S. 13.
101 Kirsch, G., S. 48.
102 Kirsch, G., S. 47 ff.
103 Kirsch, G., S. 54.
104 Kirsch, G., S. 54.
105 Robbins: An Essay on the Nature and Significance of Economic Science, London 1932, zitiert nach Bernd Bievert: Menschenbilder in der ökonomischen Theoriebildung; in Bievert/ Held, S. 49.
106 Robbins: An Essay on the Nature and Significance of Economic Science, London 1932, zitiert nach Bernd Bievert: Menschenbilder in der ökonomischen Theoriebildung; in Bievert/ Held, S. 50.
107 Robbins: An Essay on the Nature and Significance of Economic Science, London 1932, zitiert nach Bernd Bievert: Menschenbilder in der ökonomischen Theoriebildung; in Bievert/ Held, S. 50.

nicht länger ein teleologisches Menschenbild vertreten, sondern der *homo oeconomicus* begründet.

Die **Mathematisierung** der Volkswirtschaftslehre, insbesondere die Anwendung der Differentialrechnung in der **Marginalanalyse,** verlangten einen Menschentyp, der zu einfachen, deterministischen Modellen passte. So wird der idealtypische Monopolist etwa als kurzfristiger Gewinnmaximierer angenommen, der auf Änderungen seiner Umwelt mit sofortigen Anpassungen an ein neues Gewinnmaximum reagiert. Er reagiert auf Gewinnchancen, wie eine Motte auf Licht. Der *homo oeconomicus* als Pawlowsscher Hund!

Es war schon mehrfach auf die Bedeutung der Entwicklung der Naturwissenschaften für das ökonomische Denken und die dahinter stehende Philosophie hingewiesen worden. Besonders eng, wird der Zusammenhang in der Neoklassik. Die Physik, vor allem die klassische Mechanik wird zum Vorbild ökonomischer Forschung.[108] So fordert JEVONS, dass die Ökonomie, „*wenn sie überhaupt eine Wissenschaft sein wolle, sie eine mathematische Wissenschaft sein muss*".[109] WALRAS bezeichnete die Ökonomie als eine „*exakte Wissenschaft, die den physikalisch-mathematischen Wissenschaften in jeder Hinsicht entspricht.*"[110] Auch der Gedanke, die Ökonomie als evolutorische Wissenschaft anzusehen, ist nicht auf ROBBINS beschränkt und entsprach allgemein neoklassischem Denken.[111]

Im Gegensatz zum kollektivistisch ausgerichteten Marxismus entdeckt die Neoklassik das Individuum neu. So ist für KIRCHGÄSSNER CARL MENGER der Begründer des methodologischen Individualismus. Wirtschaftlich Handelnde sind **Haushalt als Individuen.** Diese Gleichsetzung ist allerdings methodologisch nicht haltbar. Wenn die Individuen, die den Haushalt ausmachen, nicht zufällig genau die gleichen Präferenzen haben, wird, wie der Nobelpreisträger KENETH ARROW (geb. 1921) nachgewiesen hat,[112] ein einstimmiges Abstimmungsverhalten bezüglich der Wohlfahrt des Haushalts nicht möglich sein. Bereits ALFRED MARSHALL (1842-1924) hat diese Schwäche erkannt.[113] So ist es schon Fiktion, in einem Haushalt von der Gleichberechtigung aller Mitglieder auszugehen.

Erst mit dem Aufkommen der Spieltheorie in der zweiten Hälfte des vorigen Jahrhunderts und den Ansätzen der experimentellen Mikroökonomik konnten sich Ökonomen von dem Bild des streng rational handelnden Menschen, das die Neoklassik geprägt hatte, wieder befreien.

---

[108] Kirchgässner, G., S. 216.

[109] Jevons, W. St.: The Theory of Political Economy, London 1871, S. 2; zitiert nach Kirchgässner, S. 202.

[110] Walras, L.: Eléments d'économie politique pure, ou théorie de la richesse sociale, Lausanne 1874; zitiert nach Kirchgässner, S. 202.

[111] Kirchgässner, G., S. 216.

[112] Arrow hat in dem nach ihm benannten Paradox nachgewiesen, daß das Abstimmungsergebnis bei divergierenden Präferenzen von der Reihenfolge der Abstimmung abhängt.

[113] Held, M., Die Ökonomie hat kein Menschenbild; in Bievert/ Held (Hrsg.), S. 22.

Das **Arrow**-Paradox

> Drei Personen – A, B und C – haben drei Alternativen – I, II und III – zur Auswahl. Es gelten die folgenden Präferenzen:
>
> A: I > II > III
>
> B: II > III > I
>
> C: III > I > II
>
> Reihenfolge der Abstimmung
>
> a) I und II   I wird gewählt
>
>   I und III **III wird gewählt**
>
> b) II und III II wird gewählt
>
>   II und I   **I wird gewählt**

7. Das Menschenbild im Ordoliberalismus und in der sozialen Marktwirtschaft

Das theoretische Fundament der sozialen Marktwirtschaft ist der so genannte **Ordoliberalismus**, der auf dem angelsächsischen Liberalismus basiert, ihn an entscheidenden Stellen aber zu ergänzen und zu korrigieren versucht. Insbesondere erhält der Staat die Funktion des **Wettbewerbshüters**. Darüber hinaus sollen über **Umverteilung** die primäre Einkommensverteilung korrigiert und soziale Mindeststandards garantiert werden. Für die beiden namhaftesten Begründer des Ordoliberalismus, WALTER EUCKEN (1891-1950) und FRANZ BÖHM (1895-1977), war das Ziel, eine Wirtschaftsordnung zu entwerfen, in der **materieller Wohlstand** und **Menschenwürde** vereint wären, eine Wirtschaftsordnung, die die „*geistig seelische Existenz des Menschen mit sehr nüchternen Fragen der wirtschaftlichen Lenkungsmechanik*" verbindet.[114] BÖHM sieht die auf Wettbewerb basierende Marktwirtschaft als eine **Privatrechtsordnung**, in der die liberalen Ideale **Rechtsgleichheit** und **Privilegienfreiheit** realisiert werden.[115]

Die Vertreter des Ordoliberalismus hingen einem humanistisch-liberalem Menschenbild an, so auch WILHELM RÖPKE (1899-1966), ein Mitbegründer des Ordoliberalismus.[116] Für ihn definiert sich der Mensch aus dem Spannungsfeld Individualismus und Staat. Der Mensch ist

---

[114] Goldschmidt, N.
[115] Vanberg, V., S. 235.
[116] Schüller A.

- **personalistisch,** denn er und nicht die Gesellschaft ist das „letzte Wirkliche",
- **humanistisch,** er ist einmalig und zum Guten fähig; seine Erfüllung findet er nur in der Gesellschaft,
- **antiautoritär,** er hütet sich vor Gemeinschaftsromantik,
- **universalistisch,** er widerstrebt der Übersteigerung des Patriotismus zum Nationalismus,
- **rationalistisch,** weil er allen Menschen die gleiche Vernunft wie sich selber zuschreibt,
- **realistisch,** er weiß, dass Menschen verführbar sind.

Um das Menschenbild der Ordoliberalen (Ökonomen und Juristen) einordnen zu können, muss man wissen, dass alle aus einem christlichen Umfeld (Elternhaus) kamen und die ordoliberale Theorie während der Zeit der Nazi-Diktatur entstand. Deren **Menschenbild** war der sich dem Willen des Führers unterordnende und sich in die Masse einfügende Mensch. Der Hauptgegner nationalsozialistischer Anschauung war nicht der Kommunismus, sondern der Liberalismus, ein Feindbild, das er mit dem Kommunismus teilte. Das Menschenbild des Ordoliberalismus geht von der Würde des Einzelnen aus und sucht die **Synthese aus menschenwürdigem Dasein und ökonomischer Effizienz.** Das Ergebnis dieser Bemühung war, eine Wirtschaftsordnung zu konzipieren, die auf dem klassischen Modell basiert, aber die klassischen Fehler vermeidet. Es entstand das Menschenbild der **sozialen Marktwirtschaft.**

Für FRIEDRICH AUGUST VON HAYEK (1899-1992), einem der bedeutendsten Philosophen des Neoliberalismus, ist das Menschenbild vor allem durch den **Liberalismus** und **Individualismus** geprägt. Menschliches Wissen ist beschränkt, aber Menschen sind kreativ. Die menschliche Gesellschaft ist ein **Ergebnis menschlichen Handelns,** aber nicht das Ergebnis von **Planung,** so wie es im **rationalen Individualismus** etwa durch HOBBES oder DESCARTES postuliert wurde.[117] **Staatliche Planung**[118] bedeutet Anmaßung von Wissen. Fortschritt erzielt eine Gesellschaft nur durch den **Wettbewerb** der Ideen. Der Wettbewerb ist ein **Entdeckungsverfahren,** und das gilt nicht nur für den Bereich der Wirtschaft! Eine fortschrittliche Gesellschaft muss liberal sein in dem Sinne, dass sie den Menschen Raum gibt, dieses Entdeckungsverfahren auszuleben. In diesem Sinne ist der Individualismus, wie er durch HAYEK vertreten wird, **antirationalistisch** und entspricht eher dem eines ADAM SMITH.[119] In dieser Position übt HAYEK auch deutlich Kritik an KEYNES: *„Liberale oder individualistische Politik muss im Wesentlichen eine Politik auf lange Sicht sein; die heute [geschrieben 1945, U. G.] übliche Art, das Augenmerk auf die kurzfristige Wirkung zu richten und diese damit zu rechtfertigen, dass wir „auf lange Sicht alle tot sind", führt unvermeidlich dazu, dass man Anordnungen vertraut, die den jeweiligen besonderen Umständen angepasst sind, anstatt Gesetzen, die für Situationstypen abgefasst sind".*[120]

---

[117] Den auf dem kartesischen Rationalismus basierenden Individualismus bezeichnet Hayek als falschen Individualismus. Als gescheiterten Versuch, diesen durchzusetzen, sieht er die französische Revolution. Vgl.: Hayek, F. A., (1), S. 13 ff. bzw. S. 36.

[118] Natürlich muss jede verantwortungsvolle Regierung planen; gemeint ist hier das umfassende Planungssystem sozialistischer Prägung: „ Es dreht sich nicht darum, *ob*, sondern *wie* wir am besten planen." Hayek, F. A., (2), S. 58.

[119] von Hayek, F. A., (2), S. 15 ff.

[120] von Hayek, F. A., (2), S. 33.

Der Mensch ist als soziales Wesen in eine **Ordnung** eingebunden. Liberale Politik muss in dem Spannungsverhältnis von Freiheit und Ordnung ihren Weg suchen. Absolute Freiheit kann es nicht geben (**Paradox der Freiheit**): „*Er [der echte Individualismus, U. G.] leugnet nicht die Notwendigkeit einer Zwangsgewalt, aber er wünscht ihr Grenzen zu setzen – sie auf jene Gebiete zu beschränken, wo sie unentbehrlich ist, um Zwangsausübung durch andere zu verhindern und um das Gesamtausmaß von Zwang auf ein Minimum zu reduzieren.*"[121] In seiner Definition der Freiheit beruft sich HAYEK auf KANT und VOLTAIRE: „*Der Mensch ist frei, wenn er keiner Person, sondern nur den Gesetzen zu gehorchen braucht.*"[122] Und an anderer Stelle schreibt HAYEK: „*Die alten Formeln des laissez-faire und der Nicht-Einmischung bieten uns kein angemessenes Kriterium für die Unterscheidung zwischen den in einem freien System zulässigen und nicht zulässigen Maßnahmen. ... Wir können wahrscheinlich in keinem Stadium sicher sein, dass wir schon die besten Arrangements oder Institutionen gefunden haben, die die Marktwirtschaft zu der vorteilhaftesten Funktion bringen wird, deren sie fähig ist.*"[123] HAYEK sieht einen engen Zusammenhang zwischen politischer und wirtschaftlicher Freiheit: „*Wir hören oft, dass politische Freiheit ohne wirtschaftliche Freiheit sinnlos ist. ... Die wirtschaftliche Freiheit, die die Vorbedingung für jede andere Freiheit ist, kann nicht die Befreiung von wirtschaftlicher Sorge sein, die Sozialisten uns versprechen und die man nur dadurch erreichen kann, dass man gleichzeitig dem Individuum die Notwendigkeit und die Möglichkeit der freien Wahl abnimmt. Es muss vielmehr die Freiheit unserer Wirtschaftsbetätigung sein, die uns zwar das Recht zur Wahl gibt, aber uns auch notwendigerweise das Risiko und die Verantwortung für dieses Recht aufbürdet.*"[124]

Kern des Liberalismus im Verständnis HAYEKS ist „*die Verweigerung jeglichen Privilegs, wenn man darunter im ursprünglichen Wortsinne alle Vorrechte versteht, die der Staat einigen gewährt, ohne sie anderen in gleicher Weise einzuräumen.*"[125] So gesehen ist die **Marktwirtschaft** eine Ordnung mit einem **ethischen Eigenwert**, nämlich der **Freiheit von Diskriminierung**. Hier zeigt sich eine große Ähnlichkeit in den Auffassungen von HAYEK und BÖHM.

Die Idee der „Sozialen Gerechtigkeit", wie sie von MÜLLER-ARMACK postuliert wird, lehnt HAYEK ab. Hinter der Sozialen Gerechtigkeit steckt die Idee der materiellen Gleichheit. Diese ist aber nur durch massive Eingriffe in persönliche Freiheiten zu erreichen. Diese Einstellung bedeutet nicht, dass HAYEK der Idee sozialer Sicherung ablehnend gegenübersteht: „*Es ist auch kein Grund vorhanden, warum der Staat die Individuen nicht in der Vorsorge für jene gewöhnlichen Wechselfälle des Lebens unterstützen sollte, ... Wenn, wie im Falle von Krankheit und Unfall, ..., wenn wir es, kurz gesagt, mit echten versicherungsfähigen Risiken zu tun haben, spricht sehr viel für die staatliche Hilfe bei der Organisierung einer umfassenden Sozialversicherung. ... Aber die Gewährleistung größerer Sicherheit durch den Staat und die Wahrung der individuellen Freiheit sind nicht grundsätzlich unvereinbar.*"[126] Im Kontrast dazu sieht HAYEK die Soziale Gerechtigkeit: „*Die Planwirtschaft im Dienste der Sicherheit, die der Freiheit so verhängnisvoll wird, bezieht sich auf eine Sicherheit anderer Art. Es ist*

---

[121] von Hayek, F. A., (2), S. 28.
[122] von Hayek, F. A., (3), S. 112.
[123] von Hayek, F. A., (1), S. 296 f.
[124] von Hayek, F. A., (3), S. 134.
[125] Vanberg, V., in: Hasse/Quaas, S. 237, zitiert aus Hayek: „Weg in die Knechtschaft".
[126] von Hayek, F. A., (3), S. 158.

eine Planwirtschaft zum Schutz von Individuen oder Gruppen gegen Einkommensminderungen, die, wenn auch unverdientermaßen, tagtäglich in einer auf dem Wettbewerb beruhenden Gesellschaft vorkommen. Diese Form der Sicherheit ist also eine anderer Form der Forderung nach gerechter Entlohnung, einer Entlohnung, die den subjektiven Verdiensten und nicht den objektiven Ergebnissen einer Leistung entspricht."[127]

Sozialpolitik beinhaltet immer die Gefahr, das Ideal der Privilegienfreiheit zu zerstören und zu einer **Refeudalisierung** der Gesellschaft zu führen. Ein Beispiel hierfür sind die aus Gründen der „Sozialen Gerechtigkeit" gewährte Subventionen (Landwirtschaft, Kohlebergbau) oder die Intervention des Kanzlers im Falle Philip Holzmann.

Gerechtigkeit, wie HAYEK sie versteht, ist eine Chancengerechtigkeit, eine **Gleichheit der Chancen.** Nach HAYEK liegt eine ganze Welt zwischen der gleichen Behandlung aller Menschen und dem Versuch, sie gleich zu machen. Das erste ist die Grundlage einer freien Gesellschaft, das zweite, wie er mit Bezug auf DE TOCQUEVILLE sagt, eine neue Form der Knechtschaft.[128] Im Idealfall hat in einer Gesellschaft jeder die Chance, jede Position zu bekleiden und jeden beliebigen materiellen Wohlstand zu erreichen (z.B. Bill Gates). **Das Menschenbild bei HAYEK ist der freie, selbstbestimmte und eigenverantwortliche Mensch, der auch irren kann!** Auch dieses Menschenbild verträgt sich nicht mit dem Leitbild des *homo oeconomicus* in der „engen" Auslegung. Besonders deutlich wird dies in seiner Kritik an JEREMY BENTHAM'S Utilitarismus:[129] *„Benthams Vorstellungen eines Lust- oder Unlustkalküls, mit dessen Hilfe das größte Glück der größten Anzahl bestimmt werden soll, setzt voraus, dass alle besonderen individuellen Wirkungen einer beliebigen Handlung von der handelnden Person gewusst werden können."*[130]

Das Menschenbild der sozialen Marktwirtschaft wurde neben den bereits erwähnten Ökonomen vor allem von ALFRED MÜLLER-ARMACK (1901-1978) geprägt: *„Zwei großen sittlichen Zielen fühlen wir uns verpflichtet, der Freiheit und der sozialen Gerechtigkeit".*[131] Eine **wertfreie Ökonomie** kann es für MÜLLER-ARMACK nicht geben. Ökonomische Prozesse dürfen nicht einfach der **unsichtbaren Hand** überlassen bleiben, sondern sie sind, wie von EUCKEN und BÖHM postuliert, in einem **Ordnungsrahmen** zu gestalten. Das **Leitbild** ist nicht der *homo oeconomicus,* sondern der **selbständig handelnde, mündige und sittlich verantwortliche Mensch.**[132]

Freiheit ohne Gerechtigkeit ist für MÜLLER-ARMACK ein leerer Begriff: *„So muss die soziale Gerechtigkeit mit und neben der Freiheit zum integralen Bestandteil unserer künftigen Wirtschaftsordnung erhoben werden."*[133] Unter **sozialer Gerechtigkeit** versteht MÜLLER-ARMACK eine gerechte Einkommens- und Vermögensverteilung sowie Mitgestaltung der Arbeiter im Produktionsbereich, aber keine vermeintliche soziale Sicherheit. Staatliche Wirtschaftsplanung, die soziale Sicherheit vorgaukelt, lehnt er ab. Auch die in den 70er Jahren betriebene

---

[127] von Hayek, F. A., S. 159.
[128] von Hayek, F. A., (2), S. 28.
[129] Vgl.: den Abschnitt zu John Stuart Mill.
[130] Habermann, G., S. 69, zitiert aus Hayek, Recht, Gesetz und Freiheit, München 1980.
[131] Rauscher, A., in: Hasse/Quaas, S. 195.
[132] Rauscher, A., in: Hasse/Quaas, S. 199.
[133] Rauscher, A., zitiert nach A. Müller-Armack.

Sozialpolitik war seine Sache nicht: „*Jeder dieser einzelnen Schritte ... mag ein Stück Vernünftigkeit enthalten, die Summe der kleinen Schritte bedeutet jedoch eine zunehmende Belastung der Wirtschaft, eine immer größere Verstrickung der Staatsfinanzen, der Sozialversicherungen in ein Netz dirigistischer Politik, das am Ende praktisch auf einen Systemwechsel hinausläuft, zumindest in eine Ordnungsform, die auch politisch nicht mehr regulierbar und steuerbar ist*".[134]

Die gleichen Ansichten wie ALFRED MÜLLER-ARMACK vertrat LUDWIG ERHARD (1897-1977), seit 1948 Direktor für Wirtschaft in der Bizone und von 1949 bis 1963 erster Wirtschaftsminister der Bundesrepublik.

Freiheit und Selbstbestimmung des Einzelnen sind für ihn die wichtigsten Prinzipien einer Gesellschaftsordnung: „*Hierbei [Durchsetzung menschlicher Grundfreiheiten, U. G.] ist zuvorderst an die Freiheit jedes Staatsbürgers gedacht, das zu konsumieren, sein Leben so zu gestalten, wie dies im Rahmen der finanziellen Verfügbarkeiten den persönlichen Wünschen und Vorstellungen des Einzelnen entspricht. Dieses d e m o k r a t i s c h e   G r u n d r e c h t   d e r   K o n s u m f r e i h e i t muss seine logische Ergänzung **in der Freiheit des Unternehmers finden**, das zu produzieren oder zu vertreiben, was er aus der Gegebenheit des Marktes d. h. aus der Äußerung der Bedürfnisse aller Individuen als notwendig und Erfolg versprechend erachtet. Konsumfreiheit und Freiheit der wirtschaftlichen Betätigung müssen in dem Bewusstsein jedes Staatsbürgers als **unantastbare Grundrechte** empfunden werden. Gegen sie zu verstoßen sollte als ein Attentat auf unsere Gesellschaftsordnung geahndet werden. Demokratie und freie Wirtschaft gehören logisch ebenso zusammen, wie Diktatur und Staatswirtschaft.*"[135] Und an anderer Stelle: „*Jeder Einzelne ist aufgerufen, dafür zu sorgen, dass wir wieder zu Formen des Zusammenlebens von Menschen kommen, in denen sich der Staatsbürger zunächst einmal für das Schicksal selbst verantwortlich fühlt und nicht mehr bereit ist, in einer **nebelhaften Anonymität** unterzugehen – darum aber auch nicht vorbehaltlos einer Institution das Recht einräumt, ihr Mandat nach Belieben zu handhaben.*"[136]

Dieses freiheitliche Grundprinzip kommt auch in ERHARDs Ablehnung eines ausufernden Wohlfahrtsstaates zum Ausdruck: „*Ich bin ... allenthalben erschrocken, **wie übermächtig der Ruf nach kollektiver Sicherheit** im sozialen Bereich erschallte. Wo aber sollen wir hinkommen und wie wollen wir den Fortschritt aufhalten, wenn wir uns immer mehr in eine Form des Zusammenlebens von Menschen begeben, in der niemand mehr Verantwortung für sich selbst zu übernehmen bereit ist und jedermann Sicherheit im Kollektiv gewinnen möchte.*"[137]
Hier zeigt sich ERHARD auf einer Linie mit VON HAYEK. Sein Plan ist ein anderer: „*Das **mir vorschwebende Ideal** beruht auf der Stärke, dass der Einzelne sagen kann: „Ich will mich aus eigener Kraft bewähren, ich will das Risiko des Lebens selbst tragen, will für mein Schicksal selbst verantwortlich sein. Sorge du, Staat, dafür, dass ich dazu in der Lage bin." Der Ruf dürfte nicht lauten: „Du, Staat, komm mir zu Hilfe, schütze mich und helfe mir", sondern umgekehrt: „**Kümmere du, Staat, dich nicht um meine Angelegenheiten**, sondern gib mir so viel Freiheit und laß mir von dem Ertrag meiner Arbeit so viel, dass ich meine Existenz, mein Schicksal und dasjenige meiner Familie selbst zu gestalten in der Lage*

---

134 Müller-Armack, A., Die fünf großen Themen der künftigen Wirtschaftspolitik, zitiert nach Hasse.
135 Erhard, L., 1957, S. 14.
136 Erhard, L., S. 194.
137 Erhard, L., S. 248.

bin.""[138] Dies ist der Ruf nach **Chancengleichheit**[139] und einer **Wirtschaftspolitik**, die **Vollbeschäftigung** und **Geldwertstabilität** als vorrangige Ziele ansieht.[140]

Im Weltbild ERHARDs steht der Mensch im Mittelpunkt und zwar **der Mensch, wie er ist** und **nicht, wie er sein sollte**: *„Alle wirtschaftspolitischen Maßnahmen, die ich ergreife, gehen immer von der Überlegung aus, wie die Menschen reagieren werden, welche Konsequenzen sie aus einer Veränderung der ökonomische Daten ziehen wollen."*[141]

Die Aufgabe der sozialen Marktwirtschaft sieht ERHARD nicht nur im Ziel, die materielle Versorgung zu gewährleisten: *„Die Politik der Sozialen Marktwirtschaft stand seit dem Tage der Währungsreform unter der Leitidee, auf dem Boden einer freien Wettbewerbswirtschaft persönliche Freiheit, wachsenden Wohlstand und soziale Sicherheit in Einklang zu bringen und durch eine Politik weltweiter Offenheit die Völker zu versöhnen."*[142] ERHARD teilt hier das von BÖHM und EUCKEN im Ordoliberalismus formulierte Ziel, **materiellen Wohlstand** mit einem **menschenwürdigen Dasein** zu verknüpfen.

Zusammenfassend kann man mit RAUSCHER sagen: *„Das anthropologische Leitbild der sozialen Marktwirtschaft ist weit entfernt von dem, homo oeconomicus, bei dem der wirtschaftliche Akteur nur an der Maximierung des Eigennutzens interessiert ist, den er aus der Verfügbarkeit über materielle Güter zieht. Das für die Ordnungspolitik maßgebliche Leitbild vom Menschen ist vielmehr das der selbständig handelnden, mündigen und sittlich verantwortlichen menschlichen Person."*[143]

8. Fazit

Wie oben ausgeführt wurde, ist das Menschenbild der Ökonomie im Laufe der Dogmengeschichte vielfältigen Wandlungen unterlegen und war stets ein Ausdruck der die Ökonomie mitbestimmenden Gesellschaftsordnung. Der *homo oeconomicus* war nicht einmal das unbedingte normative Leitbild der Neoklassik. Er war lediglich eine Hilfskonstruktion, um bestimmte Marktverhaltensweisen mathematisch fassbar zu machen. Spätestens mit der Entwicklung der Spieltheorie hat sich die Mikroökonomik vom Leitbild des mechanistischen *homo oeconomicus* wenn auch nicht verabschiedet, so doch gelöst bzw. den *homo oeconomicus* als eingeschränkt rational handelndes Wesen neu interpretiert.

Er wird auch weiterhin ein theoretisches Menschenbild bleiben, das es angehenden Ökonomen erleichtert, bestimmte Zusammenhänge zu verstehen. Daraus den Schluss zu ziehen, Ökonomen, insbesondere Anhänger eines neoliberalen Weltbildes, huldigten dem Menschen-

---

[138] Erhard, L., S. 252.
[139] Vgl.: Erhard, L., S. 256.
[140] Vgl.: Erhard, L., S. 258.
[141] Erhard, L., S. 157.
[142] Erhard, L., Deutsche Wirtschaftspolitik, S. 476.
[143] Rauscher, A., in: Hasse/ Quaas, S. 199.

bildes des *homo oeconomicus*, ist völlig unzulässig und zeugt nur von Missverständnissen oder einem tiefen Unverständnis neoliberaler Positionen.

Die Ablehnung des *homo oeconomicus* resultiert, wie wir gelernt haben, aus vier Quellen:
- dem Verständnis des Aristoteles vom Menschen,
- dem christlich-scholastisch geprägten Menschenbild,
- dem Sozialismus,
- fehlerhafter Interpretation vor allem klassischen Gedankenguts.

„*Edel sei der Mensch, hilfreich und gut*":[144] Es darf bezweifelt werden, dass dies der Ehrenkodex des *homo oeconomicus* in einer *Shareholder Value*-Gesellschaft ist. Die Ablehnung des *homo oeconomicus* als gesellschaftliches Verhaltensparadigma ist aber letztlich ein normatives und somit wissenschaftlich nicht zu lösendes Problem. Die sich im Verhalten einiger wirtschaftlicher Akteure abzeichnende Karikatur des *homo oeconomicus* ist offenbar nicht gesellschaftsfähig: „*Das [die Shareholder-Value-Philosophie, U. G.] hat zu Ablehnung und Verachtung für diese Art von Management geführt, die es zuvor nie gab. In einem Klima der Geldgier konnten Manager an die Spitze großer Unternehmen kommen, die sonst keine Chance gehabt hätten – nicht unternehmerisch handelnde Leute, sondern Spekulanten, Abenteurer, Angeber und Kriminelle. Das schnelle Geld war der oberste Wert.*"[145]

Der *homo oeconomicus* als abstraktes, wertfreies Modell menschlichen Verhaltens in ganz bestimmten Situationen, so wie MILL ihn verstanden hat, oder als **Idealtypus**[146] im Sinne MAX WEBERS ist zulässig und notwendig. Empirische Wissenschaft ohne Modelle ist unmöglich. Wer dieses Modell kritisiert, muss an seine Stelle ein im Sinne KARL POPPERS „besseres", aber auch „wertfreies" Modell setzen.

Es wurde ebenfalls deutlich, dass der Begriff *Employability* mit den Menschenbildern vorklassischer Zeit unvereinbar gewesen wäre. Die Bedeutung des Menschen in der Antike oder dem Mittelalter lag eben nicht in seiner Nützlichkeit für den Arbeits- bzw. Produktionsprozess, sondern darin seine Rolle im göttlichen Plan zu erfüllen. Umgekehrt kann man den Begriff *Employability* so interpretieren, dass er mit einem ganzheitlichen Menschenbild, dem des selbstbestimmten und eigenverantwortlichen Menschen, wie es die Vertreter des Ordoliberalismus und der sozialen Marktwirtschaft propagierten, durchaus vereinbart ist und nicht auf den mechanistischen *homo oeconomicus* beschränkt ist.

Literatur

Baloglu, C./Peukert, H., Zum antiken ökonomischen Denken der Griechen, Marburg 1996.

---

[144] von Goethe, J. W., Das Göttliche, 1785.
[145] Malik, F.
[146] Weber, M., (2), S. 3 f.; Weber weist insbesondere darauf hin, dass der Idealtypus der Ökonomie immer rational handelnd ist, S. 10.

Bievert, B./Held, M., Das Menschenbild der ökonomischen Theorie, Frankfurt a. M. 1991.

Braun, C., Vom Wucherverbot zur Zinsanalyse 1150 – 1700, Winterthur 1994.

Breilmann, U., Entwicklungslinien wirtschaftswissenschaftlicher Lehrmeinungen, Köln 1999.

Brenner, G., Naturrecht und politische Ordnung, Mainz 1968.

Doering, D., Vernunft und Leidenschaft – Ein David-Hume-Brevier, Thun 2003.

Erhard, L., Wohlstand für Alle, Neudruck der Ausgabe von 1957, 2. Auflage, Düsseldorf 1990.

Erhard, L., Deutsche Wirtschaftspolitik, Düsseldorf 1962.

Leibenstein, H., Beyond Economic Man: A New Foundation for Microeconomics, Cambridge, Ma. 1976.

Goldschmidt, N., „wenn ich nicht wüsste, dass Gott existiert", Süddeutsche Zeitung 20.03.2000.

Habermann, G., Philosophie der Freiheit, 3. Auflage, Thun 2001.

Hasse, R./Quaas, F. (Hrsg.), Wirtschaftsordnung und Gesellschaftskonzept, Bern 2002.

von Hayek, F. A., Die Verfassung der Freiheit, Tübingen 1971 (1).

von Hayek, F. A., Individualismus und Wirtschaftliche Ordnung, 2. Auflage, Salzburg 1976 (2).

von Hayek, F. A., Der Weg zur Knechtschaft, München 2003 (3).

Hoffmann, W., Algebra des Kapitals, in: Sommer, Theo (Hrsg.), Zeit der Ökonomen, Hamburg 1993.

Hume, D., Politische und ökonomische Essays, 2 Bände, Hamburg 1988.

Hügli, A./Lübcke, P. (Hrsg.), Philosophie Lexikon, Reinbek bei Hamburg 1991.

Institut für Theoretische Informatik der Universität Lübeck, Lehrveranstaltungen Jan Arpe, Inhalte der Veranstaltung Algorithmische Spieltheorie, in: http://www.tcs.uni-luebeck.de/pages/arpe/WS0405/AS.html, 11.11.05, 11:20 Uhr.

Issing, O. (Hrsg), Geschichte der Nationalökonomie, 3. Auflage, München 1994.

Jarre, N./van Suntum, U., John Stuart Mill und der Utilitarismus, in: WiSt Heft 12 2004.

Kirchgässner, G., Homo Oeconomicus, Tübingen 1991.

Kirsch, G., Entfremdung – Der Preis der Freiheit? Tübingen 1984.

Kruse, A., Geschichte der Volkswirtschaftlichen Theorien, 5. Auflage, Berlin 1991.

Kurz, H., Eigenliebe tut gut; in: Sommer, Theo (Hrsg.), Zeit der Ökonomen, Hamburg 1993.

Landes, D., Wohlstand und Armut der Nationen, 2. Auflage, Berlin 1999.

Malik, F., Eine Karikatur von Wirtschaft, SZ 10.01.2005.

manalex.de – Das große Management-Lexikon, Begriff „Spieltheorie", in: http://www.manalex.de/d/spieltheorie/spieltheorie.php, 11.11.05, 11:25 Uhr.

Mandeville, B., Die Bienenfabel, Frankfurt 1968.

Marx, K., Das Kapital, 3 Bände, Berlin 1974.

Mill, J. S., Einige ungelöste Probleme der Politischen Ökonomie, Frankfurt a. M. 1976.

Priddat, B., Theoriegeschichte der Wirtschaft, München 2002.

Quitzan, J., Handeln Wirtschaftssubjekte rational? WiSt 7/2004, S. 412.

Raddaz, F., Karl Marx, Hamburg 1975.

Rauscher, A., Das Menschenbild der Sozialen Marktwirtschaft, in: Hasse/ Quaas, S. 187-205.

Reiß, W., Mikroökonomische Theorie, 2. Auflage, München 1992.

Ross, I. S., Adam Smith – Leben und Werk, Düsseldorf 1998.

Rump, J., Employability Management, in: http://web.fh-ludwigshafen.de/rump/home.nsf/de/employabilitym.

Rump, J./Schmidt, S., Employability im Focus in: http://web.fh-ludwigshafen.de//ibe/index.nsf/Files/685E4CDB0F700A22C1256F51004C5ED1/$FILE/Employability%20im%20Fokus.pdf.

Schüller, A., Der liberale Wirtschaftshumanist, Handelsblatt 8./9.10.1999.

Smith, A., Der Wohlstand der Nationen, München 1978 (nach der 5. Auflage, London 1789).

Spranger, E.,Lebensformen. Geisteswissenschaftliche Psychologie und Ethik der Persönlichkeit, 8. Auflage, Tübingen 1950.

Strasser, J., Anmerkungen zum Menschenbild der modernen Ökonomie, in: „Die Politische Meinung" 9/2003, S. 78-85.

van Suntum, U., Die unsichtbare Hand, Berlin 2001.

Syrett, H.(Hrsg.), American Historical Documents, New York 1963.

Vanberg, V., Soziale Sicherheit, Müller-Armacks „Soziale Irenik" und die ordoliberale Perspektive, in: Hasse, S. 227-260.

Weber, M., Die protestantische Ethik und der Geist des Kapitalismus, Sonderdruck, Tübingen (1) 1934.

Weber, M., Wirtschaft und Gesellschaft, Halbb. 1, 5. Auflage, Tübingen (2)1976.

Zank, W., Freiheit und Sozialismus, in: Sommer, Theo (Hrsg.), Zeit der Ökonomen, Hamburg 1993.

Die Autoren:

Ralf Brümmer ist Leiter Personal/Beschäftigungsmodelle bei der Deutsche Bank AG, Zentrale Frankfurt. Der Bankfachwirt, seit 1983 Mitarbeiter der Bank, war davor mehr als fünfzehn Jahre in unterschiedlichen Funktionen der Personalbetreuung und -entwicklung sowie als Personalleiter einer südwestdeutschen Filiale tätig. Seit April 2000 leitet er ein speziell zur Begleitung des Strukturwandels im Bankensektor geschaffenes, eigenständiges Ressort zur Beschäftigungssicherung, Flexibilisierung des konzernweiten Arbeitsmarktes und Employability-Förderung. Unter dem Label „Deutsche Bank-Mosaik für Beschäftigung" verantwortet er neben diversen innovativen Personalkonzepten (DB JobCenter, Bankforce u. Ä.) auch mehrere betriebliche und überbetriebliche Employability-Initiativen. So ist er Mitglied des Vorstandes des gemeinnützigen Vereins Initiative „Wege zur Selbst-GmbH" und gehört zum Kernteam des Projektes „In eigener Sache" der Initiative für Beschäftigung.

Silke Eilers ist wissenschaftliche Mitarbeiterin am Institut für Beschäftigung und Employability der Fachhochschule Ludwigshafen. Sie beschäftigt sich derzeit vor allem mit Forschungsprojekten zu Employability, zum demografischen Wandel sowie zur Work-Life-Balance.

Die Autoren

Heinz Fischer war zunächst in unterschiedlichen Managementpositionen bei Hewlett-Packard tätig, zuletzt als Personnel Director Europe, bevor er 1996 zur Deutschen Bank wechselte. Dort bekleidete er sechs Jahre lang das Amt des Bereichsvorstands Personal. Er ist Vorstandsmitglied der Deutschen Gesellschaft für Personalführung und Mitbegründer der Initiativgruppe „Wege zur Selbst-GmbH". Zudem war er Mitglied der Hartz-Kommission und gehört zum Kernteam des Projektes „In eigener Sache" der Initiative für Beschäftigung. Im Jahr 2001 wurde er von „Personnel Today" zu einem der 40 besten HR-Direktoren der Welt gewählt. Seit 2002 ist Heinz Fischer Honorarprofessor an der Fachhochschule Pforzheim und hält Vorlesungen in aller Welt. Neben vielfältigen Veröffentlichungen ist er als Berater, Mediator und Coach tätig.

Jürgen Fuchs ist Unternehmerberater, Buchautor und Lehrbeauftragter für „Philosophy & Economics". Bis 2004 war er Mitglied der Geschäftsleitung der CSC Ploenzke AG und hat in den letzten 24 Jahren das Unternehmen in mehreren leitenden Funktionen gestaltet. Nach seinem Studium der Mathematik, Physik und Philosophie war er zehn Jahre bei der IBM tätig, zuletzt als Manager im Vertrieb.

Er beschäftigt sich mit der Re-Vitalisierung von Unternehmen und der Einführung intelligenter Organisationen. In der „Selbst-GmbH" ist er seit Beginn der Initiative aktiv. Seine Gedanken und Praxisbeispiele hat er in mehreren Büchern veröffentlicht.

Die Autoren

Sibylle Groh ist wissenschaftliche Mitarbeiterin am Institut für Beschäftigung und Employability der Fachhochschule Ludwigshafen. Ihre Arbeitsschwerpunkte sind derzeit die Vereinbarkeit von Beruf und Familie, Employability und Schulen sowie E-Mobility.

Ulli Guckelsberger war im Marktforschungsbereich des Mannesmann-Konzerns sowie als Senior Economist der Wefa GmbH in Frankfurt tätig, bevor 1990 der Ruf an die Fachhochschule Rheinland-Pfalz, Abteilung Ludwigshafen, erfolgte. Dort hat er seither eine Professur für die Fächer VWL, Statistik und Mathematik inne.

Jutta Rump ist Professorin für Internationales Personalmanagement und Organisationsentwicklung an der Fachhochschule Ludwigshafen. Ihre Arbeits- und Forschungsschwerpunkte sind derzeit Zukunft der Erwerbsarbeit, Employability, Employability Management, Personalpolitik im Zuge des demografischen Wandels, Work-Life-Balance sowie Komplexitätsmanagement. Sie ist Mitglied des Vorstandes der Initiativgruppe „Wege zur Selbst-GmbH" und gehört zum Kernteam des Projektes „In eigener Sache" der Initiative für Beschäftigung.

Die Autoren

Thomas Sattelberger ist seit Mitte 2003 als Personalvorstand und Arbeitsdirektor Mitglied des Konzernvorstands der Continental AG. Zuvor war er seit Mitte 1994 bei der Deutschen Lufthansa AG tätig, davon die letzten vier Jahre als Executive Vice President Produkt und Service und Mitglied des Bereichsvorstandes der Lufthansa Passage Airline, nachdem er zuvor seit 1994 den Bereich Konzern-Führungskräfte und Personalentwicklung des Lufthansa-Konzerns geleitet hatte. Thomas Sattelberger ist Herausgeber und Autor zahlreicher Bücher zum strategischen Personalmanagement sowie langjähriger Vice President der European Foundation for Management Development (efmd) in Brüssel. Des Weiteren ist er Mitbegründer und Vorstandsvorsitzender des gemeinnützigen Vereins „Wege zur Selbst GmbH". Er ist Mitglied der Akkreditierungskommission zur Verleihung des europäischen Qualitätssiegels EQUIS für internationale Business Schools, welches er ebenfalls mitbegründete. Im Jahr 1999 gründete er zusammen mit Professor Heinz Fischer (damals Bereichsvorstand Personal) und Werner Then (damals Vorsitzender des Bundes katholischer Unternehmen) die Initiative „Wege zur Selbst-GmbH", deren Vorsitzender er derzeit ist.

Christine Szogas ist seit rund 20 Jahren im Personalbereich der Deutsche Bank AG in verschiedenen Funktionen tätig. Derzeit leitet sie Employability-Initiativen in der Bank und arbeitet in verschiedenen unternehmensübergreifenden Projekten; u. a. koordiniert sie das Engagement der Deutschen Bank im Rahmen der bundesweiten „Initiative für Beschäftigung!" In diesem Zusammenhang gehört sie auch zum Kernteam des Projektes „In eigener Sache". Außerdem ist sie als Coach auf dem Feld der beruflichen Orientierung und Neupositionierung tätig und engagiert sich im gemeinnützigen Verein „Wege zur Selbst-GmbH".

Managementwissen: kompetent, kritisch, kreativ

Was Manager von der Königsdisziplin des Sports lernen können

Frank Busemann, der Olympia-Zweite von Atlanta im Zehnkampf, hat es im Sport bis an die Spitze gebracht. Zielstrebigkeit, Mut und Leidenschaft waren einige der Qualitäten und Tugenden, die ihm dabei geholfen haben. Das Buch zeigt anschaulich, was „unternehmerische Zehnkämpfer" von der Königsdisziplin des Sports lernen können. Ein spannender Ratgeber für alle, die fit für den unternehmerischen Erfolg werden wollen.

Wolf W. Lasko / Frank Busemann / Peter Busch
Zehnkampf-Power für Manager
Wie Sie die Erfolgsprinzipien des Sports für sich und Ihr Business nutzen
2005. 221 S. Geb.
EUR 38,00
ISBN 3-409-14267-3

Wie Sie eine Kultur des Wollens erzeugen

Dieses Buch zeigt, wie es gelingt, eine Kultur des Vertrauens und des Wollens zu schaffen. Heribert Schmitz plädiert eindringlich für eine Führungskultur, die Leistung und Innovation wirklich fördert

Heribert Schmitz
Raus aus der Demotivationsfalle
Wie verantwortungsbewusstes Management Vertrauen, Leistung und Innovation fördert
2005. 188 S. Geb.
EUR 34,90
ISBN 3-409-03444-7

Ihr Kompass für effektive Konfliktlösungen im Geschäftsalltag

Das Buch zeigt Führungskräften auf, wo sie ihre persönlichen „Gaps" im Arbeitsalltag entdecken und Veränderungsstrategien entwickeln können, mit denen sich Konflikte lösen lassen. Ein sehr pragmatisches und nützliches Buch, um zu effektiven Konfliktlösungen zu gelangen.

Mechthild Bülow
Mind the Gap!
Ihr Kompass für effektive Konfliktlösungen im Geschäftsalltag
2005. 212 S. Geb.
EUR 34,90
ISBN 3-409-14281-9

Änderungen vorbehalten. Stand: Juli 2005.
Erhältlich im Buchhandel oder beim Verlag.

Gabler Verlag · Abraham-Lincoln-Str. 46 · 65189 Wiesbaden · www.gabler.de

Mitarbeiter erfolgreich führen

Feedback-Instrumente

Dies ist das erste Buch, das Feedbackinstrumente und Feedbackprozesse in Unternehmen umfassend behandelt. Das Autorenteam gibt konkrete Gestaltungshinweise und schildert Beispiele aus renommierten Unternehmen (BMW, Continental, Lufthansa, SAP ...).

Ingela Jöns / Walter Bungard (Hrsg.)
Feedbackinstrumente im Unternehmen
Grundlagen, Gestaltungshinweise, Erfahrungsberichte
2005. 552 S.Br.
EUR 49,90
ISBN 3-409-12738-0

Mehr Motivation durch Zielvereinbarungen

Der bewährte kompakte Leitfaden mit vielen Checklisten, Tipps und aktuellen Informationsquellen. Jetzt in der 3. Auflage mit weiteren Beispielen.

Eckhard Eyer /
Thomas Haussmann
Zielvereinbarung und variable Vergütung
Ein praktischer Leitfaden –
nicht nur für Führungskräfte
3., erw. Aufl. 2005. Ca. 180 S. Br.
Ca. EUR 37,90
ISBN 3-409-31682-5

Konkrete Anleitung für die operative Ausgestaltung von Kompetenzmanagement

Kompetenz besteht im Wesentlichen in der Fähigkeit, situationsadäquat zu handeln. Dieses Buch beschreibt, wie Unternehmen die Kompetenzen der Mitarbeiter systematisch identifizieren, nutzen, entwickeln und absichern können. Zahlreiche Beispiele aus namhaften Unternehmen verschiedener Branchen und Größe werden vorgestellt.

Klaus North / Kai Reinhardt
Kompetenzmanagement in der Praxis
Mitarbeiterkompetenzen systematisch identifizieren, nutzen und entwickeln.
Mit vielen Fallbeispielen.
2005. Ca. 220 S. Geb.
Ca. EUR 44,90
ISBN 3-409-14316-5

Änderungen vorbehalten. Stand: Juli 2005.
Erhältlich im Buchhandel oder beim Verlag.

Gabler Verlag · Abraham-Lincoln-Str. 46 · 65189 Wiesbaden · www.gabler.de